南 離
西 兌　　巽 東
　　坤　　震
　　艮
　　坎
　　北

本书由大成国学基金——湖南大学岳麓书院
发展基金高等研究院项目、湖南大学本科规划
教材建设项目资助出版

商务印书馆（上海）有限公司　出品
The Commercial Press (Shanghai) Co. Ltd.

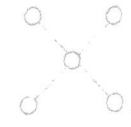

易学导论

陈 峻 —— 主编

商务印书馆
The Commercial Press

图书在版编目（CIP）数据

易学导论/陈岘主编.—北京：商务印书馆，2024.—ISBN 978-7-100-24404-6（2025.4重印）

Ⅰ.B221.5

中国国家版本馆CIP数据核字第2024P87K89号

权利保留，侵权必究。

易学导论

陈岘　主编

商务印书馆出版
（北京王府井大街36号　邮政编码100710）
商务印书馆发行
山东韵杰文化科技有限公司印刷
ISBN 978-7-100-24404-6

2024年11月第1版　　开本 670×970　1/32
2025年4月第2次印刷　印张 13¾
定价：68.00元

编委会名单

陈　岘　　陈仁仁　　李伟荣

张夏彤　　李　蝶

序

陈仁仁

《易》之为书，向称难读。连南宋大理学家朱熹也说"《周易》难读"，他在撰写《周易本义》时，老老实实地写下了不少"未详"阙疑之类的案语。易学作为一门学问，错综复杂，号称难通。《易》之难读和难通，究其原因有二：其一，《易》为专门之学；其二，易学旁涉甚广。既为专门之学，便不宜旁涉广，两者似难兼容，却偏偏兼容，故称"奇"、称"玄"。

《易》作为专门之学，首先体现在《周易》这部书的独特形式及其所包含的专门知识。作为《周易》之基础的《易经》由六十四个卦的符号和卦爻辞构成。这样一部书，字数不多，与另一部对中华文化影响极为深远的经典《老子》一样，也只有五千言。但它有一个自成体系的符号系统，文字与符号之间有深层的对应关系，每卦既有相对独立性，卦与卦之间又有相关性，且相关性不止一种。每卦主题以及每卦爻与爻之间的关系有显有隐，卦爻辞文辞古奥难懂。对《易经》做解释的《易传》成书年代与之相隔六七百年之久，也是形式多样，有的是逐卦逐爻地解释，有的是通论《易》之大义。《易经》这样一种文本形式，在先秦文献中是绝无仅有的。它除了拥有一套独有的符号系统，在文字组织方面，既不是《诗》那般全为诗歌语言，也不是像《书》《礼》和《春秋》那样记人、记事、记言，亦非《论语》那般的问答体，更非《庄子》《孟子》那样的论述体。到了《易传》有了问答和论述性的文字，但由于一般依卦爻辞起论，《易传》各种各篇的章节、段落之间的关系，有时亦难明白。所以，要想读通《周易》，首先得具备一系列的相关知识，即《易》的体例，比如卦（三画卦、六画卦）、爻（爻题、爻性、爻位）、阴阳、三才、上下二体、象、中正、乘承比应等。而正是这样一套用来解读《周易》文本的本来简单的体例，后来又进一步发展出越来越复杂的象数体系来，如卦气说、爻辰说、纳甲说、图书学等等，于是在专门知识方面越走越深，越来越专门。依托这套象数体系讲出来的义理和思想，也就不如直接用语言文字表达的思想那么容易懂了。

《易》作为专门之学，在专门知识之路上越走越窄越专门的同时，也是越走越广，涉及的知识和知识领域越来越多。再者，《易传》通过解说《易经》所阐发出来的义理和思想，也即易道，多是形而上的抽象的道理，既然涉及事物的根本存在和原理，则必具普遍适用性。所以，《四库全书总目提要·易类叙》说："《易》道广大，无所不包，旁及天文、地理、乐律、兵法、韵学、算术，以逮方外之炉火，皆可援《易》以为说，而好异者又援以入《易》，故《易》说愈繁。"中华文化史上，一种旁涉甚广、错综复杂的学问——易学，就这样形成了。

《周易》之"奇"、易学之"玄"，容易把人唬住。若要深入易学，弄清楚真相，还是得正本清源，首先进入《周易》经传文本。然

序

后由"从源溯流",才不会"迷不知本源"(张善文《周易入门》)。当然,这也并非易事。由《周易》到易学,若非先具备一些基础知识,纯粹靠自己研读《周易》经传来概括,是极难且没必要的。这就需要阅读易学"概论""导论"式的著作。

改革开放以来,易学总论和入门性的著作,盖始于刘大钧先生的《周易概论》。刘先生此书是"新中国成立后第一部正面肯定并简要介绍传统易学研究方法的著作,原为山东大学在全国最早开设的《周易》选修课而写,初稿完成于1982年"(刘大钧《周易概论·前言》),1986年由齐鲁书社初版发行。此书已近40年,不断再版和印刷,是学易、研易的经典入门读本。因为这是第一本易学"概论"式的书,所以研究性和学术性比较强,有大量引证。1991年底,香港学林书店出版了张善文先生撰写的《周易入门》,此书分13个专题介绍易学基本问题和基本知识,立意行文"通俗简捷"。两年后的1993年,朱伯崑先生组织了当时易学学术界的一些一流学者和中坚力量编成了《易学基础教程》由广州出版社出版。朱先生主编的这本《教程》大大拓展了"易学"相关内容。刘大钧、张善文和朱伯崑三位先生的这三本书都出版于上个世纪,在现当代总体介绍易学知识以及在易学教学方面,有开创性的贡献,都是一版再版。只不过他们对《易经》卦爻辞介绍都不多。朱伯崑先生的《教程》没有解读卦爻辞的专章。张善文先生的《周易入门》虽然对《易经》六十四卦做了通盘的介绍,但是太简略。刘大钧先生的《周易概论》只讨论了一些疑难卦爻辞。

改革开放后至80年代末,基于古注对《易经》卦爻辞做通解甚至翻译的,先后有高亨、李镜池、金景芳、吕绍纲、黄寿祺、张善文先生等出版了相关著作。这些著作都是学术专著，不是讲义性质，不大适合直接当教材使用。2004年廖名春先生在北京大学出版社出版了《〈周易〉经传十五讲》，纳入北京大学"大学素质教育通识课系列教材"之"名家通识讲座书系"。该书《易传》部分的六讲内容沿袭了《易学基础教程》第二章《易传》。《教程》此章本来为廖名春先生所撰写。廖先生的《十五讲》一书有教材的性质，书中对《易经》六十四卦的逐卦讲解，是基于他个人对卦爻辞的长期专门研究。后来，廖先生于2019年在广东高等教育出版社出版了更为详尽地解说卦爻辞的专著《〈周易〉真精神：六十四卦卦爻辞新注新译》。

在易学前辈已有研究成果和讲义的基础之上，越来越多的年轻易学学者在各自高校开设出"周易概论"类的通识课。据我初步了解目力所及，中国政法大学的刘震教授、同济大学的谷继明教授以及我的同事陈岘博士等，都是其中的佼佼者。刘震教授在中国MOOC平台开设的"周易概论"网络视频公开课于2020年获评教育部首批国家级一流本科课程。出于授课的实际需要，他们也开始自己编纂易学讲义。谷继明教授近年就出版了《周易导读》。现在敝校湖南大学陈岘博士即将出版他的《易学导论》。易学研究与教学，薪火相传，于此可见一斑，令人欣喜。

陈岘博士此书是他的MOOC视频课程"走进《周易》的世界"的讲义。陈岘博士是教学能手，他的课十分受学生欢迎，从来座无虚席。这固然由于他有一流的口才，更重要的是他对易学基础知识理解透彻、烂熟于胸。概言之，此书有如下几个特点：

其一，本书语言平实生动，把精深专门的易学知识谈得深入浅

序

出。这是一本真正意义上的讲义，是实际讲课的产物。现在不少讲义或概论、导论类教材，语言都太学术化。学术化的教材可能更适合在此领域已有一定知识基础的读者阅读，对于来自不同专业的有可能在此领域的知识为零基础的本科生而言，还是不宜太学术化。陈岘博士对此有非常明确的意识。他在讲解时很善于贴近学生的实际情况，比如从常见的成语和学生学过的课文切入，更容易引起学生的兴趣。

其二，本书内容适中。这同样是由于本书为实际讲课的产物，内容太多，不可能在一个学期里面讲完。很多教材内容太多，完全不可能讲完，所以大多是挑着讲。挑着讲，没讲到的部分学生自己阅读。这对于专业学习的学生而言是可行的，对于校选通识课的学生而言，未必适合，他们未必会去读课上没有讲过、不会考试的内容。于是，很难对这一领域的知识有一个整体的印象。

其三，本书逻辑层次清晰。首先对《周易》做一整体的介绍，然后依次介绍易之数与筮法、易之象，易之象数在卦爻辞中的体现和卦爻辞义理的阐发，接下来以三章的内容，介绍了易学从汉代到宋代的发展，最后一章谈《周易》的传播与影响。最后一章谈到《周易》向世界的传播，这一内容似乎在已有的易学导论类的著作中看不到。

其四，每章末拓展阅读和习题的设计，都是要而不烦，十分到位。有的朋友可能会对大学教材居然出习题，不以为然。我曾经就是这样的想法，后来意识到修选这门课的学生一般大多不具备这一领域的基本知识。若要进入一个知识领域，必须掌握这一领域的基本知识。掌握一个新领域的基本知识，如果平时没有多少时间去反复阅读和浸淫其间，就应该通过习题的方式以加深同学们对这些知识的准确印象。现在大学生普遍课程太多，涉及的知识领域太多，若没有知识点的意识，往往就是浅尝辄止、糊里糊涂、考过便忘。

当然，本书也存在一些问题。其一，在卦爻辞的解读中，有些不无可商，这大体是由于卦爻辞本身言辞古奥，可做多方面理解造成的，而讲义又不大适合做过多学术讨论。其二，《易传》本是《周易》极为核心和基础的内容，但本书对《易传》各篇内容和思想的介绍显然过于简略，不利于体现易为"大道之原"。其三，对易学史的介绍有些内容也过于简略，同时既然已及于宋代，则宜对此后时代的易学史也有介绍，以显示其完整性。后面这两个问题大体是由于本书作为讲义性质的教材所致，一学期的课程可能实在容纳不了那么多的内容。不过应该也还是可以考虑如何进一步裁剪、优化。

总而言之，本书颇适合作本科生学习易学的通识教材。我相信，本书在具体使用过程中，一定能有效地把学生引入《周易》和易学的世界。

前 言

本书是一部面向零基础的大学生及传统文化爱好者的易学通识教材。

《周易》这部书，毫无疑问是中国历史上最为重要、影响最大的经典作品之一，不但在学术上地位超然，也在民间广为流传，历史上注解、诠释《周易》的著作可谓汗牛充栋、更仆难数，仅在《四库全书》中，就收集了近两百种易学著作。然而，也正是因为历史上的易学著作数量庞大、范式多样，在内容上又文辞古奥、理论复杂，社会上的许多江湖术士又喜欢打着《周易》的旗号挂羊头卖狗肉，行招摇撞骗之实。因此，对于没有接受过系统的古代汉语、历史文献学和经学学习的朋友来说，想要真正了解《周易》、读懂《周易》，便有着太多的障碍，且很难通过自学克服。

为了让更多对易学感兴趣的朋友们能够读懂《周易》，前辈学者们已经做了大量的工作，比如黄寿祺、张善文先生的《周易译注》及金景芳、吕绍纲先生的《周易全解》，就为学界提供了高质量的白话注解《周易》版本，刘大钧先生的《周易概论》更是系统介绍易学的现象级作品。包括我自己在内的大多数中青年易学研习者，都深受其益。只是，当我把这些经典作品推荐给许多对于《周易》很感兴趣，但并没有接受过专业的文、史、哲学训练的朋友之后，他们表示这些作品的学术性还是太强，读起来颇感吃力，问我能不能提供一部内容靠谱，但又通俗易懂，即便没有基础也能自行学习的导论性课程或教材，以便让更多对易学感兴趣但又没有太多基础的朋友都能有途径了解和学习《周易》。

让更多人尤其是不同专业背景的青年学子都能有更多机会了解、学习中国传统文化，尤其是《周易》《春秋》等古代经典，一直都是我努力的方向，但实现这一目标并不容易，尤其是想要深入浅出地讲述佶屈聱牙的古代经典，则难度更甚。我自参加工作以来，便一直为湖南大学岳麓书院历史学本科班讲授"《周易》导读"课程，之后又在哲学专业的研究生课程中先后开设过《周易集解纂疏》和《易学象数论》等易学典籍的研读课程，积累了一些教学经验与授课讲义。但系统编纂易学导论教材一事，则自忖功力不足，一直未敢动笔。到了2019年的时候，长期致力于通识教育课程开发的贝湾教育陈琳女士联系到我，希望利用动画视频的形式与我合作制作一门《周易》MOOC通识课，由我负责提供课程文稿及音频录制，贝湾教育负责制作动画视频。经过两年的反复打磨，这门最终定名为"走进《周易》的世界"的动画视频课程制作完成，并通过"向知"APP面向湖南大学各专业本科生开放。经过数年的开设，该课程如今已经成为了一门颇为难抢的热门课程，甚至还一度上了热搜，成为了"网红"，得到了很多朋友的关注。对此，我深感意外，但也意识到了广大传统文化爱好

前 言

者对易学的喜爱与向往，于是也在之后的教学过程中不断修订为"走进《周易》的世界"课程所撰写的文稿，最终编纂成了如今这部面向零基础大学生及爱好者的易学通识教材。

本书参考《周易》中的"老阳之数"，共设置了九章。第一章"初识《周易》"，主要介绍一些最为基本的易学知识，包括《周易》的基本要素、文本构成、文献流传与历史地位等，还回答了大家最为关心的"《周易》能否用来算命"这个灵魂问题。第二章"《周易》之数与大衍筮法"，则直接进入广大易学爱好者最感兴趣的部分，也就是历史上利用《周易》来进行算卦的"大衍筮法"。并且，为了方便大家理解，还从《春秋左传》中找了几个经典的筮例进行详细剖析。第三章"《周易》之象"，则是针对易学中的"象"概念及其变化形态的介绍。形形色色的各类易象，既是《周易》独特的思维模式，也是我们读《易》解卦所必须掌握的易学知识。第四、第五两章则是易卦选读部分，我从六十四卦中挑选了三十多个卦，为大家进行逐卦逐句的分析和解读。在这两章的系统学习后，大家就能够比较熟练地掌握阅读《周易》经文的基本方法了。第六章到第八章，则主要为大家介绍中国历史上各个不同时期所流行的易学学说，包括最具代表性的汉代象数易学、魏晋道家易学、宋代儒理易学以及图书易学等。对于历史上的诸位易学大神，比如孟喜、京房、焦延寿、郑玄、虞翻、荀爽、王弼、程颐、朱熹等人的易学，也会在这三章中进行重点介绍。大家按图索骥，就能逐步构建起对于易学宇宙的整体认识了。最后一章则着重介绍《周易》的传播与影响，主要集中在《周易》对中国文化特别是建筑、文学的影响，以及《周易》在少数民族地区以及海外的传播。我们应当认识到，《周易》并不仅仅是一部中国古代的经典之作，也是全人类的文化瑰宝。

除以上正文部分外，为凸显本书的易学通识教材性质，还特地增加了拓展阅读、习题、插图、六十四卦卦爻辞等配套学习内容，以方便广大读者随时检验学习成果及进一步延伸阅读。

这本《易学导论》能够最终编纂成书，除了利用众多古代易学典籍之外，还大量参考了当代学者的研究成果，除上文已经提到的《周易概论》《周易译注》《周易全解》，还有朱伯崑《易学哲学史》，余敦康《汉宋易学解读》，高怀民《两汉易学史》，徐芹庭《易图源流》，郑吉雄《周易问答》，廖名春《〈周易〉经传十五讲》，刘保贞《〈周易〉与中国建筑》，胡士颍《易学简史》，谷继明《周易导读》等。如果没有这些著作，本书是不可能顺利完成的。

本书的编写，得到了所有编委会成员的大力支持。陈仁仁教授审读了全书文稿，提出了很多宝贵的修改意见并慨然作序。李伟荣教授为本书第九章第三、第四两节的撰写提供了重要的参考资料，并审定了相关内容。张夏彤博士从"走进《周易》的世界"视频课程制作时起便担任课程助教，编写了本书第六章第二、第三、第七节及第九章第一节共计四个小节的初稿，并与李蝶博士共同完成了习题与参考答案、解析部分的编写。李蝶还负责核对了全书的人名、书名、专名以及插图、附录部分。对于诸位编委会成员的无私帮助，在此表示诚挚的感谢！商务印书馆上海分馆的张鹏老师既是我在复旦大学哲学学院读书时的同班同学，又是本书的责任编辑，在本书的选题、策划、设计、校对等方面均给予了巨大帮助，在此一并致谢！

前　言

本书能够顺利出版，得到了湖南大学校级本科规划教材建设项目及大成国学基金——湖南大学岳麓书院发展基金高等研究院项目的支持。由于本人学术浅陋，又是第一次尝试撰写这一面向零基础本科生及爱好者的普及类易学教材，因此难免多有疏漏、错误、不当之处，还请广大读者随时指出、不吝赐教。

陈岘

甲辰盛夏于淄博南石寓所

·目 录·

第一章　初识《周易》　/ 1

　　第一节　《周易》的基本结构：卦和爻　/ 3

　　第二节　《周易》的组成：《易经》和《易传》　/ 8

　　第三节　《周易》的性质：是否可以用来算命？　/ 13

　　第四节　《周易》的地位：群经之首　/ 17

　　第五节　《周易》的流传：薪火相传　/ 22

　　拓展阅读与本章习题　/ 27

第二章　《周易》之数与大衍筮法　/ 31

　　第一节　《周易》中的天地之数与大衍之数　/ 33

　　第二节　大衍筮法的操作流程（上）　/ 38

　　第三节　大衍筮法的操作流程（下）　/ 49

　　第四节　《左传》中的经典筮例（上）　/ 57

　　第五节　《左传》中的经典筮例（下）　/ 62

　　拓展阅读与本章习题　/ 66

第三章 《周易》之象 / 71

第一节 八卦之象 / 73

第二节 六爻之象 / 78

第三节 判断吉凶的两种方法：当位与中位 / 83

第四节 爻与爻的关系：乘、承、比、应 / 88

第五节 八卦之象的变通：互体之象 / 92

第六节 形形色色的易象：象形、爻位与方位 / 97

拓展阅读与本章习题 / 103

第四章 易卦选读（上） / 107

第一节 《乾》：刚健之德 / 109

第二节 《坤》：柔顺之道 / 117

第三节 《屯》：初创之艰 / 125

第四节 《蒙》：启发蒙稚 / 129

第五节 《需》：守正需待 / 134

第六节 《讼》：止讼免争 / 138

第七节 《师》：师出正道 / 143

第八节 《比》：亲密比辅 / 147

第九节 《谦》：虚心谦敬 / 151

第十节 《蛊》：降妖除魔、拯救祸乱 / 155

第十一节 《习坎》：正视危险 / 160

第十二节 《离》：光明与附丽 / 164

目 录

拓展阅读与本章习题　／169

第五章　易卦选读（下）　／175

第一节　《震》与《巽》：雷震与风行　／177

第二节　《艮》与《兑》："知止"与"取悦"　／182

第三节　《剥》与《复》：周而复始　／187

第四节　《夬》与《姤》：程序正义与阴阳平衡　／191

第五节　《咸》与《恒》：从婚姻到安稳的生活　／196

第六节　《革》与《鼎》：革故鼎新　／201

第七节　《泰》与《否》：否极泰来　／206

第八节　《大过》与《小过》：过犹不及　／214

第九节　《中孚》与《颐》：诚信与颐养　／219

第十节　《损》与《益》：损益可知　／224

第十一节　《既济》与《未济》：物不可穷　／229

拓展阅读与本章习题　／235

第六章　汉代象数易学概览　／241

第一节　象数易学的概念与发展过程　／243

第二节　四正卦与十二消息卦　／247

第三节　七十二候与六日七分　／252

第四节　《易林》与焦氏值日法　／259

第五节　京房与八宫图　／263

第六节 世应、纳甲与京氏学说 / 268

第七节 谶纬学说的兴起 / 275

第八节 郑玄及其易学 / 280

第九节 汉易的尾音 / 284

拓展阅读与本章习题 / 290

第七章 魏晋至宋的易学发展 / 295

第一节 魏晋风度与三玄 / 298

第二节 王弼与《周易注》 / 301

第三节 《周易》与儒学复兴 / 305

第四节 北宋五子及其易学 / 310

第五节 朱熹及其易学 / 314

拓展阅读与本章习题 / 319

第八章 宋代的图书易学 / 323

第一节 神秘的《河图》与《洛书》 / 325

第二节 先天图与后天图 / 331

第三节 《太极图》的前世今生 / 337

拓展阅读与本章习题 / 343

第九章 《周易》的传播与影响 / 345

第一节 古典建筑的《周易》之维 / 347

目 录

第二节 《周易》对中国文学的影响 / 352

第三节 《周易》的传播：从中原到周边 / 357

第四节 西方世界的《周易》 / 364

拓展阅读与本章习题 / 370

六十四卦及其卦爻辞 / 373

参考答案 / 393

第一章

初识《周易》

《周易》究竟是一本什么样的书？对于这个问题，古往今来的人们都有着不同的看法。现在我们提到《周易》，很多人都会觉得这本书非常神秘，有人认为它可以窥探人生的奥秘，有人相信它能够预测未来的发展。说得更直白一点儿，在他们看来，《周易》是用来占卜和预测的。因此，社会上的很多人在遇到结婚、生子、乔迁等生活中的重大事件的时候，都会想要找一个懂《周易》的人来帮忙"算一算"，以便事情能够顺利发展。那么，这些理解究竟对不对呢？《周易》又到底是一本怎样的书？要搞明白这个问题，我们就必须对《周易》的内容、结构、性质、文化地位以及它在历史上的流传脉络有所了解，这也是我们在本章所要学习的重点内容。

第一节 《周易》的基本结构：卦和爻

关于《周易》一书的性质，我们可以从宋代大学者朱熹的论述中窥见一斑，朱熹曾经指出："《易》本卜筮之书。"由此可以看出，占卜确实是《周易》最开始的用途。但我们要特别强调的是，《周易》的历史文化影响并不仅限于占卜，它还在中国古代经典中占据着首屈一指的特殊地位。

以清朝乾隆年间所编纂的大型丛书《四库全书》为例，在《四库全书》的编纂中，纪昀等四库馆臣将中国的典籍分为了经、史、子、集四大类。在四部典籍的排列次序中，以收录儒家经典著作为主的经部毫无疑问地排在首位，而在经部的图书中，四库馆臣又把《周易》类的典籍排在首位。因此，《四库全书》中所收录的前159种书籍全都是《周易》类的著作。

《周易》这本书之所以能在中国古代的典籍中占据如此之高的地位，这与它在哲学层面对宇宙和人生的阐发也是分不开的。《庄子》中就曾提到："《易》以道阴阳。"这指出《周易》提供了一种用阴和阳的二元视角认识宇宙、自然、社会、人生的方法。比如，白天是阳性的，夜晚是阴性的；太阳是阳性的，月亮是阴性的；男人是阳性的，女人是阴性的。宋代学者胡瑗则认为，《周易》是王者之书，书中所讲的是圣王统治天下的道理。根据这一说法，《周易》就既能够帮助我们理解圣人的思想境界，也能在具体的社会生活中带来有益的指导。

由以上说法我们可以了解到，《周易》中的内容和思想丰富且深邃。那么《周易》究竟是一本什么样的书，也就成了一个仁者见仁、智者见智的问题。如果想得出属于自己的判断，我们就必须要充分了解《周易》这本书究竟讲了什么具体的内容。

《周易》的内容与形式在古代经典中是非常特殊的。在春秋时期之前，中国是没有私人著作产生的，儒家经典更是如此。从儒家"五经"的构成来看，《诗经》和《尚书》是把各个时代、各个地区的诗

第一章 初识《周易》

歌创作和政令文书收集起来，在经过挑选之后所编订成的书籍；《仪礼》则是针对天子、诸侯、大夫和士等不同社会等级的人群，根据冠、婚、丧、祭等不同场景的规范要求，所纂集的礼制汇编；《春秋》则是以春秋时期鲁国十二位国君的在位时间为坐标，依照编年的方式对重大历史事件做的记载。不同于这些典籍的是，《周易》有着一套自己独有的格式系统，也就是卦爻系统。

《周易》的内容排列形式非常整齐，构成《周易》的基本符号体系叫作"卦"，而卦又分为八卦和六十四卦两种体系。我们现在在讨论娱乐新闻时经常会用到的"八卦"一词，大致指的是谈论一些小道消息或是男女之间的花边绯闻，但如果究其本意，则是非常严肃的，指的就是构成《周易》的基本符号单位。八卦，是一个由三根横线排列组成的符号体系，这种符号体系，一般被称作"三画卦"。其中，每一根单独的横线也有自己的专名，被我们称作"爻"。具体来说，一根连续不断的横线被称为阳爻—，中间断开的横线则被称为阴爻--。我们前面提到，庄子说"《易》以道阴阳"，《周易》对阴和阳的表达，就是通过阴爻和阳爻这两种不同形态来呈现的。阴爻和阳爻的区分，使得三画卦的符号体系中产生了组合变化的空间。根据每根爻或阴或阳的两种可能进行排列组合，一共可以画出八个三画卦。其中，三根爻全都是阳爻的纯阳之卦，被称为乾卦☰；三根爻全都是阴爻的纯阴之卦，则被称为坤卦☷。

在八卦中，除了乾、坤两卦之外，由一根阳爻和两根阴爻所构成的三个卦，分别被称为震卦☳、坎卦☵、艮卦☶；而由一根阴爻和两根阳爻所构成的三个卦，则分别被称为巽卦☴、离卦☲、兑卦☱。

乾、坤、震、巽、坎、离、艮、兑，合起来便被称为八卦。

表1-1　八卦卦形表

乾卦	坤卦	震卦	巽卦	坎卦	离卦	艮卦	兑卦
☰	☷	☳	☴	☵	☲	☶	☱

由于乾、坤两卦纯阳、纯阴的特殊性，它们在历史上常常被比喻为天地、父母、日月等不同意象。比如诗圣杜甫在《登岳阳楼》中，就写过这样的名句："吴楚东南坼，乾坤日夜浮。"在这句诗中，乾坤就被用来指代日月。再到后来，乾、坤两卦甚至可以指代江山社稷和国家大局，比如著名的革命诗人秋瑾就曾经写过这么一句诗："拼将十万头颅血，须把乾坤力挽回。"这里的乾坤，所指的就是当时正处在危亡之际的国家大势。

由于《周易》的特殊地位，在我国古代的历史传说中，八卦一般被认为是由上古帝王伏羲氏所创作的。司马迁所写的《史记》、许慎所写的《说文解字》等很多重要的历史文献都采纳了这种说法。

在《周易》成书的过程之中，还有一个重要的环节是不可缺少的，那就是"重卦"。所谓重卦，顾名思义，就是把两个三画卦重叠起来。这样，易卦的系统就由八个三画卦，扩展成了六十四个六画卦，这六十四卦每个卦有六根爻。为区分八卦和六十四卦，我们一般把八卦称为"经卦"，而把六十四卦称为"别卦"。司马迁写的《报任安书》中有一句叫作"文王拘而演《周易》"。司马迁在这里说的演《周易》，并不是指创作八卦，而是指周文王在伏羲所创作的八卦

第一章 初识《周易》

系统的基础上，把八经卦重叠为了六十四别卦。

表1-2 八卦重叠六十四卦表

八卦	乾☰	兑☱	离☲	震☳	巽☴	坎☵	艮☶	坤☷
乾☰	乾	夬	大有	大壮	小畜	需	大畜	泰
兑☱	履	兑	睽	归妹	中孚	节	损	临
离☲	同人	革	离	丰	家人	既济	贲	明夷
震☳	无妄	随	噬嗑	震	益	屯	颐	复
巽☴	姤	大过	鼎	恒	巽	井	蛊	升
坎☵	讼	困	未济	解	涣	习坎	蒙	师
艮☶	遁	咸	旅	小过	渐	蹇	艮	谦
坤☷	否	萃	晋	豫	观	比	剥	坤

具体来说，八个经卦自己与自己的重叠，其卦名一般不变，比如，乾卦与乾卦重叠后，所得到的别卦仍然叫作《乾》卦；震卦与震卦重叠，所得到的别卦仍然叫作《震》卦。只有坎卦和坎卦重叠之后的别卦叫作《习坎》，这是唯一一个例外。而两个不同的经卦之间互相重叠，便会组合成一个全新的别卦。比如，乾卦与坤卦的组合，如果坤卦在上，乾卦在下，那么便会组合成为一个《泰》卦，象征着安定通泰；而如果乾卦在上，坤卦在下，则会组合成一个《否》卦，象征着封闭阻塞。我们常用的一个成语"否极泰来"，就是从《泰》《否》两卦的意思中总结提炼出来的。

司马迁认为，周文王除了将八卦重叠为六十四卦之外，还做了一项创造性的工作，那就是为六十四卦中的每一卦、每一爻分别撰写了卦辞、爻辞，用以阐述每一个不同的卦、每卦中不同的爻所能说明的道理。目前我们看到的《周易》，就是一本以六十四卦为基本结构，以每个卦的卦辞和每根爻的爻辞为文字内容的书籍。在我们日常生活中所使用的很多成语、典故或格言金句，都出自六十四卦及其卦辞、爻辞，比如象征着改革的"革故鼎新"，就取自六十四卦中的《鼎》卦和《革》卦，"突如其来"取自《离》卦第四爻的爻辞，等等。当然，《周易》的文本构成也并不只有卦辞和爻辞，还有《彖传》《象传》《系辞传》等《易传》的组成部分，这也将是下一节的主要内容。

・本节要点・

1.《周易》的符号系统由卦构成，而卦又是由爻构成的。这里需要注意的是，卦是《周易》符号的基本单位，无论阴爻还是阳爻，都只是卦的组成部分，脱离了卦的爻并没有独立的意义。

2. 易卦系统分为八卦的经卦系统和六十四卦的别卦系统。别卦是由经卦两两重叠而产生的。

3. 在历史上，八卦的创作者一般被认为是上古帝王伏羲氏，而将八卦重叠为六十四卦的人则被认为是周文王。

第二节 《周易》的组成：《易经》和《易传》

通过对"八卦""六十四卦"和"爻"这几个概念的学习，我们对《周易》的基本结构有了一个大概的了解。这一节，我们将进一步

第一章 初识《周易》

学习构成《周易》这部经典的具体内容,即《易经》和《易传》这两个组成部分。

在很多人的认识里,《易经》只是《周易》的另一个名称,而非《周易》的组成部分,《易经》只是用"经"这个字,来表达《周易》作为一本经典的重要地位,就像《诗》被称作《诗经》,《尚书》被称作《书经》,《仪礼》被称作《礼经》一样,这是广义上对"《易经》"一词的诠释。

在狭义的用法中,《易经》则是与《易传》相对的概念。用更准确一点的表达方法来说,这两部分也分别叫作"《周易》古经"和"《周易》大传"。众所周知,中国古代的经典大多佶屈聱牙、文辞古奥,如果没有比较扎实的学问,读起来是相当吃力的。为了解决这个问题,帮助更多的人读懂经典,有一些学问深厚的人就会写作一些解释或者注释经典原文的文字,这些解释经典的书籍或文章被称为"传"。比如详细记载了春秋时期历史的《春秋左传》,就是鲁国的史官左丘明写成的。他有感于《春秋》经文的记载过于简略,普通人如果只读《春秋》经文,很难详细了解春秋时期发生的各种历史事件,于是就动笔把每件事情的前因后果、来龙去脉讲得清清楚楚,写成了如今可见的《春秋左传》。

而后,随着时间的推移,后世的人们又逐渐感觉到读传也很吃力了,于是又有学者在传的基础上写作"注",在注的基础上写作"疏",这就是所谓的"注疏学",也就是在注释的基础上再加注释。仍以《左传》为例,西晋时期的征南大将军杜预就给《春秋经》和左丘明的《左传》写了名为《春秋经传集解》的注。到了唐朝,国子祭酒孔颖达又组织人马，在杜预《春秋经传集解》的基础上编写了名为《春秋左传正义》的疏。这些给经典文本不断作注解的工作，大大方便了后人对经典的阅读和理解。

了解了经、传、注、疏的形成过程之后，我们再来看《周易》中的《易经》和《易传》分别是什么内容。上一讲提到，周文王在将八卦重叠为六十四卦之后，还做了一项创造性的工作，那就是给六十四卦中的每一卦、每一爻都撰写了卦辞、爻辞。这些卦辞和爻辞便是狭义的《易经》的内容。以《乾》卦为例，它的卦辞是"乾，元亨利贞"，而《乾》卦的六根爻也各自有一条爻辞，如"初九，潜龙勿用"或者"九四，或跃在渊，无咎"等。

需要注意的是，在六十四卦中，解读每根爻位置的次序跟我们平时读书的习惯并不一样。生活在现代社会的我们，在读书时都是从上往下看，但解读易卦的时候，却要反过来从下往上看。所以，每个卦最下面的一根爻被称作初爻，最上面一根爻被称作上爻。中间的四根，依照从下往上的次序，分别被称为二爻、三爻、四爻、五爻。除了爻所处的位置，阴和阳的区别，也决定着每根爻的不同意义。在《周易》中，阳爻用数字"九"来表示，阴爻用数字"六"来表示。至于为什么用六和九表阴阳，我们会在后面的章节中详细展开。

表1-3 《泰》卦爻题

《泰》卦	爻题
--	上六
--	六五
--	六四
—	九三
—	九二
—	初九

知道了一根爻的位置和阴阳，我们就可以确定它的爻题了。如果是一根阳爻处在初爻的位置上，那就称作"初九"，如果

第一章 初识《周易》

是阴爻在初爻的位置，则称之为"初六"。如果是上爻的位置，那么阴阳爻就分别被表述为上六和上九。中间四爻的表述方法与初爻和上爻相反，表阴阳之意的六、九在前，表爻位之意的二、三、四、五在后。比如，二爻是阳爻就称之为九二；五爻是阴爻就称之为六五。举易卦的例子来说，《乾》卦初爻的爻辞是"初九，潜龙勿用"，《坤》卦五爻的爻辞是"六五，黄裳，元吉"，都是先表明爻位和阴阳，再展开爻辞的具体内容。

除了六十四卦总共包含的六十四条卦辞和三百八十四条爻辞外，在《乾》卦和《坤》卦中，还各有一条"用九"和"用六"，这是为纯阳的《乾》卦和纯阴的《坤》卦单独准备的两根特殊的爻辞。把这些卦辞和爻辞全部加起来，一共有四百五十条，这些就是《易经》部分的全部内容了。

《易传》作为解释《易经》的文字，是由十篇文章共同组成的，分别包括《彖传》上下、《象传》上下、《系辞传》上下、《文言传》、《说卦传》、《序卦传》、《杂卦传》。因为这十篇文章能够起到帮助我们理解《易经》的作用，就像翅膀可以帮助鸟儿飞翔一样，因此也被形象地称作"十翼"。

因为像"元亨利贞""黄裳，元吉"等卦爻辞都比较深奥难懂，因此，很多人即便学会了如何算卦，但因为看不懂卦爻辞的具体意思，所以还是没有办法自己解卦。针对这一问题，很多饱学之士就希望通过撰写一些文章和注释，来帮助大家理解《易经》。同时，还有很多学者认为，《易经》的卦爻辞中讲了很多有益的哲学道理，如果把它纯粹当成一本占卜的书，就大材小用了，于是这些学者也会通过写作文章来引导大家学习《易经》中的道理。在《易传》中，《彖传》和《象传》就是对卦爻辞的注释，这可以帮助我们更准确地理解《易经》文字的意思，具体而言，《彖传》是对卦辞的解释，《象传》则分为阐发卦辞的《大象传》和阐发爻辞的《小象传》两部分，均紧扣卦爻辞的内容，而《系辞传》《说卦传》这些篇章，就主要用来阐发一些关于宇宙、人生的哲学道理，比如宇宙是怎样生成的，人和自然之间应该怎样相处，人类社会应该构建怎样的秩序，等等。

20世纪70年代初，在湖南长沙的马王堆发掘了三座汉墓，出土了很多震惊世界的考古发现。除了大家关注度比较高的辛追夫人女尸，以及上过《国家宝藏》栏目的素纱禅衣之外，还有一项重要的发现，那就是西汉时期的《易经》与《易传》。这些发现现都收藏在湖南博物院。而在马王堆帛书《易传》中，《二三子》《衷》等很多篇目并没有在"十翼"中出现。因此，我们可以得知，在从春秋战国到西汉初期的时代，民间流传的《易传》其实有很多种，但有一些并没有流传下来，最后只有《系辞传》《彖传》等"十翼"被与卦爻辞一起编入了《周易》，成为今天我们看到的《易传》。

至于为什么只有"十翼"被编入《易传》，是因为"十翼"相传为孔子所写。根据《论语》的记载，孔子晚年特别喜爱读《周易》，还因此衍生出了一个叫"韦编三绝"的成语。说的就是因为孔子翻看《周易》的次数太多，连穿竹简的牛皮绳子都被磨烂了很多次。司马迁也在为孔子所写的传记《孔子世家》中说道："孔子晚而喜《易》，序《彖》《象》《系》《说卦》《文言》。"认为孔子在晚年阅读《周易》的同时，编写了《象传》《系辞传》等《易传》。正是因为这种传说，

第一章 初识《周易》

孔子便与创作八卦的伏羲氏，以及演八卦为六十四卦的周文王，共同被认为是有功于《周易》创作的三位圣人，这在历史上也被叫作"《易》历三圣"。也就是说，经过了伏羲氏、周文王和孔子的不断创作，我们才能读到融合了《易经》与《易传》在一起的《周易》。

— 本节要点 —

1.《周易》分为《易经》与《易传》两部分，《易经》的内容是六十四卦的卦爻辞，《易传》的内容是《系辞传》《象传》等"十翼"。

2. 在《易经》中，无论是爻位的排列还是阅读爻辞的顺序，都是自下而上的。《周易》分别用初、二、三、四、五、上表述爻位，再用六、九表述每根爻的阴阳属性。

3. 我们今天所读到的十篇《易传》，相传为孔子所作。孔子与伏羲氏、周文王共同被称为易学之"三圣"。

第三节 《周易》的性质：是否可以用来算命？

了解了《周易》的基本结构和组成部分之后，我们就可以来分析《周易》是否可以用来算命这一问题了。虽然就连宋代大儒朱熹都指出"《易》本卜筮之书"，但我们必须强调，即便不能说《周易》跟算命一点关系都没有，但两者间的关系也确实不大。这并不是要否定《周易》跟占卜的关系，而是因为算命跟占卜是两码事，两者之间并不能画等号。事实上，《周易》在先秦时期确实是用来占卜的，这在历史上是可以找到证据的，《左传》里就记载了很多具体的案例。

春秋早期，陈国的国君陈桓公去世了，按照周代礼制中的嫡长子继承制，应该由他的嫡长子，即陈国的太子免继承陈国国君的位置。但此时，陈桓公同父异母的弟弟陈佗却起了歹心，他找准时机，带领一队人马刺杀了太子免，自立为陈国国君。陈佗的这种做法属于典型的弑君行为，因此在《春秋》的记载中，并不认可陈佗的国君地位，反而认为他是乱臣贼子，人人得而诛之。于是在陈佗自立为君的第二年，太子免的弟弟公子跃依靠他母亲的力量，从蔡国借来了兵马，成功打败了陈佗，并杀掉了他。在为自己的哥哥报了仇之后，公子跃也就顺理成章地即位，成了陈厉公。在陈厉公顺利登基之后，很快生了一个儿子，取名为敬仲。这时，周王室的史官恰好出使陈国，陈厉公就接见了他。在那个时代，史官的一个重要职责，就是掌管藏书。因此，史官的学问往往非常好，像我们所熟知的伟大思想家老子，也曾担任过周王室的史官。而这一次周史出使陈国，恰好带了一本《周易》。于是刚刚经历过动乱的陈厉公，就请周史帮自己刚刚出生的儿子算一卦，周史也慨然允诺，给敬仲算了一卦，并且卜得了《观》卦的六四爻，其爻辞是"六四，观国之光，利用宾于王"。然后，周史通过对卦象和爻辞的分析判断，认为敬仲的后代将在齐国有大的发展。

具体的算卦和解卦方法，我们会在后面的大衍筮法一节中做详细的解释。在《左传》所记载的这次算卦的解读中，我们可以捕捉到一个重要的信息，那就是周史并没有直接给敬仲算命，而是利用《周易》来算卦，再通过算卦的结果，去解读相应的卦爻辞，最后把卦爻辞中所蕴含的道理，与要占卜的事情结合起来，再对事情的发展做出

第一章 初识《周易》

判断。所以说，利用《周易》算卦的重点，最终是要落实到对卦爻辞的解读上来的，然后再用《易经》中的道理指导现实生活，这就跟以研究命理和预测未来为导向的算命完全不同了。

虽然算卦跟算命并不是一回事，但是我们在生活中或者网络上，总是会看到很多人把《周易》跟算命联系起来。这是因为在古代，由于科学技术的不发达，人们对于宇宙、自然和人类自己的了解都十分有限，有很多现象都是人们解释不了的，于是一方面带着好奇心，一方面带着实用性的目的，人们开始思考这样一些问题：为什么人会生病？生病后，为什么有些人能痊愈，有些人会去世？为什么有的人寿命长，有的人寿命短？为什么有的人一生富贵，有的人一生贫困？

事实上，现代医学和科学的发展，与人类对这些问题的思考也是分不开的。但除了通过技术进步解决这些问题外，古代的人们还思考到了另外一个层面，那就是每个人可能都有着自己的命运。战国时期的墨子就指出，当时的很多人，都相信人的健康、疾病、富贵、贫贱，都是命中注定的，无法靠个人努力改变。而儒家虽然强调德行与福报的关系，但也不否认命的存在。孔子的弟子子夏就曾经说过一句我们耳熟能详的话："死生有命，富贵在天。"由此可见，命的观念，在中国古代是特别流行的。

虽然古代的人们知识水平有限，但大家对健康、平安、富贵的追求与现代人并没有太大的区别。于是，在卫生、医疗、科技水平不够发达的情况下，人们开始尝试着使用一些带有神秘性的手段，来预测甚至改变自己的人生命运，以祈求自己的生活能够过得更好一点。应该说，这是一种非常朴素的追求。在这种诉求下，术数与方技之学就开始兴起了。

术数和方技的目的非常单纯,要么是追求荣华富贵,要么是追求健康长生。但具体来说,方术所包含的技术手段非常丰富,如我们在各种武侠和玄幻小说中可以看到的奇门遁甲、风水堪舆、看相算命,甚至医术、巫术、修炼术、房中术,都包含在内。在西汉末年,有一对名叫刘向和刘歆的父子整理了汉王朝官方政府的藏书,并编订成了《七略》一书。在《七略》中,刘氏父子将国家图书馆所藏的书籍分成了六大类,分别是六艺、诸子、诗赋、兵书、术数和方技。其中,六艺指的是《诗经》《尚书》等儒家经典,诸子指的是孟子、荀子、老子、庄子、墨子等思想家的著作,诗赋则是一些文学作品。用现在的标准看,这三类图书,都是人文导向的。而在另外三类技术导向的图书中,除了带兵打仗用的兵书外,就全都是术数和方技了。

总的来说,早期方术的包含范围非常广泛,可以分为山、医、命、相、卜五大类。其中,山,指的是在深山老林中进行身心修炼的方法;医,指的则是早期的医术。这两大类后来逐渐独立,与命、相、卜之间拉开了距离。根据《周礼》的记载,西周时期掌管占卜工作的官员叫作"太卜",太卜在占卜时所用的书籍,就包括《周易》。因此,即便按照方术的分类,《周易》也属于"卜",与算命所属的"命",以及占星、看面相、看手相所属的"相",都不属于同一大类。所以说,星象、面相、手相、算命等等,跟《周易》之间确实没有太密切的联系。

依照《七略》的图书分类法,《周易》完全可以放置在术数类图书中。然而,刘向、刘歆父子为《周易》安排的位置却是在六艺之中。在他们看来，《周易》虽然本来确实是一本用来占卜的书籍，但因为《易经》卦爻辞中所阐述的道理非常深刻，再加上孔子通过《易传》的写作，让《周易》彻底摆脱了术数底色，成为一部以探讨宇宙、社会、人生哲理为目的的儒家经典。在此之后，虽然很多江湖术士在算命看相时仍然打着《周易》的旗号，但其实际内容，已经与易学没有太大关系了。

• 本节要点 •

1.《周易》原本确实是一本占卜之术，但利用《周易》进行占卜的方法是算卦，而不是算命。

2. 刘向、刘歆父子将传世典籍分为六艺、诸子、诗赋、兵书、术数和方技六大类，《周易》在其中归属于六艺，而非术数、方技。

3. 受"命"观念的影响，中国古代的方术之学非常发达。但绝大多数的方术之学，如奇门遁甲、风水堪舆、看相占星等，都与《周易》没有直接关系。

第四节 《周易》的地位：群经之首

在上一节中，我们重点讲解了《周易》的性质问题。虽然《周易》在先秦时期确实曾是一本用来占卜的书，但最晚在西汉之后，《周易》已经成为一部重要的儒家经典，并且在历史上享有"群经之首"的美誉。

要了解《周易》群经之首的地位是如何得来的，我们首先要知道，哪些书可以被称为"经"。依照《说文解字》的解释来看，经："织从（纵）丝也。"古人在织布的时候，需要先把纵向的经线拉好，然后再横着将线依次穿进去，这样就可以把布织好了。作为根基的纵线，就是经字的本意。在清代学者段玉裁对《说文解字》的注释中，经字的含义就从织布的纵线，被扩展到了三纲、五常和六艺。三纲，指的是君为臣纲、父为子纲、夫为妇纲；五常，指的是仁义礼智信。三纲五常讲的都是儒家伦理的规范。而六艺，指的就是《诗》《书》《礼》《乐》《易》《春秋》这六部儒家经典了。上一节中，我们提到刘向、刘歆父子在图书分类中所设立的"六艺"，指的也就是这六部经典。这样一来，"经"就变成了儒家的伦理规范和经典作品了。

这六部经典，并不是从一开始就拥有经典地位的。具体来说，《周易》本来只是一本卜筮之书，《诗》和《书》分别是历史上的诗歌与政令文书的汇编，《礼》和《春秋》则是关于礼制和春秋时期历史的记载。这些书后来之所以能够成为经典，离不开孔子的努力。在《庄子》中记载了一个故事，讲述的是孔子找到了老子，想向他请教一些问题，孔子在自我介绍时，就说到"丘治《诗》《书》《礼》《乐》《易》《春秋》六经"。也就是说，孔子所研究的学问，主要围绕着这"六经"展开。这也是我国的历史文献中，所能找到的最早的把这六部书称为"经"的记载了。在此之后，将这六部书统称为"六艺"或者"六经"的说法就开始多了起来。

不过，虽然《周易》是群经之首，但在六经中，《周易》并不是一开始就享有排名第一的地位的。无论是《庄子》中的记载，还是西

第一章　初识《周易》

汉早期对六经的排序，都是将《诗经》排在首位，即采用《诗》《书》《礼》《乐》《易》《春秋》的方式排序。到了刘歆编纂《七略》时，则特地把《周易》放在六经排序中的首位，采用《易》《书》《诗》《礼》《乐》《春秋》的方式排序。自此以后，《周易》群经之首的地位，便逐渐奠定了。

事实上，也并不是只有儒家的经典作品才能被称为经，其他的诸子百家，有时也会把自己的经典作品称为"经"。比如，在《墨子》这本书中，就分别有两篇叫作《经》和《经说》。而在道家文献中也是如此，《老子》这本书，后来也被称为《道德经》，《庄子》也被道教奉为《南华真经》。再到后来，从国外传入的经典作品也开始使用"经"这种称呼。比如，佛教的经典被称作《坛经》《心经》《法华经》《华严经》，基督教、犹太教的经典被称为《圣经》，伊斯兰教的经典被称为《古兰经》，等等。

之所以我们现在提到五经或者六经时会专指儒家经典，这与汉代的两个大人物有直接关系：一个是汉武帝，一个是董仲舒。在经历了从战国到秦汉之际的连绵战火，以及西汉初年的休养生息之后，少年得志的汉武帝想要建立一个更为强大的汉帝国。这时，儒生董仲舒就向汉武帝进献了《天人三策》，力劝汉武帝尊奉孔子与六经，重用通晓六经的儒家学者，而摒弃其他的学说。这就是历史上著名的"罢黜百家，独尊儒术"。汉武帝采纳了董仲舒的建议，不但逐渐清除了官员系统中其他学派的人士，更专门为精通《诗》《书》《礼》《易》《春秋》的儒家学者，设置了五经博士的官职，董仲舒也就顺理成章地成为《春秋》博士。

需要注意的是，西汉时期的博士，跟我们现在作为学位标准的博士并不一样。五经博士虽然是凭借学问当官，但也是可以参与到政治事务中的。在汉宣帝的时候，就曾经专门召集博通经学的博士们，与丞相、御史、列侯、中二千石一起讨论国家大事。其中，丞相、御史等人，不是王公贵族，就是高级官员，地位都非常显赫。能与他们并列，那么可以想见，五经博士的政治地位也是相当高的。

汉武帝时的五经，跟"四书五经"里面的五经也并不是相同的概念。儒家的经典系统，也是在不断扩展的。汉武帝时的五经，是《诗经》《尚书》《周易》《仪礼》和《春秋经》。到了东汉的时候，当时的人们认为《论语》是记载了孔子言行的重要典籍，而《孝经》则是孔子所写的著作，于是《论语》和《孝经》就顺理成章地进入了儒家的经典体系，五经也就被扩展成了七经。再到后来，七经又陆续扩展为九经、十经、十二经、十三经。具体来说，礼就从《仪礼》这一本经典，扩展为了《周礼》《礼记》《仪礼》三本经典；而解释《春秋经》的《左传》《公羊传》和《穀梁传》，也都从传升级成为经，于是《春秋》也从一经变成了三经。最后，解释各种经典的辞书《尔雅》，以及大家比较熟悉的《孟子》，也在唐宋时期陆续拥有了经的一席之地，最终在北宋的时候，形成了我们现在所看到的"十三经"系统。而在这一经典体系扩展的过程中，《周易》的重要性始终无可撼动，一直保持着群经之首的地位。

相比之下，"四书五经"虽然也很有名，但这个体系的出现时间其实很晚，是在南宋时期由朱熹所提出的。朱熹认为，有志于学问

第一章 初识《周易》

的年轻人在学习经典的时候，应该按照一定的次序来读书，而不能随意乱读。于是，他把《礼记》中的《大学》和《中庸》两篇，跟《论语》《孟子》一起组合成了四书，要求学子们按照《大学》《论语》《孟子》《中庸》的次序依次学习。而在学习完四书之后，朱熹认为应该继续依次学习《诗经》《尚书》《礼记》《周易》和《春秋左传》。我们可以注意到，朱熹版本的五经，与汉武帝时的五经已经大不相同了，《仪礼》变成了《礼记》，《春秋经》变成了《春秋左传》。朱熹之所以这样排定五经的次序，是按照由浅入深的难易等级来确定的，跟经典的地位没有直接关系。况且，在南宋的时候，十三经的经典体系已经形成，无论是在十三经系统还是清代《四库全书》的排序中，《周易》都稳稳地占据着群经之首的地位。

—————— • 本节要点 • ——————

1. 六经的排列次序有《诗》《书》《礼》《乐》《易》《春秋》和《易》《书》《诗》《礼》《乐》《春秋》两种，《周易》群经之首的地位，是从西汉后期开始逐步得到确立的。

2. 汉武帝时设立五经博士，从而确立了儒学的官方地位以及五经的经典地位。在东汉以后，儒家经典体系逐步扩展，最终在北宋时发展为了十三经。在十三经中，《周易》居于首位。

3. "四书五经"是在南宋时由朱熹建立的经典系统，这一版本的五经与汉武帝设置五经博士时的五经并不相同，其次序则是按照由浅入深的难易程度排列的。

第五节 《周易》的流传：薪火相传

在上一节中，我们学习了《周易》是怎样从一本卜筮之书，到后来成为"五经"之一，最后成为群经之首的过程。但在这一过程中存在着一个很明显的问题，无论是《庄子》里面讲到的孔子研究六经，还是刘向、刘歆父子在《七略》中所设置的六艺，经典的数量都是包含《诗》《书》《礼》《乐》《易》《春秋》在内的六部。可为什么到了汉武帝设置博士学官的时候，却只设立了《诗》《书》《礼》《易》《春秋》五经博士，而没有设立六经博士呢？答案也很明确，那是因为《乐经》这部经典，在西汉的时候已经失传了。

关于《乐经》失传的原因，学者们有过很多的讨论，其中主要的观点有两种。第一种观点认为，《乐经》的主要内容是音乐，但音乐本身是用来演奏的，而不是用来写作的。因此，《乐经》只存在匠人之间的技艺传授，而并不像《周易》《诗经》《尚书》那样有文字内容的记载。也就是说，也许从来就没有过一本叫《乐经》的书，真正失传的是音律和乐谱。第二种观点则认为，既然"六经"这种说法在很多文献中都出现了，那么《乐经》这本书在历史上肯定存在过。那么，为什么作为六经之一的《乐经》会失传呢？极有可能是因为这本书在秦始皇焚书坑儒的过程中，被付之一炬，从此失传了。

秦始皇焚书的政策是非常严厉的。根据司马迁在《秦始皇本纪》中的讲述，无论是《诗经》《尚书》等儒学经典，还是《孟子》《荀子》《老子》《庄子》等诸子的著作，全都要交给当地的官员烧掉。除了医药、卜筮、种树这三类技术性比较强的书籍可以保留外，其余的

第一章 初识《周易》

书籍都要焚毁。即便是像法律条文一类的实用性书籍，也只准老师和学生之间口耳相传，而不准写成书籍保存下来。

秦始皇时期，对于儒家经典的禁绝严苛到了什么程度呢？如果有谁在大街上随口哼了几句"关关雎鸠，在河之洲"或者"为山九仞，功亏一篑"这一类《诗经》《尚书》中的话，那是要被立即抓来杀头的。如果敢像孔子那样"以古非今"，也就是通过对历史事件的评价来批评现实政治，那么其后果更为严重，是要全族诛灭的。并且，为了保证焚书的效率，秦始皇还规定，如果有哪个官员敢包庇藏书分子，那么将会受到与藏书分子同样的惩罚。如果地方官员在三十天内没有烧光自己属地内的所有书籍，那就要被发配到边疆服劳役。再到后来，秦朝为了阻止儒家经典在民间的传播，就连熟读儒家经典的学者，都抓起来坑杀了一大批。在这样一种惨无人道的规定下，《乐经》的失传也就不足为奇了。

在焚书坑儒这种暴政之下，其他几部经典的流传也都非常坎坷。总的来说，五经的流传依赖于两种方式。

第一种方式是口传，古代的儒生在研习经典上都非常用功，老师在教学生的时候，首先要求的就是背诵。因此，很多人都可以把经典倒背如流。虽然秦朝的统治非常残暴，但好在秦始皇和秦二世在位的时间加起来，也只维持了十五年的光景，然后就在陈胜、吴广起义的带动下覆灭了。因此，到了西汉初年的时候，有个别能够背诵经典的儒生还活着。比如说，《尚书》这部经典在秦火中也全都被烧毁不见了。但是天可怜见，在山东济南还有一位已经九十岁高龄，名叫伏胜的老学究可以背诵《尚书》。但是伏胜的一口济南话让当时负责书写的官员很是头疼，最后不得不借助伏胜女儿的翻译，才勉强把伏胜背诵的《尚书》记录了下来。虽然在这种从背诵到转写的过程中，经文内容的记录难免会出一些差错，但也是通过这种方式，才为后人保留了珍贵的历史资料。我们知道，汉代的时候把隶书确定为了国家标准文字，因此，这一类通过口耳相传保存下来的经典，在汉代的时候就被用隶书写了下来，所以，这类经典也就被汉代人称作"今文经"。

相较之下，另一种保存经典的方式就冒险得多，那是因为在秦始皇焚书的时候，有一部分人敢于冒险，把有价值的书籍偷偷藏了起来，才使得这些书籍幸免于难。到了西汉时期，挟书令解除，这些书籍逐渐重见天日。根据班固在《汉书》中的记载，在汉初的时候，鲁恭王想要扩建自己的宅院，可是自己的宅院紧邻孔子的故居，于是他就下令拆毁孔子故居的墙壁，结果在拆墙的时候，却意外发现墙里藏着《尚书》《论语》等一批古书。这一类的古书，都是在先秦时期就写好的，所以这些书上面的文字，都是先秦时期的古文，这类经典也就被汉代人称为"古文经"。

有了这两种保存经典的方法，五经才能够躲过秦火，艰难地保存了下来。不过，不论今文经还是古文经，都难以完整地保存经典的原貌。今文经的保存，主要通过老师和学生之间的口耳相传，但即便是记忆力再好的人，也难免会有记漏、记错的时候。况且在秦朝那种残暴的社会环境下，儒生们根本没有条件时常温习经典，到了西汉时再进行转写工作，其准确性肯定要打一定的折扣。而古文经在保存的

第一章 初识《周易》

过程中,也难免会遭遇一些虫吃鼠咬、脱漏散失等问题。所以我们现在在阅读五经的时候,就经常会碰到一些文句或者篇章的残缺、错误之类的问题,这并不是经文本身的问题,而是曲折的流传过程所导致的。

以我们现代人的眼光来看,相比于靠口耳相传和背诵保存下来的今文经,古文经这种出土文献,其准确性应该是更高的。但西汉人却并不这么认为,在他们看来,古文经在保存的过程中没有见证人,谁也不知道这些古文经究竟真的是先秦古书,还是后来的人假造出来的东西。由于当时的科技手段非常落后,并没有现代的碳十四测定技术,可以帮忙确定古书的年代,因此很多人都怀疑古文经的真伪。所以,西汉人是更相信今文经的。汉武帝所立的五经博士,所研习的经典就都是今文经。到了东汉以后,古文经的地位才开始慢慢提高了起来。

西汉时所流行的《周易》,也是今文经。根据《史记》和《汉书》的记载,孔子把自己的易学传给了弟子商瞿,商瞿之后,馯臂子弘、矫疵、周竖、光羽等人代代相传,到了汉初的时候,传到了山东淄川人田何手中。田何也是在汉代历史记载中可以找到的第一位易学大家,他广收门徒,传播易学,丁宽、田王孙相继传其衣钵。到了田王孙那里,又招收了施雠、孟喜和梁丘贺三大弟子,这三位弟子非常争气,都成为易学专家。于是在汉武帝设立五经博士的时候,施雠、孟喜、梁丘贺的易学,就都被立为了博士。历经磨难的《周易》,终于在一代代学者的薪火相传中传承了下来,成为不朽之作。

• 本节要点 •

1. 在秦始皇焚书坑儒的政策中，儒家经典都在禁绝之列，六经的内容都因此受到了不同程度的破坏，《乐经》就此失传。

2. 除《乐经》外，其余五经的流传，主要通过口耳相传的今文经和秘密保存的古文经两种方式实现。

3. 汉武帝所设置的五经博士所研习的经典都是今文经，其中所设置的《周易》博士官职，有施雠、孟喜、梁丘贺三家。

第一章 初识《周易》

拓展阅读与本章习题

拓展阅读

1. 刘大钧:《周易概论》,巴蜀书社,2010年,第1—23页。
2. 谷继明:《周易导读》,四川人民出版社,2019年,第1—26页。
3. 叶纯芳:《中国经学史大纲》,北京大学出版社,2016年,第20—25页。
4. 高怀民:《两汉易学史》,广西师范大学出版社,2007年,第1—21页。

本章习题

1.《四库全书》经、史、子、集四类中,经部排在首位的是哪部经典?
   A.《诗经》　　　　　　　B.《尚书》
   C.《周易》　　　　　　　D.《礼记》

2. 以下选项中,卦名与卦形对应有误的是哪一项?
   A. 震卦 ☳　　　　　　　B. 巽卦 ☴
   C. 离卦 ☲　　　　　　　D. 艮卦 ☶

3. 按照《史记》中的记载,将八卦重叠为六十四卦的是哪位圣人?
   A. 伏羲　　　　　　　　B. 周文王
   C. 孔子　　　　　　　　D. 黄帝

4.《周易》的"十翼"中,不分上下篇的是哪一篇?
   A.《彖传》　　　　　　　B.《象传》

C.《系辞传》　　　　　　　D.《说卦传》

5. "十翼"的作者是谁?
   A. 伏羲
   B. 周文王
   C. 孔子
   D. 黄帝

6. 《七略》中,书籍被分为了七类,其中不包括哪类?
   A. 六艺　　　　　　　　　B. 诸子
   C. 五经　　　　　　　　　D. 术数

7. 《周易》在《七略》的分类中属于哪一类?
   A. 术数　　　　　　　　　B. 方技
   C. 六艺　　　　　　　　　D. 诸子

8. 以下哪一项不是段玉裁在《说文解字》的注释中对"经"的拓展?
   A. 三纲　　　　　　　　　B. 五常
   C. 六艺　　　　　　　　　D. 四书

9. 在刘歆《七略》的《六艺略》中,六经是按照以下哪种顺序排列的?
   A.《诗》《书》《礼》《乐》《易》《春秋》
   B.《易》《书》《诗》《礼》《乐》《春秋》
   C.《诗》《书》《易》《礼》《乐》《春秋》
   D.《诗》《书》《礼》《易》《乐》《春秋》

第一章 初识《周易》

10. 汉武帝设立的"五经博士"是哪五经？
    A.《诗经》《尚书》《乐经》《仪礼》《春秋经》
    B.《诗经》《尚书》《周易》《礼记》《春秋经》
    C.《乐经》《尚书》《周易》《礼记》《春秋经》
    D.《诗经》《尚书》《周易》《仪礼》《春秋经》

11. 根据司马迁在《秦始皇本纪》中的记载，以下哪几项是秦始皇焚书政策中允许保留下来的书籍？（多选）
    A. 法律   B. 医药
    C. 卜筮   D. 种树

12. 口传是焚书坑儒暴政下经典流传的重要方式之一，通过伏胜背诵而保存下来的是哪一部经典？
    A.《周易》   B.《尚书》
    C.《春秋》   D.《仪礼》

13. 汉武帝所立的五经博士所研习的经典属于哪一种？
    A. 今文经
    B. 古文经
    C. 二者都有
    D. 其他

14.《周易》的六十四卦，一共有多少条卦爻辞？
    A. 382 条   B. 450 条
    C. 455 条   D. 448 条

15. 下列哪几篇与《象传》上下、《系辞传》上下和《杂卦传》一起构成了解释《易经》的"十翼"?

   A.《二三子》上下、《文言传》、《序卦传》、《说卦传》

   B.《文言传》、《说卦传》、《衷》、《象传》上下

   C.《二三子》上下、《文言传》、《衷》、《序卦传》

   D.《象传》上下、《文言传》、《说卦传》、《序卦传》

第二章 《周易》之数与大衍筮法

在第一章中，我们学习了《周易》这本书的格式、内容、性质、流传经过，以及《周易》在中国古代经典中的重要地位。在本章中，我们将学习一些大家很感兴趣的内容，那就是历史上的人究竟是怎样运用《周易》来进行算卦的。通过本章的学习，大家需要掌握什么是《周易》中的天地之数和大衍之数、大衍筮法的具体操作方法，以及《左传》中利用大衍筮法进行占卜的具体案例。

第一节 《周易》中的天地之数与大衍之数

我们在上一章中提到过，中国古代的方技、术数之学非常发达，具体而言，可以分为山、医、命、相、卜五大类。利用《周易》进行占卜的方法，属于其中的最后一类，也就是"卜"。如宋代大儒朱熹所言，"《易》本卜筮之书"。卜筮虽然同山、医、命、相一样，都属于神秘性活动，但在中国古代社会中，卜筮这种活动的地位非常重要而且特殊，往往都是由官府甚至君王亲自主导，由专门的官员负责执行的。《尚书·洪范》篇中就曾记载："择建立卜筮人，乃命卜筮。"意思是说，要选拔一个专职的官员，在君王的命令下，负责掌管卜筮活动。在详细记载了周代官职体系的《周礼》中，也设有"太卜"这一官职，专门掌管卜筮工作。不过，需要注意的是，这些卜筮工作并不都是利用《周易》来进行的。如果我们进一步了解一下古人对卜筮活动的理解和具体操作的话，便会发现"卜"和"筮"其实也是不一样的。

在《洪范》篇中，虽然并没有详细记载卜筮究竟是怎么操作的，但是却告诉了我们有"龟"和"筮"两种卜筮方法。许慎则在《说文解字》中对"卜"和"筮"的区别做了明确的说明。许慎认为："卜，灼剥龟也，象灸龟之形。"也就是说，卜的方法，是用火焰炙烤乌龟的外壳，或者牛、羊、鹿等动物的骨头，通过观察龟甲或兽骨在受到灼烧后的裂纹走向，来对事物的未来发展进行预测。像殷墟甲骨文，就是商朝人在使用这一方法进行占卜后，把相关的占卜记录刻在了龟甲和兽骨上，才形成了这种我们今天所看到的中国历史上最早的文字记录。与之相区别的是，《说文解字》对"筮"的解释是："《易》卦用蓍也。"也就是说，"筮"的方法，就是用《周易》六十四卦的卦爻系统来进行占筮。

由此可见，我们所要学习的其实是"筮"的方法，也就是通过《周易》的卦爻系统来进行占筮的具体方法。利用《周易》进行占筮的原理，主要展现的是一种基于"数"的思维方法。事实上，在我们前面所学习的《周易》卦爻符号中，也暗含着一些数的原理。比如连续不断的阳爻和中间断开的阴爻，就有人把它理解为数字上一与二的关系。近几十年来，更是有张政烺先生等一批学者，根据古代青铜器等器物以及出土的简帛文献，大胆地推测认为，出土文献和器物上的

第二章 《周易》之数与大衍筮法

很多符号，就是以数字的形式所展现的易卦符号，是一种早期的"数字卦"。虽然这种数字卦理论现在在学术界还有一些争议，但我们可以从中看到，基于数字推演变化的逻辑原理，与基于阴阳符号的易卦体系之间，是有着密切的理论联系的。

不过，《易经》呈现给我们的毕竟是一个完整的六十四卦卦爻系统，除了卦爻辞之外，《易经》也并没有直接告诉我们算卦的具体方法。这就相当于我们拿到了一副完整的麻将牌，却没有人告诉我们具体的游戏规则。在马王堆汉墓中，就出土了一套包括一个博局、二十个直食棋子、四十二根算筹、十二个黑白棋子以及象牙削、刮刀和骰子在内的博具。然而，因为没有相关的规则说明书流传下来，这种游戏在后世又不再流行，因此这一套博具究竟是怎么玩的，现在已经成了一个谜，学者们也只能推测，而无法真正破解。但《周易》作为一部在历史上影响深远的经典，我们还是可以在历史文献中找到一些有关算卦方法的线索，其中最为重要的，便是《易传》中《系辞传》对于"天地之数"和"大衍之数"的记载与解释。

根据《系辞传》的记载，所谓"天地之数"，指的是"天一，地二，天三，地四，天五，地六，天七，地八，天九，地十"。《系辞传》将从一到十的十个自然数，按照奇数和偶数的区分，将"一、三、五、七、九"五个奇数定义为"天数"，再将"二、四、六、八、十"五个偶数定义为"地数"。这样一来，五个天数相加之和为二十五，五个地数相加之和为三十，天地之数合计为五十五。《系辞传》认为，天地间的一切变化，其原理都隐藏在天地之数五十五的变化之中。通过钻研天地之数的原理，可以"成变化而行鬼神"，既能够掌握天地运转的规律，还能够推衍世界发展的趋势。

《系辞传》虽然不是直接解释《周易》卦爻辞的文章，但由于它揭示了很多卦爻辞中并未讲明的道理，为学者们学习《周易》提供了方向性的指导，因此影响极大，在历史上往往被视作学习《周易》的总纲。而《系辞传》对天地之数的解释，也在宋代的时候被以图像的形式画了出来，并被朱熹认为就是古代传说中《河图》的内容，可见其历史影响之大。

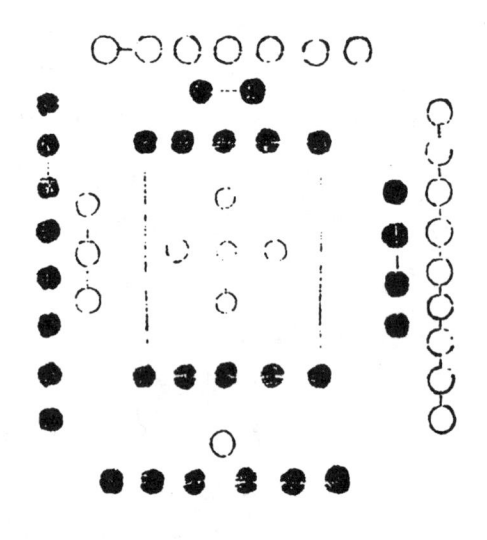

图2-1 《周易本义·河图》

虽然天地之数无论是在《系辞传》的阐述中，还是在历史的影响上都非常重要，但除了郑玄等极少数学者外，大部分学者都只把天地之数看作一种宇宙运行的规律，而并非算卦的方法。这是因为，《系辞传》中还另外记载了一套"大衍之数"，这才是利用易卦系统进行

第二章 《周易》之数与大衍筮法

占筮的法则。

《系辞传》对于"大衍之数"的记载是从"大衍之数五十，其用四十有九"开始的。在此之后，又记载了一分为二、一挂二扐、十有八变等具体的推演、运算方法。不同于天地之数的是，大衍之数被分为了"本数"五十和"用数"四十九两个数字，但无论是五十还是四十九，都不是天地之数那样的连续自然数之和。这也是天地之数与大衍之数最重要的区别：天地之数作为从一至十这十个自然数之和，所展现的是宇宙运转、自然变化的规律；而大衍之数，则可以在结合六十四卦体系和卦爻辞的基础上，利用数理变化的基本原理，推导出一套复杂的算卦方法。因为这种方法是由大衍之数推导出来的，所以就被我们称作大衍筮法。

与大家平时所见的看相、抽签等方法不同，大衍筮法是一种记载于《系辞传》的古老占筮方法，也可以说是最为正宗的《周易》筮法。那么，大衍筮法究竟是怎样操作的？前面所说的一分为二、一挂二扐、十有八变究竟是什么意思？从下一节开始，我们就将进入大衍筮法的系统学习。

• 本节要点 •

1. 卜筮在上古时期是一项严肃的政治活动，有专门的官员负责操作。具体而言，"卜"指的是通过观察经过火焰灼烧后的龟甲或兽骨的纹路来进行预测；"筮"指的是通过《周易》的卦爻系统来进行占筮的方法。

2. 天地之数分为天数和地数，分别指的是在一至十这十个自然数中的奇数和偶数之和。《系辞传》认为，天地之数合计五十五，所展现的是宇宙运转、自然变化的规律。

3. 大衍之数本数为五十，用数为四十九。基于大衍之数数理变化的大衍筮法，是记载于《系辞传》中的一种利用易卦体系及卦爻辞来进行占筮和预测的古代算卦方法。

第二节　大衍筮法的操作流程（上）

在上一节中，我们学习了《系辞传》中所记载的天地之数和大衍之数这两套数理系统。从本节开始，我们将要学习的是根据大衍之数推导出来的大衍筮法究竟是怎样进行算卦的。

众所周知，占卜无论是在中国还是西方，古代还是现代，都有着非常大的影响。古今中西占卜的方法也五花八门，贝壳、铜钱、龟甲、水晶球、扑克牌等等，都可以成为占卜的工具。而用来算卦的大衍筮法，并不是仅仅拿着一本《周易》就可以完成的，也需要事先准备一套专门的工具，才可以开始算卦。这套工具就叫作蓍草。

根据明代学者李时珍在《本草纲目》中的记载，蓍草实际上就是一种一根多茎的草本植物。与一般杂草不同的是，蓍草这种植物的茎长得既笔直又修长，因此在采集处理后，能够制作为又细又长的卜筮用具，也就是算筹。细长的蓍草非常方便人们拿取，这可能也是古人选中蓍草作为卜筮用具的原因之一。在大衍筮法中，我们需要用到的蓍草数量有50根之多，如果蓍草长得太粗，或者歪歪扭扭，显然不便于我们用两只手抓取蓍草来进行操作。其实，使用大衍筮法来进行

第二章 《周易》之数与大衍筮法

算卦，所需要的只是50根算筹，至于这50根算筹是不是由蓍草制作成的，对于大衍筮法的操作本身来讲，影响并不大，所破坏的可能只是算卦的神秘感和仪式感。正如李时珍所说，蓍草这种东西"亦神物，故不可常有也"，并不容易得到。现在如果只从操作方便的角度来说，用两只手能抓得过来的细长物体，比如筷子、牙签、吸管等等，都可以代替蓍草充当算筹，模拟大衍筮法的操作。

不过，从李时珍对蓍草颇具神秘性色彩的描述中，我们就可以看到，古人对待大衍筮法的态度是非常虔敬的。朱熹在设定大衍筮法标准仪式的时候，也秉持着这种虔敬的态度。朱熹认为，大衍筮法作为一种古代的占筮方法，必须有一系列庄严的仪式来给予配合。于是，朱熹根据《系辞传》的记载，以及历史上所发生的筮例，拟定了一套标准的《筮仪》，并把它收录进了自己撰写的《周易本义》中。在这套筮仪中，朱熹规定，50根蓍草要先用缥色（浅红色）的绢帛包裹，再用黑色的布囊收纳，最后放置在用木头、竹筒或布漆器做成的盒子里。每次占筮之前，不但要选择一间朝南的屋子打扫干净，还要斋戒、沐浴、更衣、焚香，甚至连桌子怎么放，笔、墨、纸、砚、香炉以及装蓍草的盒子怎么摆，都有着非常详细具体的规定。

按照朱子的《筮仪》，在焚香致敬之后，就要把50根蓍草从三重包裹之中小心翼翼地取出来，再用两只手捧着，恭敬地在香炉上熏一下，然后要把自己姓甚名谁，所要贞问一件什么事，自己的疑虑是什么，按照规定的措辞一五一十地念出来，以求上天与神明的指引。

完成以上步骤之后，就要用右手从50根蓍草中抓取出一根，然后放回到装蓍草的盒子里。为什么要这么做呢？我们在上一讲中提到,《系辞传》说"大衍之数五十,其用四十有九",在大衍筮法的实际操作中,只需要用到49根,那么在开始演算之前,就要把那一根不参与具体演算的蓍草取出,放回盒子里。至于为什么要取出一根不用呢?古人认为,这不用的一根,象征着太极,也就是宇宙的本源,表明世间一切的变化都隐藏在其中。而从数理上说,只有把这一根取出不用,将算筹的数量减少为49,才方便下面的操作和演算。

接下来的一个步骤,按照《系辞传》的记载,叫作"分而为二,以象两"。也就是要把剩下的49根蓍草,尽可能平均地分成两堆,分置左右。这个时候要注意,一分为二的时候,要把握左右两堆蓍草数量基本一致的原则。而且这一过程要一气呵成,不可以为了保持平均,去人为数数,更不能为了控制最后的占筮结果,故意分为左1、右48,左2、右47这种明显不均衡的结果。这在筮法中被称作"渎筮",这样的占筮缺少诚敬之心,是没有意义的。

图2-2 分而为二,以象两

下一个步骤,叫作"挂一以象三"。用左手把左侧的那一堆蓍草抓

第二章 《周易》之数与大衍筮法

在手里，紧紧地握在大拇指和食指之间。然后，用右手从右侧的那堆蓍草中，轻轻拿起一根，把它夹在左手的小指和无名指之间。将蓍草夹在小指和无名指之间的做法，就被称作"挂"。这里的"挂一"，就是指的将一根蓍草挂在左手小指、无名指之间。"象三"的三，象征的是《周易》里的"三才之道"，也就是天、地、人。易道广大，无所不包。总的来说，易道所囊括的就是天道、地道和人道中的所有道理。就像在八卦的符号系统里所表示的那样，在上的爻象征天，在下的爻象征地，中间的爻象征人。大衍筮法中的"挂一以象三"，也是赋予了这一根蓍草以重要的理论内涵，认为它象征着天、地、人三才之道。

图2-3 挂一以象三

再下一个步骤，叫作"揲之以四，以象四时"。"揲之以四"是什么意思呢？把它转换成现代数学的语言，就是"以四整除"。也就是，用右手从左手所抓住的那一把蓍草中，四根四根地往外拿，直到最后留下余数或1，或2，或3，或4。这一过程，也被称为"过揲"。在现代数学中，如果这堆蓍草的数目是24、28、32这样的4的倍数，那么最后的余数应该是零。但在大衍筮法中，不允许过揲之后的余数为零，因此，如果蓍草的数目刚好是4的倍数，那么便留下4根蓍草，作为余数。

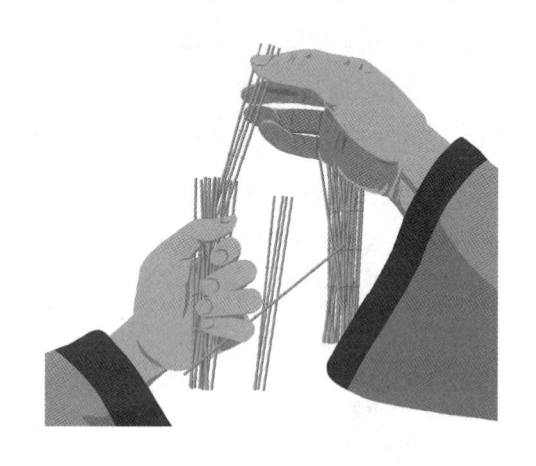

图2-4 揲之以四，以象四时

过揲之后，左手抓着的那堆蓍草就被分为了两部分，被抓取出来的那一堆，被称为过揲数，它的数量一定是20、24、28这样的4的倍数。而留下的余数，有四种可能，分别是1、2、3、4。此时，用右手把过揲数整理一下，然后放回到左边的桌子上备用。

我们可以发现，在经历以上两个步骤之后，左手还有两个指缝可以夹起少量蓍草，分别是无名指和中指之间，以及中指和食指之间。这两个指缝，都是用来放置过揲后的余数的，而将蓍草夹在无名指和中指之间、中指和食指之间的做法，则被称作"扐"（lè）。将第一次过揲后的余数夹到左手无名指和中指之间"扐"住，这样一来，左手夹着的蓍草，便有了一挂和一扐。

第二章 《周易》之数与大衍筮法

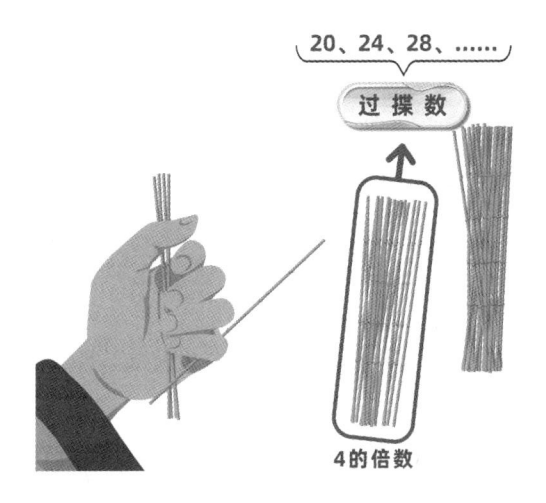

图2-5 过揲数

图2-6 一挂一扐

这个步骤之所以要以四来整除左手的蓍草，是因为在《系辞传》看来，四象征着四时，也就是一年的春、夏、秋、冬四季。结合前面所提到的"挂一以象三",我们可以发现,《系辞传》不但认为大衍筮法的演算可以涵盖空间上的天、地、人,也能贯穿时间上的一年四季,无论是空间还是时间的运转、变化,都尽在掌握之中。

在前一个步骤的最后,我们将左手所握的蓍草以4整除,并将除后的余数夹在了左手无名指和中指之间,这一步在《系辞传》中被称作"归奇于扐"。这里的"奇",指的就是余数。但是,"归奇于扐"到此并没有结束,因为除了将蓍草夹在无名指和中指之间称为"扐"之外,将蓍草夹在中指和食指之间也被称为"扐"。这样一来,左手上就可以出现一挂二扐三个数。为了区分两个扐数,我们可以把夹在无名指和中指之间的数称为扐1,把夹在中指和食指之间的扐数称为扐2。

扐1之数,来自左手所握蓍草在以4整除后的余数。扐2之数,则是对另一半蓍草作同样处理的结果。我们回忆一下,在一开始将49根蓍草一分为二之后,右侧的那一堆蓍草,除了夹取出一根挂在左手小指和无名指间之外,我们就再没有处理过。现在,我们就要用右手把

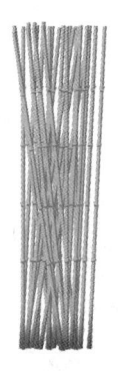

图2-7　归奇于扐

图2-8 扐1、扐2

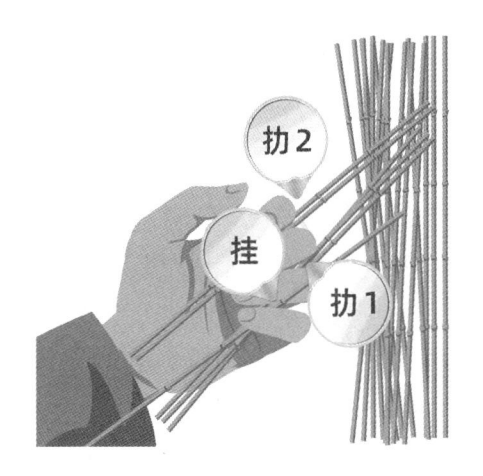

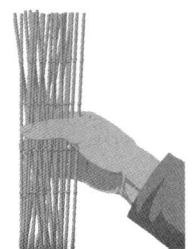

图2-9 处理另一半蓍草，得扐2

这一堆蓍草抓起来，然后用左手来按照同样的方法整除它，也就是4根4根地往外拿，直至留下或1，或2，或3，或4的余数。这时，把拿出来的4的倍数放回原位，再把最后的余数夹在中指和食指之间，也就是扐2的位置上。这样一来，左手四根手指之间的"一挂二扐"之数，便凑齐了。

这个时候，我们就可以来看一下一挂二扐之数的结果了。一挂之数，因为是从右侧的蓍草中拿出来的一根，所以自然是1。而扐1和扐2之数，便各自存在1、2、3、4四种可能。但是，大衍筮法的巧妙之处就在于，如果扐1是1，那么扐2肯定是3，如果扐1是2，那么扐2肯定也是2，如果扐1是3，那么扐2肯定是1，而如果扐1是4，那么扐2肯定也是4。如果大家演算时得出的挂扐之数不是1、1、3，1、2、2，1、3、1、1、4、4这四种组合，那么肯定是在操作过程中出现了错漏。

我们来观察一下挂扐之数的和，便会发现，前三种情况，也就是1、1、3，1、2、2和1、3、1，挂扐数之和为5，而最后一种情况，也就是1、4、4，挂扐数之和为9。这时，我们就可以断定其奇偶属性了。

这里断定奇偶的方法，并不是数学意义上的奇数和偶数，而是看挂扐数之和中包含有几个4。前三种情况，挂扐数之和为5，包含一个4，所以为奇；后一种情况，挂扐数之和为9，包含两个4，所以为偶。判断奇偶的目的，就是为接下来断定一爻的阴阳做准备。因为仅有这一轮次的变化，还不足以断定阴阳，得积累到三轮挂扐数的奇偶变化，才能断定一爻的阴阳。所以大家可以发现，大衍筮法的操作步骤繁多，非常复杂。

到此为止，我们终于完成了第一轮演算。而类似的演算，我们要重复三轮，才能得出一爻；重复十八轮，才能得出一卦。

这时，我们可以整理一下桌面上所有蓍草的情况了。首先，我们可以把或5或9的一挂二扐之数合起来，然后安静地摆到一旁，在第二、第三轮次的演算中，它们不需要再参与了。然后，再把左右两侧的过揲数也给合起来。因为挂扐数要么是5，要么是9，所以此时的两

第二章 《周易》之数与大衍筮法

堆过揲数之和，要么是40，要么是44。

第二轮演算，便是在这40或44根蓍草的基础上展开的。具体的操作步骤，与第一轮演算基本一致。先将这些蓍草平均分为两堆，然后从右侧的蓍草中夹取一根，夹在左手小指与无名指之间，得到一挂之数，然后再分别以4整除两堆蓍草，然后分别得出余数，也就是扐1和扐2之数，再把它们放置到相对应的位置上，也就是左手的无名指、中指之间，以及中指、食指之间。

与第一轮演算结果不同的是，第二轮演算所得出的挂扐之数，存在1、1、2，1、2、1，1、3、4和1、4、3四种情况。按照同样的奇偶判定方法，在前两种情况中，挂扐数之和为4，刚好包含一个4，所以为奇；后两种情况，挂扐数之和为8，刚好包含两个4，所以为偶。此时，我们便可以把这一轮的挂扐数给合起来，放置在第一轮的挂扐数旁边，它们也不再需要参与第三轮演算了。然后，我们再把现在剩余的两堆过揲数再次合并起来，继而展开第三轮演算。

由于前两轮的挂扐数存在5、4，5、8，9、4，9、8四种可能，因此，此时的过揲数之和，便存在40、36、32三种情况。但无论是哪种情况，第三轮演算的操作步骤仍然是不变的。依旧是先一分为二，然后按照与前面一样的操作步骤，得出一挂二扐之数。第三轮演算所得出的挂扐数，其可能性与第二轮演算完全一样，依旧是1、1、2，1、2、1，1、3、4和1、4、3四种情况。前两种为奇，后两种为偶。

所谓"三变成爻"，有了这三组挂扐数，我们就可以得出一根爻了。我们首先来看一下三组挂扐数的构成可能：第一种情况是三奇，也就是5、4、4，这种情况下，我们得到的是一个老阳之爻，按照朱熹的方法，我们可以记录为一个□；第二种情况，是一奇二偶，也就是5、8、8，9、4、8或者9、8、4，在这种情况下，我们得到的是一个少阳之爻，可以直接记录为阳爻的符号—；第三种情况，是二奇一偶，也就是5、4、8，9、4、4或者5、8、4，在这种情况下，我们得到的是一个少阴之爻，可以直接记录为阴爻的符号--；最后一种情况，是三偶，也就是9、8、8，这种情况下，我们得到的是一个老阴之爻，我们可以将之记录为一个×。

除了通过三组挂扐数得出一爻之阴阳外，我们还可以通过过揲数来得出一爻之阴阳。在三奇的情况下，最终剩余的过揲数为36，而在一奇二偶、二奇一偶、三偶的情况下，过揲数则分别为28、32、24。我们分别将这四个过揲数以4整除，便会发现，三奇的老阳之数为9，一奇二偶的少阳之数为7，二奇一偶的少阴之数为8，三偶的老阴之数为6。《周易》之所以在爻辞中使用6和9来表示一爻的阴阳，也正是因为9和6是老阳和老阴之数的缘故。

按照以上的方法重复六遍，我们就可以利用大衍筮法得出一个卦的六根爻了。但是，老阴、老阳和少阴、少阳有什么区别？算出一卦之后，我们又该怎样进行占验呢？这些问题，我们将在下一节中进行学习。

· 本节要点 ·

1.大衍筮法的操作，所需使用到的工具是50根算筹。在古代的筮仪中，最标准的算筹是蓍草。而在实际的操作中，所实际用到的算筹数量为49。

第二章 《周易》之数与大衍筮法

2. 大衍筮法的第一个步骤是"分而为二，以象两"，也就是将49根算筹平均分为两份。

3. 大衍筮法的第二个步骤是"挂一以象三"，即用左手的小指与无名指夹住一根从右侧蓍草中取出的算筹，以象征天、地、人三才之道。

4. 大衍筮法的第三个步骤是"揲之以四，以象四时"。也就是用4整除左手所握算筹，并统计好过揲数与余数，然后将余数"扐"于左手无名指、中指之间。

5. 在大衍筮法的操作中，每一轮运算都需要得出一挂二扐之数。每三轮演算可以得出一爻，每十八轮演算可以得出一卦。

6. 大衍筮法中每一轮演算的挂扐数之和，以其中包含几个4来判定其奇偶。4和5包含一个4，所以为奇；8和9包含两个4，所以为偶。

7. 每三轮演算结束后，可以通过观察三组挂扐数的"挂扐法"和观察过揲数的"过揲法"来判定一爻之阴阳。"挂扐法"和"过揲法"所得出的结果是完全一致的。

8. 老阳之数为9，少阳之数为7，老阴之数为6，少阴之数为8。

第三节　大衍筮法的操作流程（下）

虽然在大衍筮法的操作中，步骤繁多，过程复杂，但不论演算的过程怎样变化，最后从每三轮演算中得出的结果，无外乎三奇、一奇二偶、二奇一偶、三偶四种情况，分别对应于老阳、少阳、少阴、老阴。

之所以一奇二偶阴多反而称少阳，二奇一偶阳多反而称少阴，是因为在《系辞传》的记载中有这样一句话，叫作"阳卦多阴，阴卦多阳"。在八卦中，除了乾卦☰、坤卦☷两卦因为是纯阳、纯阴的卦，所以分别被称为老阳卦和老阴卦外，由一根阳爻和两根阴爻构成的三个卦，也就是震卦☳、坎卦☵和艮卦☶，被称为少阳卦；而由一根阴爻和两根阳爻构成的三个卦，也就是巽卦☴、离卦☲和兑卦☱，则被称为少阴卦。"阳卦多阴，阴卦多阳"的原则同样适用于大衍筮法中阴阳爻的判定，所以一奇二偶虽然阴多，却是少阳；二奇一偶虽然阳多，却是少阴。

在依次演算出从初爻到上爻的六根爻之后，一次算卦并不是就此结束了，此时还要有一轮重要的变化，那就是变卦。变卦这个词，在我们日常生活中也经常用到，指的是人改变主意，言而无信。但在大衍筮法中，这是一个不可或缺的重要步骤。那么，变卦是怎么操作的呢？它的原则也很简单，只有五个字："老变少不变。"

老变少不变说的是如果演算出的结果是老阳，那么这一爻就要经历一次从阳爻到阴爻的转变；如果演算出的结果是老阴，那么这一爻则要经历一次从阴爻到阳爻的转变；而如果演算出的结果是少阳或者少阴，那么就不需要变卦，一直保持阳或阴的状态就可以了。

如此一来，在大衍筮法的十八轮演算之后，我们其实最终可以得出两个卦，第一个卦是变卦之前的卦，也就是用大衍筮法直接演算出来的卦，这一卦，被我们称作"本卦"；第二个卦，是老阴、老阳转变之后的卦，这一卦，被我们叫作"之卦"。举例来说，如果我们演算出的六爻依次是老阳、老阴、少阳、少阴、老阳、少阴，那么我

第二章 《周易》之数与大衍筮法

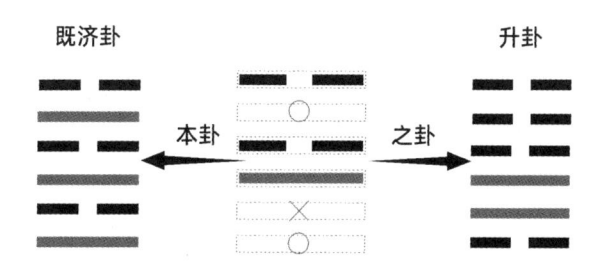

图2-10 《既济》之《升》

们所得到的本卦,就是由阳、阴、阳、阴、阳、阴组合成的《既济》卦,而在变卦之后,所得到的之卦,则是由阴、阳、阳、阴、阴、阴组合成的《升》卦。

在判断事情发展的吉凶时,每一根卦辞和爻辞都会有用武之地,但在算完卦后,究竟是看本卦还是之卦,看卦辞还是爻辞,则要根据本卦和之卦的具体情况来进行具体分析。朱熹将所有可能的情况分为了七大类,并且详细说明了在七种情况中各不相同的查验方法:

第一种情况,是六爻皆不变,也就是经过演算得出的六根爻,全都是少阳或少阴,因此并不会发生变卦的情况,本卦和之卦是一样的。这种情况的占验最为简单,只要去看所卜得的这一卦的卦辞就可以了。比如说,如果卜得六根爻全是少阳,那就去看《乾》卦☰的卦辞。

第二种情况是一爻变,也就是在最终所得的六爻中,有五根爻是少阳或少阴,一根爻是老阳或老阴。在这种情况下,因为只有一爻变,从卦的整体来说,更倾向于不变,所以要去看本卦,而不看之卦。但在本卦中,要寻求变卦的那一根变爻则显得非常重要,所以最终要去看这一根变爻的爻辞，而不看卦辞或其他爻辞。比如说，如果卜得初爻为老阳，另外五爻都是少阴，那么就去看本卦初爻爻辞，也就是《复》卦☷的初九爻辞。

第三种情况是二爻变，也就是有两根变爻，四根不变爻。在这种情况下，大原则与第二种情况相同，最终去查验本卦那两根变爻的爻辞，而如果这两根爻辞记载的内容有冲突，那么以在上的一根爻辞为主，在下的爻辞为辅。比如，卜得初、二两爻为老阳，另外四爻为少阴，那么就结合本卦《临》卦☷初九、九二两条爻辞的内容，来对所占的事情加以分析。而在这两条爻辞中，又以九二为主，初九为辅。

第四种情况是三爻变。这种情况要复杂一些，因为从本卦到之卦，有三根爻发生了变化，总体来看，处于变与不变的态势之间。因此，朱熹认为，这种情况下，要结合本卦卦辞和之卦卦辞，来给出综合的判定。比如，卜得前三爻为老阳，后三爻为少阴，那么就要结合本卦《泰》卦☷的卦辞，以及之卦《坤》卦☷的卦辞，来进行综合分析。在这种情况下，如果本卦和之卦的卦辞有矛盾，又是以谁为主呢？面对这种情况，朱熹对三爻变的情形进行了细分，他认为，如果在三爻变的情况下，初爻不变，那么从总体态势上还是趋向于不变，此时便以本卦卦辞为主；而如果初爻为变爻，那么则趋向于变卦，则以之卦卦辞为主。

第五种情况是四爻变。在这种情况中，六爻中有四根变爻，那么自然要以之卦为主要查验对象。具体来说，则是去查看之卦中两根不变爻的爻辞，并且以在下的那根爻为主。比如说，如果卜得初爻到

第二章 《周易》之数与大衍筮法

四爻都是老阴，五爻和上爻是少阴，那么便去查验之卦，也就是《大壮》卦䷡六五、上六两爻的爻辞。在这两爻中，又以六五为主，上六为辅。

第六种情况则是五爻变。这种情况也比较简单，只要去查看之卦中那唯一一根不变爻的爻辞就可以了。比如说，若卜得初爻至五爻皆为老阴，只有上爻为少阴，那么所要看的，便是之卦《夬》卦䷪的上六爻爻辞。

最后一种情况，是六爻皆变。正如六爻皆不变时，去查看本卦卦辞一样的道理，在六爻皆变的时候，一般来说，就去看之卦的卦辞就可以了。比如说，若卜得前三爻为老阳，后三爻为老阴，那么就去看之卦《否》卦卦辞就可以了。但在这种情况中，还有两个例外，那就是卜得六爻皆为老阳，或者皆为老阴的情况。在这两种情况下，并不是去查看之卦《坤》卦、《乾》卦的卦辞，而是去查看《乾》卦中的"用九"和《坤》卦中的"用六"，也就是我们在第一章第二节中所提到的那两条特殊的爻辞。这两条特殊的爻辞，便是在这个卜得六爻皆为老阳或皆为老阴的时候，发挥自己的作用。只不过这种情况非常特殊，一般来说，很难遇到。

大衍筮法中所有的变化，都不出于以上的这七种可能性之外。因此，只要根据这七种方法，找到相应的卦辞或爻辞，我们就能在算卦之后开始解卦了。不过大家可以发现，大衍筮法并不会直接告诉你一个特别准确的吉、凶或好、坏的结果，而是会将结果导向于一到两条卦爻辞。也就是说，如果读不懂卦爻辞，我们是没有办法解卦的。所以说，在学习《周易》的道路上，我们还是要努力提高学问水平，将卦爻辞读通、读透。只有这样，才能把对事物发展的解读牢牢掌握在自己手里。

• 本节要点 •
---

1. 在卜得六爻之后，要根据每根爻不同的阴阳属性进行变卦。具体原则是：老阳变阴，老阴变阳，少阳、少阴不变。变卦之前的卦，称为本卦；变卦之后的卦，称为之卦。

2. 朱熹根据大衍筮法的基本原理，将占筮中所能产生的变卦情况分为了从六爻皆不变到六爻皆变的七种不同的类型，并根据不同的类型，总结归纳出了具体的查验方法。

3. 大衍筮法并不直接提供结果的预测，而是将卜筮的结果引导到具体的一至两条卦爻辞上，通过解读卦爻辞中所讲的道理，再来对现实生活加以指导。

附　录

朱熹《筮仪》

择地洁处为蓍室，南户，置床于室中央。

床大约长五尺，广三尺，毋太近壁。

蓍五十茎，韬以纁帛，贮以皂囊，纳之椟中，置于床北。

椟以竹筒，或坚木，或布漆为之。圆径三寸，如蓍之长，半为底，半为盖，下别为台函之，使不偃仆。

设木格于椟南，居床二分之北。

第二章 《周易》之数与大衍筮法

格以横木板为之,高一尺,长竟床,当中为两大刻,相距一尺,大刻之西为三小刻,相距各五寸许,下施横足,侧立案上。

置香炉一于格南,香合一于炉南,日炷香致敬。将筮,则洒扫拂拭,涤砚一,注水,及笔一,墨一,黄漆板一,于炉东,东上。筮者齐洁衣冠北面,盥手焚香致敬。

筮者北面,见《仪礼》。若使人筮,则主人焚香毕,少退,北面立。筮者进,立于床前,少西,南向受命。主人直述所占之事,筮者许诺。主人右还,西向立;筮者右还,北向立。

两手奉椟盖,置于格南炉北,出蓍于椟,去囊解韬,置于椟东,合五十策,两手执之,薰于炉上。

此后所用蓍策之数,其说并见《启蒙》。

命之曰,假尔泰筮有常,假尔泰筮有常,某官姓名,今以某事云云,未知可否。爰质所疑于神于灵,吉凶得失,悔吝忧虞,惟尔有神,尚明告之。乃以右手取其一策,反于椟中,而以左右手中分四十九策,置格之左右两大刻。

此第一营,所谓"分而为二,以象两"者也。

次以左手取左大刻之策执之,而以右手取右大刻之一策,挂于左手之小指间。

此第二营,所谓"挂一以象三"者也。

次以右手四揲左手之策。

此第三营之半,所谓"揲之以四,以象四时"者也。

次归其所余之策,或一,或二,或三,或四,而扐之左手无名指间。

此第四营之半,所谓"归奇于扐以象闰"者也。

次以右手反过揲之策于左大刻，遂取右大刻之策执之，而以左手四揲之。

此第三营之半。

次归其所余之策如前，而扐之左手中指之间。

此第四营之半，所谓"再扐以象再闰"者也。一变所余之策，左一则右必三，左二则右亦二，左三则右必一，左四则右亦四。通挂一之策，不五则九。五以一其四而为奇，九以两其四而为偶，奇者三而偶者一也。

次以右手反过揲之策于右大刻，而合左手一挂二扐之策，置于格上第一小刻。

以东为上，后放此。

是为一变。再以两手取左右大刻之蓍合之。

或四十四策，或四十策。

复四营，如第一变之仪，而置其挂扐之策于格上第二小刻，是为二变。

二变所余之策，左一则右必二，左二则右必一，左三则右必四，左四则右必三。通挂一之策，不四则八，四以一其四而为奇，八以两其四而为偶。奇偶各得四之二焉。

又再取左右大刻之蓍合之。

或四十策，或三十六策，或三十二策。

复四营如第二变之仪，而置其挂扐之策于格上第三小刻。是为三变。

三变余策与二变同。

三变既毕，乃视其三变所得挂扐过揲之策，而画其爻于版。

第二章 《周易》之数与大衍筮法

挂扐之数，五四为奇，九八为偶。挂扐三奇，合十三策，则过揲三十六策而为老阳，其画为□，所谓重也；挂扐两奇一偶合十七策，则过揲三十二策而为少阴，其画为--，所谓拆也；挂扐两偶一奇合二十一策，则过揲二十八策而为少阳，其画为—，所谓单也；挂扐三偶合二十五策，则过揲二十四策而为老阴，其画为×；所谓交也。

如是每三变而成爻。

第一、第四、第七、第十、第十三、第十六，凡六变并同。但第三变以下不命，而但用四十九蓍耳。第二、第五、第八、第十一、第十四、第十七，凡六变亦同。第三、第六、第九、第十二、第十五、第十八，凡六变亦同。

凡十有八变而成卦，乃考其卦之变，而占其事之吉凶。

卦变别有图，说见《启蒙》。

礼毕，韬蓍袭之以囊，入椟加盖，敛笔砚墨版，再焚香致敬而退。

如使人筮，则主人焚香，揖筮者而退。

第四节 《左传》中的经典筮例（上）

在详细学习了大衍筮法的具体操作步骤和演算方法之后，我们只要按照筮仪的流程依次进行操作，就可以自己尝试着进行占筮了。不过，仅仅掌握大衍筮法的操作方法，是远远不够的。要想利用大衍筮法对事物的发展进行判断，那就必须要能对卦爻辞和卦爻象进行合理的分析和解释，也就是说，在"占卦"之后，我们还要学会"解卦"。

要想学会解卦，一方面要有学问上的积累，在这方面，没有太多捷径可走。但另一方面，解卦也有着一定的方法和技巧，在历史上，有很多经典的解卦的例子，通过对这些筮例的学习，我们就可以比较迅速地去了解和掌握这些方法和技巧了。

历史上最为经典的筮例，大多发生在春秋时期。我们知道，对于春秋时期历史的记载，以《左传》最为详备。在《左传》里面，就记载了很多有趣的筮例。

在鲁襄公的时候，东方大国齐国就发生了一件事。当时的齐国棠邑大夫齐棠公去世了。大夫去世了，那么自然会有一堆贵族前去吊丧。齐国的大夫崔杼带着自己的家臣东郭偃去吊唁齐棠公。凑巧的是，齐棠公的遗孀棠姜，正好是东郭偃的亲姐姐。崔杼在吊唁的时候，也见到了棠姜，继而对棠姜一见钟情，无法自拔，而在这个时候，崔杼的原配夫人也已经去世很久了，于是崔杼就跟东郭偃商量，想把棠姜给娶回家。

这时候，东郭偃就表示很为难了。为什么呢？因为在当时的礼制中，有"男女辨姓，同姓不婚"的原则。古代的"姓"是用来"别婚姻"的，如果男女双方是一个姓，那么两个人是不能结婚的。崔杼和棠姜，就属于这种同姓的情况，崔杼要迎娶棠姜，于礼不合。可能大家会有这样一个疑问：崔杼姓崔，棠姜姓姜，两个人看上去似乎并不是同姓？这是因为在春秋时期，姓和氏是分开的。崔杼的崔，是氏，而不是姓。崔杼实际上也是皇亲国戚，他是齐丁公的后代，跟齐国的国君是一个姓，也姓姜，他们都是姜子牙的后人。同理，东郭偃的东郭也是氏，他跟姐姐棠姜一样，都是春秋五霸之首齐桓公的后代，因此也姓姜。所以说，崔杼和棠姜，是不应该结婚的。可崔杼实在是太

第二章 《周易》之数与大衍筮法

喜欢棠姜了，于是就跟东郭偃商量，要么干脆算一卦，根据算卦的结果，来看看自己究竟应不应该迎娶棠姜。

于是，崔杼就占了一卦，得到的结果是"《困》☱☵之《大过》☱☴"。根据上节课中我们所学习过的占验方法，这一结果，属于一爻变的情况。也就是说，崔杼所筮得的六爻，分别是少阴、少阳、老阴、少阳、少阳、少阴。其中，第三爻要发生一次变卦，由阴变阳。因此，最终结果便是：本卦为《困》卦，之卦为《大过》卦。在这种情况下，应该去查看的，便是本卦变爻爻辞，也就是《困》卦六三爻的爻辞："困于石，据于蒺藜，入于其宫，不见其妻，凶。"

那么，当时的人是不是按照这种方法来解释这件事儿的呢？崔杼先是拿着这个结果去问他手下的史官们，但我们要知道，崔杼平时做起事来也是个狠人，后来齐国的国君齐庄公就是被他给杀掉的。所以可以想见，史官们都很害怕他，因此不敢说实话，只好搪塞他说，结果很好，大吉大利。唯独有一个叫陈文子的人说了实话，他分析说，根据这次占卦的结果，应该分析《困》卦六三爻爻辞："困于石，据于蒺藜，入于其宫，不见其妻，凶。"

这条爻辞所描绘的场面并不太妙，既有巨石阻挡，又被荆棘围困。即便历尽艰险回到家里，也找不见自己的妻子。很显然，这是一幅充满了凶险的景象。陈文子把它跟崔杼想要迎娶棠姜的这件事一结合，就很明确地用自己的判断来告诫崔杼：如果崔杼一意孤行，硬要迎娶棠姜，那么不但会遭遇很多困难，让自己受到伤害，而且到最后一定会鸡飞蛋打，既得不到夫人，又将让家族都陷入凶险的境地。

由此可见，陈文子所用的这种解卦方法，跟我们之前所学的大衍筮法的占验方法，是完全一样的。但除了这种解释卦爻辞的方法，陈文子还用了另外一种分析卦象变化的方法。他说："夫从风，风陨妻。不可娶也！"这次占卦的最终结果，是由本卦《困》卦变为之卦《大过》卦，所变的一根爻，是由《困》卦的六三爻，变成《大过》卦的九三爻。从内外卦的角度来看，外卦的兑卦☱是不变的，而内卦则由坎卦☵变成了巽卦☴。在《说卦传》的解释中，震卦、坎卦、艮卦象征着长男、中男和少男，因此，坎卦有"中男"这一寓意，可以引申为丈夫。而巽卦则既有"风"的寓意，又与离卦和兑卦分别象征着长女、中女和少女，因此又有"长女"的寓意，可以引申为妻子。陈文子认为，这样一种变化的卦象告诫我们的道理是，如果丈夫要跟着风走，那么风会让他的妻子陨落。也就是说，如果崔杼执意要娶棠姜，那么迎接他的非但不是和美的生活，反而是家破人亡的结局。所以，崔杼绝对不应该迎娶棠姜。

我们可以看到，在这种解释中，陈文子用的是一种卦象分析的方法，他先是把六画卦拆解为三画卦，然后再利用八卦的象征意义，去分析从本卦到之卦的变化中，所发生的三画卦的卦变情况，最后再总结、归纳其中的道理。而陈文子通过分析卦象变化所得出的结论，与他通过解读卦爻辞所得出的结论，也是完全一致的。

崔杼虽然认为陈文子的分析有道理，但他狡辩说，迎娶棠姜所带来的杀身之害，已经由她的亡夫齐棠公承担了，因此自己再娶她，就不会有危险了。于是，崔杼最终还是娶了棠姜。但没过多久，事情就开始发生变化了。我们知道，崔杼之所以能对棠姜一见钟情，其首要

第二章 《周易》之数与大衍筮法

原因当然还是棠姜的美貌。可正因如此,齐国国君齐庄公也看上了棠姜,甚至为此三番五次往崔杼家里跑。一来二去,齐庄公就和棠姜有了暧昧不清的关系,给崔杼戴上了一顶绿帽子。发生了这种不伦的事情,崔杼肯定不能忍受,于是他串通了齐庄公的宦官贾举,利用一次齐庄公与棠姜私会的机会,率领一众人马包围了齐庄公。齐庄公苦苦哀求崔杼饶他一命,但崔杼坚决不允。齐庄公眼看形势不妙,便想要逃跑,在慌乱之中,被乱箭射中了大腿,随后死于众人之手。崔杼虽然出了一口恶气,但也因此背负了一个弑君的罪名。

崔杼弑杀了齐庄公之后,便把齐庄公的弟弟立为了齐景公,自己则身居右相的位置,权倾朝野。可没过两年,齐国就发生了内乱,崔杼的儿子崔成、崔强都被左相庆封杀死,崔杼自己也在大势已去之后,上吊自杀。而跟崔杼有杀兄弑君之仇、对他恨之入骨的齐景公连他的尸体也没有放过,将崔杼曝尸街头。陈文子家破人亡的预言,最终还是应验了。

———— • 本节要点 • ————

1.《左传》中详细记录了许多发生在春秋时期的大衍筮法筮例。

2. 陈文子对"《困》☱之《大过》☱"的解读,采用了卦爻辞解读和卦象分析两种方法。在《左传》筮例中,这两种解卦方法往往是配合使用的,其解卦结论也是保持一致的。

3. 卦象分析法的基本原理,是先把六画卦拆解为三画卦,然后利用八卦的象征意义,去分析从本卦到之卦的变化情况,最后阐发卦变中所蕴含的道理。

第五节 《左传》中的经典筮例（下）

在上一节中，我们学习了《左传》中所记载的一个经典筮例，齐国的大夫崔杼因为不听从"入于其宫，不见其妻"的占筮结果，违背礼制，执意迎娶齐棠公的遗孀棠姜为妻，结果如陈文子所分析的那样，最终落得一个家破人亡的悲惨结局。崔杼的这个例子，可以说是《左传》筮例中一个典型的不听劝告的负面例子。

在本节中，我们再来学习一个《左传》中所发生的正面例子。这件事情与春秋五霸之一的晋文公有关，发生在春秋中前期的鲁僖公二十五年，也就是公元前635年。事情发生的背景，是时任周天子的周襄王遭遇了叛乱，他的弟弟王子带勾结少数民族部落狄，突然向周王室的都城成周发动了攻击。在春秋时期，周王室的实力已经非常弱小了，于是在这场与叛军和狄人的战斗中，周王室毫无悬念地失败了，周襄王也因此流离失所，流落到了中原地区"氾"这个地方。

这个时候，晋国、秦国这些雄踞一方的诸侯国就坐不住了。虽然说周王室此时的政治和军事力量已经非常衰败了，影响力也极其有限。但再怎么说，周襄王在名义上还是天子。天子落难，作为一方诸侯，如果彻底不管不顾，那也有点说不过去。于是，秦国国君秦穆公就开始了营救行动，他率领着秦国大军开赴到了黄河边上，想要派兵把周襄王给接过来。晋国国君晋文公在这个时候，也想接济一下落难的周襄王，但他的重要谋士狐偃却劝晋文公说，他不应该派兵迎接，而应该亲自带领人马，到氾地去勤王救驾。这样一来，便可以树立一个忠诚、有信义的形象，让天下人信服。

第二章 《周易》之数与大衍筮法

晋文公听了狐偃的建议之后，觉得他说得有一定的道理。但氾地毕竟距离晋国很远，自己身为国君，带着一众人马跑这么远也不是小事。于是，晋文公就让手下掌管卜筮的大臣卜偃帮他算一算。从卜偃这个名字我们就能知道，他的家族世代以卜筮为业，非常精于此道。卜偃先是用灼烧龟甲的办法占卜了一次，得到了一个"黄帝战于阪泉"的结果。根据司马迁《史记》的记载，黄帝正是通过在阪泉之战中打败了炎帝，最终实现了自己平定天下的志向。因此，卜偃认为，这是一个大大的吉兆。但晋文公认为，自己只是一介诸侯，不敢与黄帝相提并论，于是又让卜偃用《周易》再筮一卦，这一次，卜偃得出了一个"《大有》☰之《睽》☲"的结果。

从"《大有》之《睽》"的结果，我们可以推理出卜偃占筮的过程，他所卜得的六爻应该依次是少阳、少阳、老阳、少阳、少阴、少阳，那么其本卦便是一个《大有》卦。再根据"老变少不变"的基本原则，第三根爻要发生一次卦变，由阳变阴，那么在卦变之后所得到的之卦，便是一个《睽》卦。

本卦是《大有》卦，之卦是《睽》卦，这又是一个一爻变的筮例，那么应该查看的是本卦变爻爻辞，也就是《大有》卦九三爻爻辞："公用亨于天子，小人弗克。"我们要注意的是，《大有》九三爻爻辞"公用亨于天子"中的"亨"，在这里是一个通假字，通"享用"的享，是朝献的意思。这句话的意思也就是说，诸侯王公向天子献礼、致敬。"小人弗克"的意思也很明确，诸侯朝觐天子是一种标准的周代礼制，是一种完全遵循礼制的正当行为。但我们知道，古代的礼制也是非常复杂的，不但费时费力，更要求人们要有一颗诚敬的心。因此，只有道德品行端正的君子，才能够做到遵循礼制，意志不坚定、没有信义的小人，则是没办法做到的。卜偃在解释这条爻辞的时候，也是认为，只有怀揣着一颗忠义诚敬之心，恭敬地朝见天子，才能战无不克、无往不利，最终受到天子的嘉奖，收获吉祥的结果。

跟陈文子一样，卜偃在分析"《大有》之《睽》"的变化时，也运用了卦象分析的办法。他认为，《大有》之《睽》的卦象变化，象征着"天为泽以当日，天子降心以逆公"，这句话是什么意思呢？我们可以注意到，在《大有》卦到《睽》卦的卦象变化中，外卦是不变的，是一个离卦☲，而在《说卦传》的解释中，离卦可以象征太阳。而在内卦的卦变中，《大有》卦的内卦是一个乾卦☰，而乾卦的一个最重要的象征，就是上天；《睽》卦的内卦则是一个兑卦☱，而兑卦最主要的象征是水泽，也就是湖泊。这样一来，"《大有》之《睽》"的卦变，展现给我们的就成了这样一幅景象：上天从天上降落了下来，在地上变化为了湖泊，以迎接太阳的到来。

卜偃又是怎么来解释这样一幅看上去显得有点奇怪的景象的呢？在他看来，这里的上天，指的就是天子，也就是周襄王，而太阳指的就是晋文公。天子从高高在上的天上落到了水泽之中，正是天子屈尊，以迎接诸侯的意思。而这时周襄王正是因为吃了败仗，才落难到了氾这个地方。所以，从这次卜卦的结果来看，晋文公应该立即动身前往氾地，去朝见周襄王，周襄王正在那里等着他。

卜偃对于这次卜卦的分析，也是既使用了卦象分析的办法，也使用了卦爻辞解读的办法，在两种办法相结合的情况下，得出了晋文公应该去氾地朝献周襄王的结论。

第二章 《周易》之数与大衍筮法

听完了卜偃的分析，晋文公便下定了决心，于是跟驻扎在黄河边的秦穆公告了别，并且兵分两路，自己带领一路人马去朝见周襄王，又派遣另一路兵马去围住了叛乱的王子带，并且将他生擒，交给了周襄王发落。

周襄王见到晋文公能来勤王救驾，感到非常高兴，先是用"醴"（甜酒）招待了晋文公，然后又把阳樊、温、原、攒茅这四块地方赏赐给了晋文公。随后，周襄王在晋文公的帮助下，杀掉了犯上作乱的王子带，自己也回到了成周。

经此一役，晋文公不但得到了周王室的赏赐，拓展了晋国的地盘，更通过勤王救驾这种正义的行为，在全天下范围内树立了尊礼法、讲信义的形象，为自己的霸业打了下坚实的基础。

---- 本节要点 ----

1.《大有》卦九三爻爻辞"公用亨于天子，小人弗克"的意思是说，只有道德品行端正的君子，才能够做到遵循礼制，向天子献礼、致敬，最终收获吉祥的结果。而不讲信义的小人，则做不到遵循礼法，因此也无法获得好的结果。

2. 卜偃认为，《大有》之《睽》的卦象变化，象征着上天降落下来，变为湖泊，以迎接太阳的到来。指的是周襄王落难，等待着晋文公率兵前来救驾。

3. 无论是对卦爻辞的解读，还是对卦象的分析，其目的都不是纯粹地卜问吉凶或预测未来，而是结合周礼的伦理秩序和基本精神，对人的行为加以规范性的指导。

拓展阅读与本章习题

拓展阅读

1. 刘大钧：《周易概论》，巴蜀书社，2010年，第58—84页。
2. 朱熹：《周易本义》，中华书局，2009年，第3—6页。
3. 谷继明：《周易导读》，四川人民出版社，2019年，第27—52页。
4. 杨伯峻编著：《春秋左传注》，中华书局，2018年，第368页，第946—951页。

本章习题

1. "天地之数"和"大衍之数"记载于哪一篇《易传》中？
   A.《说卦传》   B.《序卦传》
   C.《文言传》   D.《系辞传》

2. 天地之数和大衍之数分别是多少？
   A. 天地之数五十五，大衍之数五十
   B. 天地之数五十，大衍之数五十五
   C. 天地之数五十五，大衍之数四十九
   D. 天地之数四十九，大衍之数五十五

3. "挂一以象三"中"三"指的是什么？（多选）
   A. 三爻   B. 天
   C. 地   D. 人

第二章 《周易》之数与大衍筮法

4. 在大衍筮法的操作中,"过揲数"指的是什么?
   A. 在五十根蓍草中取出不用的一根
   B. 挂在小指和无名指之间的一根蓍草
   C. 手中蓍草以四整除后的余数
   D. 四

5. 按照朱熹在《筮仪》中的规定,第一次"扐"之后的过揲数是将蓍草置于哪几个手指之间?
   A. 拇指与食指中间   B. 食指与中指之间
   C. 中指与无名指之间   D. 无名指与小指之间

6. 在第一轮演算中,正确的挂扐数组合有哪几种形式?(多选)
   A. 1、1、3   B. 1、2、2
   C. 1、3、1   D. 1、4、4

7. 第一轮演算四种挂扐数组合得出的结果中,属性为奇的有哪几种?(多选)
   A. 1、1、3   B. 1、2、2
   C. 1、3、1   D. 1、4、4

8. 在大衍筮法的操作过程中,三变成爻之后得到的结果是一奇二偶,其所对应的爻是什么属性?
   A. 老阴   B. 老阳
   C. 少阴   D. 少阳

9. 我们通常以大衍筮法中每一轮演算的挂扐数之和来判断奇偶，下列判断正确的是？（多选）

   A. 4，偶　　　　　　　　B. 5，奇

   C. 9，奇　　　　　　　　D. 8，偶

10. 在八卦中，以下哪一卦不是少阳卦？

    A. 震卦　　　　　　　　B. 坎卦

    C. 艮卦　　　　　　　　D. 巽卦

11. 对于少阳卦与少阴卦的组合，以下判断正确的是？

    A. 艮卦☶，少阴；离卦☲，少阴

    B. 兑卦☱，少阳；震卦☳，少阴

    C. 坎卦☵，少阳；兑卦☱，少阴

    D. 乾卦☰，少阳；震卦☳，少阳

12. 按照本卦和之卦的情况，只有一爻变的情况需要查看哪个卦爻辞？

    A. 本卦变爻爻辞　　　　B. 之卦变爻爻辞

    C. 本卦初爻爻辞　　　　D. 之卦初爻爻辞

13. 在大衍筮法中，"本卦"变为"之卦"后，以下爻变及其对应的解卦步骤正确的是？

    A. 四爻变，查看本卦两根不变的爻辞

    B. 一爻变，查看之卦一根变化的卦辞

    C. 六爻皆变，查看本卦的卦辞

    D. 五爻变，查看之卦中唯一一根不变爻的爻辞

第二章 《周易》之数与大衍筮法

14. 在《说卦传》的解释中,象征"长男"的是哪一卦?
    A. 乾卦　　　　　　　　　B. 震卦
    C. 坎卦　　　　　　　　　D. 艮卦

15. 在卜偃得出"《大有》☲☰ 之《睽》☲☱"的结果之后,如果采用卦爻辞分析法,需要查看哪一爻的爻辞?
    A.《大有》卦九三爻　　　　B.《睽》卦六三爻
    C.《大有》卦初九爻　　　　D.《睽》卦初九爻

16. 卜偃在分析《大有》之《睽》的卦象变化,认为这象征着"天为泽以当日,天子降心以逆公"。其中代表周天子的是哪个卦象?
    A.《大有》卦内卦的乾卦　　B.《大有》卦外卦的离卦
    C.《睽》卦内卦的兑卦　　　D.《睽》卦外卦的离卦

第三章 《周易》之象

在第二章中，我们详细学习了大衍筮法的理论原理、步骤环节和操作方法，并且通过《左传》中的几个具体筮例，了解了春秋时期的古人是如何利用"卦爻辞解读法"和"卦象分析法"这两种主要方法来进行解卦的。需要注意的是，无论是对卦爻辞的解释，还是对卦象变化的分析，其最终目的都不是简单地预测吉凶，而是结合周礼的伦理秩序和基本精神，来对人的行动加以正确引导，从而最终达到让社会安定、有序的目的。在本章中，我们会以卦象分析法为起点，重点学习《周易》中的"象"思维。

第一节　八卦之象

在陈文子和卜偃对"《困》之《大过》"和"《大有》之《睽》"的解释中，我们可以发现，卦象分析是春秋时期的谋士们所采用的一种重要的解卦方法。这种方法的主要原理，就是把一个六画的别卦拆解为一内一外两个三画的经卦，再通过八个经卦各自的象征，来解读卦变中所蕴含的道理。最后，再把卦变中揭示出来的道理，运用到具体要占卜的事情上。在这个过程中，八个经卦的具体象征，便成了卦象分析的关键。

在《易传》的《系辞传》中,《周易》所蕴含的道理被称为圣人之道。具体说来,这种圣人之道包含了四个方面,分别是:辞、象、变、占。辞,指的就是卦爻辞;变,指的就是卦变以及卦变中的道理;占,自然指的就是占卜;而象,则是这四者中比较难以解释的一个概念。在我们的日常生活中,如果一个东西被描绘得非常生动,活灵活现,比如说沉鱼落雁、闭月羞花的姑娘,那我们就会用"形象"这个词来加以形容;相反,如果对一个东西的描绘很笼统,不具体,比如说"美"这样一个概念,那么我们则会用"抽象"这个词来形容它。由此可见,无论是具体形象的事物,还是笼统抽象的事物,都是一种"象"。而八卦作为一种符号系统,如果我们不把这八个符号跟我们所生活的这个世界联系起来,那么八卦其实也是没有什么实际意义的。

当我们把八卦跟现实世界相联系起来时,如果它能象征的事物太少,那么《周易》就无法成为一个能够普遍解释这个世界的理论体系。据此,八卦作为《周易》的符号体系,它所能象征的事物一定是多种多样、兼容并包的。《系辞传》就说道,伏羲氏是在普遍地观察了上天、大地、山川河流、鸟兽草木、人类生活之后,才创作出了八卦。也就是说,八卦可以跟自然世界和人类社会普遍地联系起来。

八卦的具体象征,在《易传》的《说卦传》里列举了很多的例子。我们首先来看八卦与自然世界的对应,《说卦传》先是从自然界中总结了八个最具代表性的事物,也就是用八种"象"来解释世界的构成和运转。这八种象分别是:天、地、雷、风、水、火、山、泽。天和地,是我们所生活的这个世界的基本结构;山和泽,是大地上最

第三章 《周易》之象

明显的两种标志物。有了天空、大地、高山和湖泊，便有了人和世间万物生存的空间。雷、风、水、火，象征的则是世界运动的法则。我们所生活的世界，并不是一个静止的空间，而是一个不停运动的世界，天上会打雷、刮风，地上有水流、火烧，这些都是世界运转的法则，有了它们，我们才拥有了一个活生生的、不断运转变化的世界。

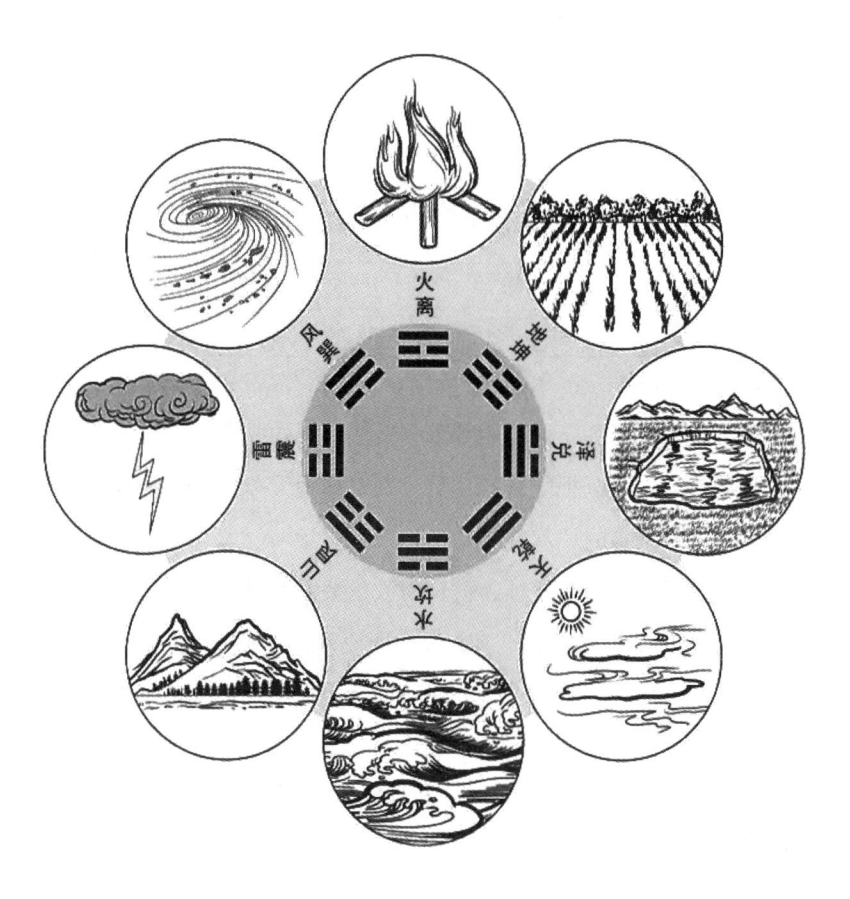

图3-1 八卦与自然

既然这八种象代表了宇宙世界的基本结构和运转规律，那么八卦与自然世界的联系，也就可以落实到这具体的八种象上来了。我们在第一章中提到过，乾、坤两卦经常被用来象征天地，而在这里对应到具体的物象上来说，也是如此，乾卦对应于天，坤卦对应于地。除了乾、坤两卦外，震卦和巽卦分别对应于雷和风，坎卦和离卦分别对应于水和火，艮卦和兑卦分别对应于山和泽。这样一来，乾、坤、震、巽、坎、离、艮、兑八卦，就分别对应天、地、雷、风、水、火、山、泽八象了。

表3-1　八卦与八象

八卦	乾	坤	震	巽	坎	离	艮	兑
八象	天	地	雷	风	水	火	山	泽

再来看陈文子和卜偃运用卦象分析法解卦的两个例子。陈文子将巽卦解释为风，卜偃把乾卦和兑卦分别解释为天和泽，他们所运用的其实就是这种基本的"八卦之象"的方法。

八卦的另一种重要象征，就是与人伦关系的对应。在八卦中，乾卦作为唯一一个纯阳之卦，象征着一个家庭中的父亲；坤卦作为唯一一个纯阴之卦，则象征着家庭中的母亲。而震卦、坎卦和艮卦三个少阳之卦，则象征着儿子们，按照从下往上的顺序，震卦为长子，坎卦为中子，艮卦为少子。同理，巽卦、离卦和兑卦三个少阴之卦，则象征着女儿们，巽卦为长女，离卦为中女，兑卦为少女。这样一种将八卦与父母、子女一一对应所呈现的结果，也被称作"乾坤生六子"。

第三章 《周易》之象

在崔杼娶棠姜的筮例中，陈文子将坎卦和巽卦分别解释为"夫"和"妻"，就是从"乾坤生六子"说中引申出来的。

表3-2 乾坤生六子

八卦	乾☰	震☳	坎☵	艮☶	坤☷	巽☴	离☲	兑☱
象征	父	长子	中子	少子	母	长女	中女	少女

除了以上两种"八卦之象"外，八卦还有很多种其他的象征。在《说卦传》给八卦的取象中，八卦还可以象征人身体上的各个部位：乾象征脑袋，坤象征肚子，震象征双脚，巽象征大腿，坎象征耳朵，离象征眼睛，艮象征双手，兑象征嘴巴。八卦也可以象征各种不同的动物：乾象征马，坤象征牛，震象征龙，巽象征鸡，坎象征猪，离象征鸟，艮象征狗，兑象征羊。除此之外，每一卦都可以根据不同的情况，赋予不同事物象征的意义。这种象征可以是具体的事物，比如乾卦可以象征金、玉，离卦可以象征甲胄、兵戈，也可以是抽象的品德或者行为，比如艮卦象征停止，坤卦象征吝啬，坎卦象征心病，等等。

这样一种取象配卦的方法，对解卦自然有着巨大的帮助，能够帮助人们把抽象的卦变跟现实生活联系起来，从而加以分析和推断。因此，这种方法在历史上非常流行，也得到了不断地发展和扩充。到了宋代以后的《梅花易数》，各种各样的事情，就都被纳入到了卦象体系中来，无论是天时、地理、人事、身体，还是住宅、婚姻、饮食、疾病，无一例外。不过，在这样一种"八卦之象"的拓展中，也逐渐产生了理论体系僵化的问题，逐渐成为以预测吉凶为目的的术数，与《周易》本来的精神则渐行渐远了。

———— • 本节要点 • ————

1. 根据《系辞传》的记载，《周易》的圣人之道包含四个方面，分别是：辞、象、变、占。其中，八卦的"象"，是将抽象的八卦符号与现实世界相连接的一种重要方法，可以象征各种各样的事物。

2. 八卦可以与自然世界的八种"象"一一对应，乾、坤、震、巽、坎、离、艮、兑八卦，分别对应于天、地、雷、风、水、火、山、泽八象。

3. 八卦还可以与家庭关系相对应，乾卦象征父亲，坤卦象征母亲，震卦、坎卦和艮卦象征长子、中子、少子，巽卦、离卦和兑卦象征长女、中女、少女。这种理论，被称为"乾坤生六子"。

第二节　六爻之象

古人通过把八卦符号与自然世界和人类社会中的各种事物相对应，赋予了抽象的八卦以各种各样的象征意义。这种"象"的思维方式，不仅在解释八卦卦象的时候能够起到重要的作用，在六十四卦卦爻，尤其是对每卦的六根爻的解释中，也发挥着重要的作用。随着历史的推移，这一思维方式也逐渐成为中国古代哲学思想中的一大特色，极大地影响了中国文化的发展。

客观地说，在《易经》的爻辞中，"象思维"的体现就已经非

第三章 《周易》之象

常明显了。我们就以六十四卦中的第一卦《乾》卦为例,《乾》卦初九爻的爻辞是"潜龙勿用",所描绘的是一条龙潜藏在地下的景象;九二爻的爻辞,是"见龙在田,利见大人",讲的是龙出现在了田地之中;再往上,到了九四爻,爻辞是"或跃在渊,无咎",讲的是龙在深渊峡谷之中翻转腾跃;九五爻的爻辞,是"飞龙在天,利见大人",讲的是龙在天空之中飞翔;最后的上九爻,它的爻辞是"亢龙有悔",讲的是龙飞得过高,已经到了穷极之地。

表3-3 《乾》卦卦形与爻辞

《乾》卦卦形	《乾》卦爻辞
▬▬▬▬	上九:亢龙有悔。
▬▬▬▬	九五:飞龙在天,利见大人。
▬▬▬▬	九四:或跃在渊,无咎。
▬▬▬▬	九三:君子终日乾乾,夕惕若,厉无咎。
▬▬▬▬	九二:见龙在田,利见大人。
▬▬▬▬	初九:潜龙勿用。

通过《乾》卦各爻爻辞的具体内容,我们可以发现两个重要的特征。

其一,除了九三爻之外,《乾》卦其余五根爻的爻辞,都是以龙来作为取象的对象。龙作为中国文化的重要图腾,在历史上被认为是纯阳之《乾》卦的重要象征。因此,《乾》卦的各爻,就以龙这样一种神兽,来作为象征之物。我们由此也可以看出,每个卦中的六爻之象，与这一卦的主旨之间，有着紧密的联系。

其二，我们可以注意到，同样是以龙作为象征，但《乾》卦每一爻的爻辞，对于龙所身处的环境的描述，却是与爻的位置息息相关的。初爻在六爻中的位置最为靠下，所以它的取象是"潜龙"，意味着龙很委屈地潜藏在地下。到了稍稍靠上的二爻，龙开始出现在了田地里，较之初爻的地下已经有所升高。而到了四爻、五爻的位置时，龙已经在峡谷和天空之上跳跃、飞翔了，其位置较之初、二两爻更高了很多。再到最靠上的上九爻，龙就飞到了穷高之地。

与《乾》卦相类似，象征男女交感的《咸》卦，在取象事物与爻位的配合上，也有明显的体现。《咸》卦的主题为"交感"，此卦从初爻到上爻的爻辞，其主要内容的形式排列非常整齐，除了相对独立的第四爻外，依次是"咸其拇""咸其腓""咸其股""咸其脢""咸其辅、颊、舌"，唯一的区别也就是交感部位的变化，自下而上，依次是脚趾、小腿、大腿、背脊，以及脸部。

这种所取象的事物与爻位相配合的方法，在六十四卦的爻辞中是非常常见的。比如说，《坤》卦初六爻的爻辞，就是"履霜，坚冰至"，意思是说，阴气凝结，脚下的鞋子周围都已经起了冰霜，可见寒冬就要来临了。《噬嗑》卦初六爻的爻辞是"屦校灭趾，无咎"，讲的是脚上被施以刑具后，伤害到了脚趾。《未济》卦初六爻爻辞是"濡其尾，吝"，讲的是小狐狸过河的时候，沾湿了自己的尾巴。从中我们可以看到，鞋子、脚趾和尾巴，这些都是在人或者动物的身上最为靠下的部分，因此，初爻的取象，往往是以这些在下方的事物作为象征的。

第三章 《周易》之象

同理，对于上爻的取象，就倾向于以在上方的事物作象征。比如，《大有》卦上九爻的爻辞就是"自天佑之，吉无不利"，意即有上天的保佑，事情的发展将会非常顺利。再比如《噬嗑》卦上九爻的爻辞是"何校灭耳，凶"，脑袋上戴着的刑具，把耳朵给弄伤了。《既济》卦的上六爻，爻辞是"濡其首，凶"，过河的时候，把脑袋给淹没了，面临着致命的风险。上天、脑袋和耳朵，这些都是在空间中位置非常靠上的事物，因此常常被用作上爻的象征。

在六爻之象的表达上，有很多卦的卦象都讲得非常清晰。比如说我们前面所举的《乾》卦的例子，再比如上面提到的寓意男女交感的《咸》卦的例子。但是，除了这些与六爻的爻位高度匹配的爻辞外，还有很多爻辞的表述，与六爻的爻位之间并没有什么关系，这些爻背后的六爻之象，就不那么好理解了。所以说，并不是所有的六爻之象，都能够通过爻辞的内容来予以解释清楚。这时候就需要把六爻之象与八卦之象结合起来，才能揭示出卦爻象、卦爻辞背后的道理。

我们在前文中学习过，春秋时候的古人在解卦的时候，常常用到卦象分析法，也就是把一个六画卦，拆解为一内一外两个三画的经卦。这其实就是一种把六爻之象与八卦之象相联系的解卦方法。在《左传》中，被拆解出来的内卦，被称为"贞"，被拆解出来的外卦，则被称为"悔"。贞、悔这一对概念，在易学中有着很多不同的意义，大衍筮法中的本卦和之卦，就可以被称为贞、悔，而这里的内外卦，也可以被称为贞、悔。因此，我们在遇到这一对概念的时候，必须要注意到相关语境，否则就容易造成错误的理解。

除此之外，六爻与"三才之道"的结合，也是一种六爻之象的重要象征。根据《系辞传》的记载,易道广大,无所不备。从总体上来说,包含有天道、地道、人道这"三才之道"。而六爻与三才之间,也有着整齐的对应关系。具体来说,根据天、地、人在地理空间上的分布,在六爻中,初爻与二爻在下,因此,在六爻之象的表述中,这两根爻往往象征着地道;五爻和上爻在上,在六爻之象中,这两根爻往往象征着天道;三爻和四爻居中,在六爻之象中则象征着人道。

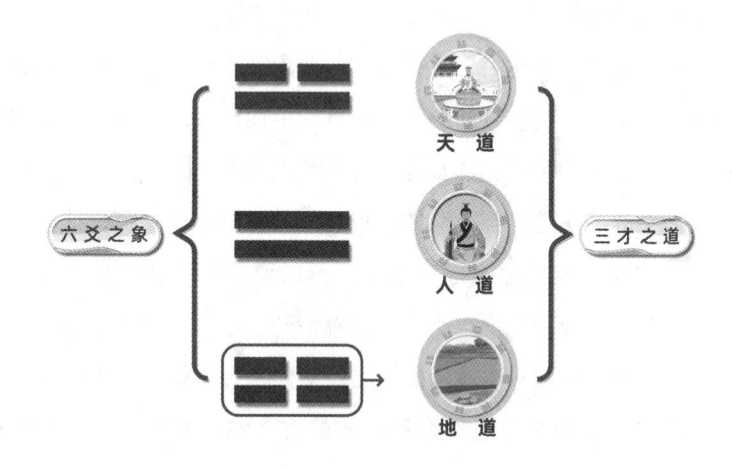

图3-2 六爻与"三才之道"

三爻和四爻不但在三才之道中象征人道,而且还处在一卦之中内卦与外卦的交界处,既充满了危险,又饱含着变化的可能性。因此,在《周易》对三爻和四爻的解释中,往往都在阐述为人处世的道理。比如,《乾》卦通篇都在讲龙的比喻,但唯独三爻在讲君子的行为准则,《咸》卦其余五爻都在以人体的各个部位作为比喻,唯独四爻在讲为人处世的原则。之所以在这两卦中会各有一条破坏队形的爻辞,

第三章 《周易》之象

就是因为《周易》在对"三才"的阐发中，尤其注重对人道精神的弘扬，而对人道的弘扬，便以在六爻之象中象征人道的三爻和四爻作为重点了。

———— · 本节要点 · ————

1.《周易》对六爻之象的阐发，在爻辞中有明显的展现。很多卦的爻辞，都将所象征的事物与相应的爻位进行结合，如初爻的取象往往是在空间上位于下方的事物，上爻的取象往往是空间上位于上方的事物。

2. 六爻之象在卦象分析中，可以被拆分为一内一外两个八卦之象。其中，内卦也可以被称为"贞"，外卦也可以被称为"悔"。

3. 六爻之象可以跟《系辞传》中的"三才之道"相结合。其中，初爻和二爻象征地道，三爻和四爻象征人道，五爻和上爻象征天道。

第三节　判断吉凶的两种方法：当位与中位

在上一节中，我们重点学习了什么是"六爻之象"。六爻利用自己自下而上的特殊结构，既可以与人的身体、事物的空间构成联系起来，通过爻辞所描述的景象，表达出形象的六爻之象；也可以跟《周易》中的天、地、人"三才之道"相结合，揭示复杂的哲学和人生道理。

六爻与"三才之道"的结合，除了从空间位置上进行上、中、下的区分外，还有另外一个重要的观念融汇在里面，那就是"阴阳"的观念。"阴阳"作为一种古老的二元世界观，是《周易》卦爻体系得以成立的基础。按照《系辞传》的说法："立天之道曰阴与阳，立地之道曰柔与刚，立人之道曰仁与义。"同样是阴阳的观念，在天道中，可以展现为阴阳交替，就像是白天与黑夜的交替变化；在地道中，可以展现为刚柔相济，就像是刚健的大山和柔顺的水流的交错；而在人道中，则展现为仁和义这两种道德品质的融合。比如说，我们如果想要建立一个和谐稳定的社会，那么就既需要忠肝义胆的侠士，又需要仁德宽厚的儒生。正所谓"一阴一阳之谓道"，阴阳之间，一定要维持在一种平衡的状态，缺一不可。

在《系辞传》的记载中，"《易》六画而成卦，分阴与阳"，所讲的是阴爻和阳爻分别排列进六爻的体系里面，最终组合成六十四卦的体系。但《系辞传》并没有明确告诉我们，不同的爻位有没有固定的阴阳属性。直到汉代之后，很多学者开始思考，除了爻可以分为阴爻和阳爻之外，难道六爻的爻位就不能有阴阳属性吗？既然天道可以分为阴阳，地道可以分为柔刚，人道可以分为仁义，都可以区分为一阴一阳两种属性。那么，把三才之道落实到具体的爻位上，爻位是不是也可以有阴阳呢？

按照这种思路，汉代的学者就依照"天、地、人"三才的区分，赋予了每一个爻位以不同的阴阳属性。根据"阳奇阴偶"的原则，在代表地道的两根爻中，初爻的属性为阳，二爻的属性为阴，分别象征刚与柔；在代表人道的两根爻中，三爻的属性为阳，四爻的属性为阴，分别象征义与仁；在代表天道的两根爻中，五爻的属性为阳，上爻的属性为阴，分别象征阳与阴。这样一来，初爻、三爻、五爻这三

第三章 《周易》之象

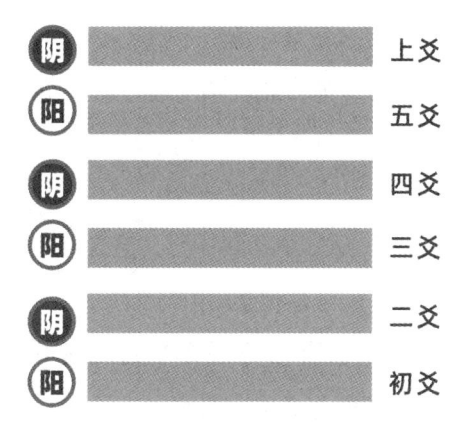

图3-3 阳位与阴位

个奇数的爻位，就成为"阳位"；二爻、四爻、上爻这三个偶数的爻位，就成为"阴位"。

伴随着阳位和阴位的确定，另一个重要的概念也就随之产生了，那就是"当位"。当位的意思是，只要是阳爻在阳位，阴爻在阴位，那么这根爻就当位，当位也可以被称作"得位"或者"得正"。相反，如果是阳爻在阴位，或者阴爻在阳位，那么这根爻就不当位，也叫作"失位"或"不正"。以内乾外坤的《泰》卦䷊为例，《泰》卦的初九爻、九三爻是阳爻在阳位，六四爻和上六爻是阴爻在阴位，这四根爻就都当位。而《泰》卦的九二爻是阳爻在阴位，六五爻是阴爻在阳位，显然，这两根爻都不当位。

依照汉代人的理解，如果一根爻当位，那么总体上来说，这根爻的寓意，就是趋向于吉祥的。如果一根爻不当位，那么这根爻的导向，可能就是不祥的。我们可以注意到，在六十四卦中，只有《既济》卦☷☵这一卦是六根爻全都当位的。因此，在很多汉代学者看来，《既济》卦是六十四卦中最为吉祥的一卦，甚至很多人觉得，另外六十三卦都应该想办法令自己发生变化，朝着最终变成《既济》卦而努力。

当位的观念在汉代易学中非常流行，但我们也要注意到，这种学说对于吉凶的判断，完全依赖于阴阳与爻位的关系，逻辑性虽然很强，但变化性不足。因此，在很多卦爻的具体解释中，爻辞所记载的内容，与当位学说的判断都是不一致的，甚至是完全冲突的。因此，当位的理论，一方面可以很好地帮助我们解释六爻之象，尤其是汉代学者对卦爻象的理解；但另一方面，我们也要看到当位学说在理论上的不足和局限。

除了当位之外，另一个在汉代之后的易学中经常被使用的学说，就是"中位"。所谓中位，指的就是六爻当中的二爻和五爻这两个爻位。为什么这两个爻位会被称为中位呢？我们知道，在卦象分析法中，一个六画卦会被拆解为一个三画的内卦和一个三画的外卦。在这两个卦中，二爻居于内卦的中央，五爻居于外卦的中央。在中国传统文化，尤其是儒家文化中，对于中道是特别推崇的。那什么是"中"呢？简单地说，不偏不倚就是中。而这两根爻，就处在内卦和外卦的中央，统领着内卦和外卦。因此，在一个卦的六根爻中，二爻和五爻，便显得尤为重要了。汉代学者普遍认为，只要占据了二爻、五爻这两个中位，那么便可以被称为"得中""居中"或者"处中"，是极为有利的。

第三章 《周易》之象

当位和中位这两个理论，一般是结合起来看的。所以说，最理想的局面，就是既当位，又处在中位。但这种情况并不容易出现，只有二爻为阴爻，或者五爻为阳爻，也就是出现"六二"和"九五"的时候，才是既中又正的情况。尤其是九五爻，以当位之阳爻，处在上卦的中位，能够起到统领全卦的作用，有君王之象。因此，古代的皇帝往往被称作"九五之尊"，就是从九五爻既中又正的角度来讲的。总而言之，凡是当位的爻，可称为有"正德"。凡是处在中位的爻，可称为有"中德"。最理想的状态，是像六二爻和九五爻那样，既有中德，又有正德。

当然，既中又正的情况毕竟是少数，在大多数时候，当位和中位是无法兼顾的。北宋时期的大学者程颐就指出，中德比正德更重要，只要是处在中位，那么不论阴阳，都可以施展自己的能力和品德。所以，古人在解读卦爻的时候，对于二爻和五爻，往往也是更加重视的。魏晋时期的易学大家王弼则认为，当位理论虽然有其道理，但是初爻和上爻作为一个卦的开始和结束，所蕴含的"始"和"终"的含义更加重要，并不适合用阴阳当位的学说加以限制，因此，当位学说应当限定在二、三、四、五四爻。

王弼和程颐的说法，在历史上都产生了比较大的影响。我们也由此可以看到，无论是当位学说、中位学说，还是我们即将展开的乘、承、比、应学说，在实际的运用中都会有很多变化。我们必须要充分了解不同学说的思想背景和语境，才能够准确把握这些学说的价值和影响。

· 本节要点 ·

1. 每卦六爻中的初爻、三爻、五爻为阳位，二爻、四爻、上爻为阴位。凡是阳爻在阳位、阴爻在阴位，则为当位；凡是阳爻在阴位，阴爻在阳位，则为失位。

2. 每卦中的二爻和五爻为中位。其中，二爻为内卦之中，五爻为外卦之中。凡出现在二、五位置的爻，便可称"得中""居中"或"处中"，在全卦中处在重要且有利的位置。

3. 凡是当位的爻，可称为有"正德"。凡是处在中位的爻，可称为有"中德"。最理想的状态，是像六二爻和九五爻那样，既有中德，又有正德。

第四节 爻与爻的关系：乘、承、比、应

在上一节中，我们主要学习了当位与中位这两个理论。作为一种"爻象"，如果说当位与中位理论的重点是每根爻所处的位置的话，那么我们本节要学习的承、乘、比、应，所阐发的就是一种爻与爻之间的关系了。

这种爻与爻之间的关系，我们可以换一个角度，把它想象成人与人之间的关系。每个人在社会之中，都处在不同的位置上，人和人之间，有时候是领导与被领导的关系，有的时候是团结合作的关系，有的时候是争执、冲突的关系。爻和爻之间的关系也是如此，有时相互配合，有时相互呼应，有时互相伤害。

在《易经》和《易传》中，并没有明确提出过承、乘、比、应等

第三章 《周易》之象

学说。跟当位和中位学说一样,承、乘、比、应,也是汉代人在解释《周易》卦爻时所发明的理论。

我们首先来看爻和爻之间的第一种关系:承。"承"的基本意思,指的是在下面托着上面。而落实到爻象上,指的也是在下面的爻承接着上面的爻。只不过,爻象中这种承的关系有一个前提条件,那就是在上面的爻是阳爻,在下面的爻是阴爻。也就是说,一般情况下,只能是阴爻承阳爻,而不能是阳爻承阴爻。

一旦上下爻之间符合这种"下承上"的关系,那么在下面的阴爻就能获得在上面的阳爻的帮助,获得有利的局面。比如说,《蛊》卦䷑的六五爻与上九爻之间,就构成了这样一种下阴承上阳的关系。所以,东汉时期的学者荀爽就认为,之所以《蛊》卦六五爻的爻辞是"干父之蛊,用誉",意思就是说,六五爻能够承接父辈,也就是上九爻的力量,从而获得有力的帮助。因此,六五虽然是一根阴爻,但也能够在父辈的支持下,建功立业,获得成绩和荣誉。

我们可以看到,《蛊》卦六五爻下承上九爻,从而在后者的帮助下,获得了实力的提升,因而能够取得成就,这可以说是一个爻与爻之间互相帮助的典型例子。但是,就像人跟人之间的关系有好有坏一样,爻与爻之间也存在互相伤害的时候,乘就是一种典型的例子。

与承例相反,"乘"一般指的是阴爻在阳爻之上,这个时候,在上的阴爻就形成了一种乘在下的阳爻的关系。而一旦在卦体中出现了这种"上阴乘下阳"的关系,那么情况可就不太妙了,在这种局面下,无论是对在上的阴爻,还是在下的阳爻,都会造成伤害。以《屯》卦䷂为例,在这一卦中,就有两处"上阴乘下阳"的例子,一处是六二爻和初九爻，另一处是上六爻和九五爻。在这一卦中，初九爻面临很多困难，停滞不前；六二爻作为一根阴爻，面临的场景是一个姑娘为了出嫁，居然等待了十年之久。为什么初九和六二作为两根当位的爻，却都要面临这种困境呢？三国时期的学者虞翻就认为，这是因为六二上乘初九的缘故，造成了对六二爻和初九爻共同的伤害。同理，《屯》卦的九五和上六爻也各自面临困难和危险，而造成这种困局的原因，也是因为上六乘九五的缘故。

　　大部分的承例和乘例，都发生在紧邻的一根阴爻和一根阳爻之间。但是，因为历史上的很多学者都在解释《周易》时使用了承和乘的方法，而他们各自的运用方法又有很大区别，所以还是有一些例外的情况产生的。像是"一阴承多阳""多阴乘一阳"，甚至"以阳承阳""以阴乘阴"，都曾经出现过。所以说，给承和乘下一个标准的定义是很困难的，我们只能笼统地说，承例一般发生在上阳和下阴之间，主要指在下的爻受到在上的爻的帮助；乘例一般发生在上阴和下阳之间，主要指的是上下爻之间互相伤害。但是，两种理论都存在一些变化的特例，并不是一成不变的。

　　除了承和乘，相邻的两爻之间还有一种重要的关系，叫作"比"。"比"字本来就有相邻、挨着的意思，而在六爻之中，比例指的也是相邻两爻之间的关系。比如说初爻与二爻、二爻与三爻、三爻与四爻、四爻与五爻、五爻与上爻之间，都可以形成比的关系。与承例和乘例不同的是，比例并不过分看重相邻两爻的上下级关系，而只要是相邻，就可以形成这样一种亲密的、互相帮助的关系。

　　比如说，《习坎》卦䷜的九二爻，爻辞为"坎有险，求小得"，

第三章 《周易》之象

九二爻虽然在《习坎》卦中处在中位，但既不当位，又处在《习坎》卦寓意的危险之中，所以面临的境况是很危险的。但为什么还能追求小有所得呢？荀爽认为，这就是因为它能跟初爻相比的缘故。两爻合作，共同面对危险，便可以有所收获。但我们要注意的是，并不是所有的比例都是吉祥的。王弼就在解释《兑》卦䷹九五爻"孚于剥，有厉"时认为，《兑》卦九五爻之所以有危险，就是因为九五爻身处中正之位，却跟上六的阴爻相比，相当于助长小人的势力，有损自己的信义，所以导致危险。

承、乘、比，讲的都是相邻的爻之间的关系，但还有一种隔空相应的爻例，叫作"应"。之所以说是"隔空相应"，是因为比起承、乘、比三例，应例的发生，对爻位的对应要求最为严格，必须是初爻和四爻、二爻和五爻、三爻和上爻之间。而且，两爻若要相应，还必须满足另外一个重要的先决条件，那就是处在相应位置上的两根爻，必须是一根阴爻和一根阳爻，没有例外。承、乘、比三例的发生，一般情况下也是以一阴一阳为标准范例，但也都有一些特例存在，并不是固定不变的。但应例对爻位和阴阳的要求，则不允许特殊情况存在，非常严格。

以《临》卦䷒的初九爻和六四爻为例，初九爻辞是"咸临，贞吉"，六四爻辞是"至临，无咎"，都是比较好的局面。"咸临"的咸，就是交感的意思，那么，初九跟谁交感呢？当然是作为阴爻又能跟它相应的六四爻，两爻相互感应，得到了对方的加持，便都有了一个良好的处境。

承、乘、比、应这四种爻例，在解卦中有着很强的实用性，因此在易学史上广受欢迎。但历史上的学者们在运用承、乘、比、应解释《周易》的时候，在方法上经常会加以一定的改造，对承、乘、比、应的理解并不是一成不变的，这也是我们在读《易》和解卦的时候要特别加以注意的。

---・本节要点・---

1. 爻象中的承例，一般指的是阴爻处在阳爻之下，在下的阴爻能够获得在上的阳爻的帮助，从而获得有利、吉祥的处境。爻象中的乘例，一般指的是阳爻处在阴爻之下，此时，上下两爻均受到对方的伤害，从而处境艰难、凶险。

2. 相邻的两爻之间，可以构成一种比的关系。承、乘、比三例，一般情况下都发生在相邻的一阴一阳两爻之间，但也都存在一些例外情况。

3. 爻象中的应例，发生在初爻和四爻、二爻和五爻、三爻和上爻之间，并且相应的两爻必须是一根阴爻和一根阳爻。

第五节 八卦之象的变通：互体之象

爻象中的承、乘、比、应这几种理论，都是由汉代学者所发明的，它们的主要作用，是用来分析一个卦之中爻与爻之间相互作用的关系，有的时候，两根爻之间可以起到互相帮助、照应的关系，有的时候则会互相伤害。由于承、乘、比、应学说可以把卦象的分析具体到某一两根爻，因此可以与卦辞、爻辞对《周易》卦爻的解释相互配

第三章 《周易》之象

合,这极大地方便了我们对易卦的解读,因此在历史上一直非常流行,后来的易学家们,像王弼、孔颖达、李鼎祚等,在解释《周易》的时候也都大量运用了这些学说,并且加以了一定的发展和变化。

这样一来,我们对解卦方法的了解就变得丰富了起来,既可以运用八卦卦象分析法,也可以使用卦爻辞解读法,以及承、乘、比、应等方法。历史上的人们,也会综合运用各种方法来解卦,为我们留下了很多经典的筮例以及解释。而在实际解卦的过程中,古人还会对这些方法加以变通,从而创造出新的解卦方法。在这之中,"互体"就是一种比较重要的理论,在某种程度上,我们可以把互体看成是八卦之象的一种变通。

如果说八卦之象的基本操作方法,是把一个六画的经卦拆解为一内一外两个三画卦的话,那么我们还可以进一步思考这样一个问题,如果我们要从六画的经卦中拆出三画卦,只有一内一外这两个卦吗?答案是否定的,我们还可以有另外一种方法从经卦中拆解出新的三画卦,具体的方法是将一个经卦中的二、三、四这三个爻给挖出来,这样就可以组成一个新的三画卦;接着,再把三、四、五爻给挖出来,就又可以再组成一个新的三画卦。这种利用二、三、四爻和三、四、五爻拆出三画卦的方法,就是最基本的"互体"理论。而拆解出来的两个三画卦呢,也就被叫作"互卦"。为了加以区分,我们可以将靠内的由二、三、四爻组成的卦,称为"内互卦",而靠外的三、四、五爻组成的卦,则被称为"外互卦"。

有了互体理论作支撑,古人在利用八卦之象的方法解卦的时候,就不一定非要从内外卦着手了,互卦的产生,相当于是给他们提供了

(巽卦) 外　(震卦) 内

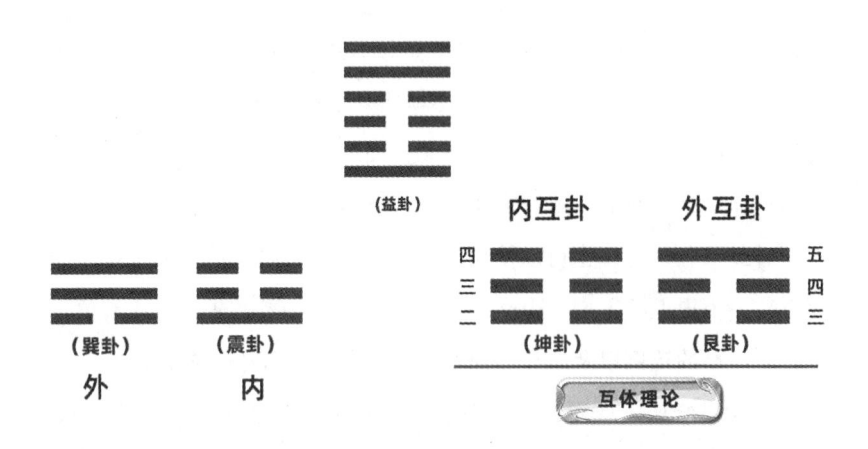

(益卦)

内互卦　　外互卦
四　　　　　　五
三　　　　　　四
二　　　　　　三
(坤卦)　　　(艮卦)

互体理论

图3-4　互卦

一种新的解卦思路。

相比于承、乘、比、应几种学说，互体之象的产生其实更早，在《左传》的筮例中，就有互体之象的运用了。在第一章中，我们曾提到的一件发生在春秋时期的重大事件，那就是在陈国发生的内乱，陈桓公同父异母的弟弟陈佗杀掉了陈国的法定继承人太子免，自立为君。陈桓公的儿子公子跃则向蔡国借兵，杀掉了犯上作乱的陈佗，为自己的哥哥太子免报了仇，然后自己即位，成为陈厉公。这个时候，周王室的史官恰好出使陈国，陈厉公就让他为自己刚出生不久的儿子陈敬仲算一卦，来看看他的未来会怎么发展。周史也欣然答应了，并且占出了一个"遇《观》䷓之《否》䷋"的结果。

学过大衍筮法之后，我们知道这是一个一爻变的筮例，那么所要看的，就是本卦变爻的爻辞，也就是《观》卦的六四爻爻辞："观国之光，利用宾于王。"观国之光，意思是能够目睹国家政治的光辉。

第三章 《周易》之象

由于陈敬仲本身是陈厉公的儿子，所以大家不禁会产生这样的疑问：陈敬仲将来能够继承陈国的君位吗？针对这个问题，周史给出了否定的答案。他分析说：作为本卦的《观》卦，内卦是坤卦，象征着土；外卦是巽卦，象征着风。而作为之卦的《否》卦，内卦仍为坤不变，还是象征着土；而外卦则变为了乾卦，象征着天。那么这次卦变所产生的景象就是风从土上面吹起，一直吹到了远处土地上的天空。这样一幅景象，让人看上去不免有些糊涂，它所指的到底是什么意思呢？

周史对此解释道，在这次卦变中，唯一一根变爻，是从《观》卦的六四爻，变为《否》卦的九四爻。而《否》卦的九四爻，和六二、六三两爻一起，可以形成一个艮卦☶，这个艮卦，根据我们这节讲的互体的原理，就属于一个内互卦。在八卦之象中，艮卦的象征是高山。那么，把艮卦象征的高山加入到这次卦变的图像之中，就变成了这样的景象：风从本地吹起，吹到了远方，并形成了一座高山。这座

图3-5 卦变景象

高山坐落在坤卦所象征的大地之上，山顶则有乾卦所象征的天空照耀。既有高山的才能，又有大地的衬托，天光照耀，那么敬仲未来的前途，应该是大吉大利的，看样子，有望成为君王。

但周史进一步分析道，想要最后观仰到国家政治的光辉，那并不是一蹴而就的。无论是从家乡到远方，还是落地生根、受到天光照耀，都需要一个漫长的过程。因此，这样的光辉，敬仲自己是看不到了，要到他的后代身上才有可能完成。而且根据卦变之象，敬仲的后代能够成为一国之君的地方，也一定是一个远离家乡、拥有高山的地方。在春秋时期的中国版图中，最高的山，要数五岳之尊的泰山，地处东方的大国齐国境内。因此，周史判断说，这一卦的最终所指，是敬仲的后代，能够在将来取代姜子牙的后人，成为东方大国齐国的国君。

这一卦，可以说算得非常神奇，几乎预言了两百年后的历史。在陈厉公即位之后，陈国并没有迎来太平的局面，反而又爆发了内乱。敬仲也为了躲避战乱，逃到了齐国。正如周史所预言的那样，过了几代人的时间，敬仲的后代田恒、田和等人果然把持了姜氏齐国的朝政，并最终取而代之，建立了田氏齐国，这就是历史上著名的"田氏代齐"，它不但是东周时期的重大历史事件，也是春秋和战国这两个历史时期的重要分界线。

在周史这一次的解卦中，我们就可以看到互体之象的运用了。形成高山之象的艮卦，便是由《否》卦的二、三、四爻所构成的互卦。而在这次卦象解读中，作为互卦的艮卦也发挥了最为重要的作用。既然互体之象在《左传》的筮例中就已经出现，那么我们就可以知道，可能早在春秋时期，人们就已经开始运用"互体之象"来解卦了。

第三章 《周易》之象

———— • 本节要点 • ————

1. 互体之象的基本原理，是将一个六画别卦中的二、三、四爻和三、四、五爻单独提出，分别构成一个新的三画卦。所构成的新三画卦，称为互卦。

2. 根据《左传》的记载，早在春秋时期，互体之象已经被运用到了解卦过程之中。

3. 根据《左传》筮例的记载，互体之象在解卦中的具体运用，是在八卦之象的基础上，分析卦变中所产生的互卦的象征，并将互卦之象与内卦、外卦之象相结合，共同运用到卦象分析之中。

第六节　形形色色的易象：象形、爻位与方位

在上一节中，我们学习了一种特殊的易象，那就是互体之象。通过学习，我们了解到，互体之象可以理解为一种特殊的八卦之象，为我们在算卦之后的解卦提供了一种新的思路，在历史上也产生了很大的影响。算上互体之象在内，我们已经学习了八卦之象、六爻之象，以及当位、中位、承、乘、比、应等多种易象，这些《周易》之象，既能够帮助我们更好地理解《周易》的卦爻辞，也能够帮助我们更方便地解卦。可以说，它既有学术性，又有很强的实用性。

为了将《周易》的卦爻跟现实世界更好、更紧密地联系起来，古人所发明的易象实际上远远不止以上这些。而且，古人在将易象与现实世界相联系方面，可以说是脑洞大开，展现了无穷的想象力。本节中，我们就来学习几种形形色色的其他易象。

第一种，叫作象形之象。《周易》的六十四卦系统，以阴阳爻为基础，六爻为基本结构，是一套高度抽象的符号体系。如果说它是象形的，那么显然像是一种天方夜谭，因为我们根本不可能从卦爻中看出什么象形的东西。但古人还是从中找到了几个卦，给它们赋予了象形的意义。

古人找到的是哪几个卦呢？第一个卦是《鼎》卦䷱。我们知道，鼎是一种古老的青铜器，最迟在商代的时候就已经被广泛使用了，它的主要功能是用来烹饪的。古人认为，之所以这个初爻和五爻为阴爻、另外四爻为阳爻的卦被命名为《鼎》卦，就是因为它的卦象长得像一只鼎，是一个象形之卦。具体来说，初爻为阴爻，象征着鼎分开的脚，起着支撑的作用。二、三、四爻的三根阳爻，象征着鼎腹，也就是用来装肉的鼎身。五爻位置上的阴爻，则象征着鼎耳。最上的一根阳爻，则象征着鼎铉，也就是能够横穿鼎耳，用来把鼎

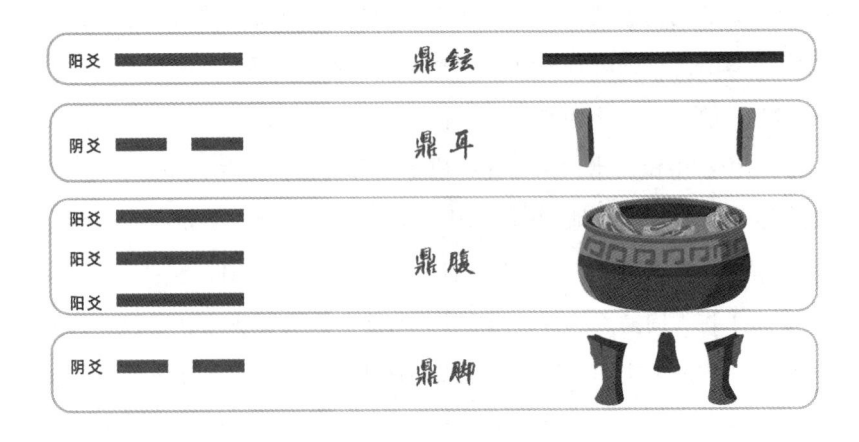

图3-6 《鼎》卦象形

第三章 《周易》之象

举起来的棍子。经过这样一解释，《鼎》卦也就被塑造成为了一个象形之卦。

还有一个卦，也被塑造成了象形之卦，那就是《噬嗑》卦䷔。"噬嗑"是什么意思呢？噬的意思是咬，嗑的意思是合，噬嗑合起来象征着把一个东西紧紧咬在嘴里。而这一卦的卦象，在一些古人看来就有象形的意味，初爻和上爻的两根阳爻，就象征着人的上下嘴唇，中间四爻位置上的阳爻，则象征着被咬住的东西。至于二、三、五爻位置上的三根阴爻，那自然就是人的牙齿了。这样一来，《噬嗑》的卦象，也被解释成了象形之卦。

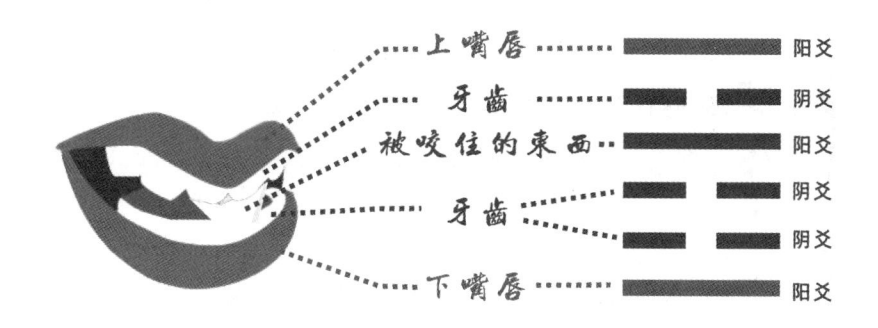

图3-7 《噬嗑》卦象形

我们必须认识到，虽然古人用象形的方法解释《鼎》卦和《噬嗑》卦的卦象，不能说完全没有道理，但在我们对绝大多数卦的理解中，这种方法并不适用，只能作为个例来看待。那么，有没有一种将卦爻与现实世界相联系的卦象，可以普遍作用于六十四卦呢？还真有一种，那就是爻位之象。

我们前面所学的六爻之象，主要指的是爻辞的取象，以及将六爻拆解为内外卦，或者与天、地、人三才之道相联系的方法。而这里所说的爻位之象，则是根据《周易》六爻系统的位置排列，将爻位与社会等级相对应的一种方法。我们知道，中国古代的社会是一种等级制的社会。在汉代人看来，易卦的六爻排列，我们也可以把它理解成一种等级的反映。于是，他们就尝试着把六爻跟社会等级进行一一对应。位置最为靠下的初爻，对应于"元士"，也就是在职官系统中最低等级的官员；二爻位置稍高，对应于"大夫"，也就是高级官员；三爻更高，对应于"公"，可以说是最高等级的贵族官员了；四爻则对应于"诸侯"，这已经是一方诸侯国的国君了；五爻处于至尊的位置，对应的当然是"天子"；至于位置最靠上的上爻，虽然位置更高，但并无实权，因此对应于"宗庙"，只保留象征意义。

这样一种"爻位之象"的理论，在汉代还是非常流行的，东汉

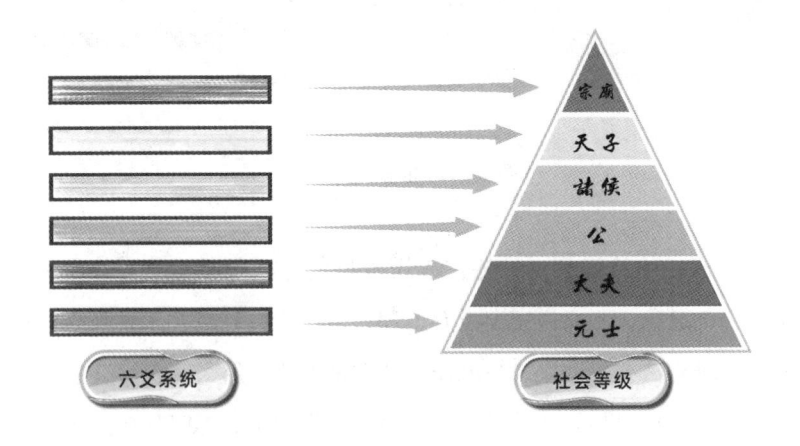

图3-8 爻位与社会等级

第三章 《周易》之象

末期的大学者郑玄，就经常采用这种方法来解卦。我们可以看到，这种爻位之象，有着很强烈的现实政治关怀。而这也是《周易》在历史上，尤其是在汉代历史上所起到的一项重要作用，也就是利用《周易》这样一种复杂且具有神秘性的学说，来为政治服务。由于这种学说的政治意义太强，因此难免在应用的时候，会为了君王或者官员的政治目的，而进行一些歪曲的解释，这是我们必须要注意的。

还有一种我们现在还会经常看到的《周易》之象，那就是方位之象。大家在平时出去旅游的时候，经常会在各种寺院、道观里面，看到一些八卦的图像。比如说西安法门寺的真身宝塔，或者葛仙山、武当山等道教名山上面，就都雕刻着八卦的图像。而这一类八卦图像的核心要素，其实只有两样，一个是八卦，一个是方位。

根据《说卦传》的记载，位于东、西、南、北四个方位的卦，分别是震卦、兑卦、离卦和坎卦。这四个卦，也就被称为"四正卦"。

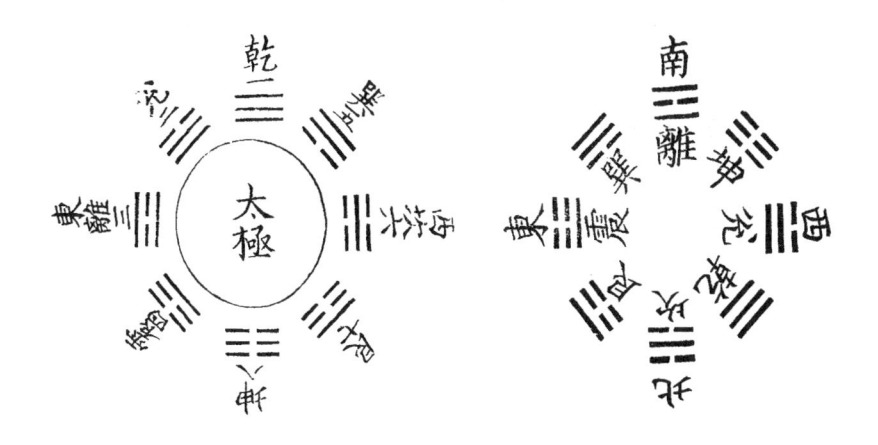

图3-9　先天八卦方位图与后天八卦方位图

到了宋代，邵雍、朱熹等人调整了八卦的方位，把乾、坤、坎、离四个卦放到了东、西、南、北四个正位。因此，我们可以看到两种完全不同的八卦图。以乾、坤、坎、离居于四正位的图，宋代人把它叫作先天图；而以坎、离、震、兑居于四正位的图，则被称为后天图。这两种八卦方位图在历史上也都非常流行，影响巨大，像我们在《西游记》里看到的太上老君炼丹用的八卦炉，西藏地区所流行的护身符"斯巴霍"，甚至跟我们隔海相望的大韩民国的国旗上面，都印着跟八卦方位有关的图像，这也充分说明了《周易》之象的影响范围之大、传播范围之广。

• 本节要点 •

1. 易象中的"象形之象"，指的是一卦的形状与它所象征的事物有较强的相似性，比如《鼎》卦的卦象类似于鼎的形状，《噬嗑》卦的卦象类似于人用牙齿紧紧地咬住一个东西。

2. 易象中的"爻位之象"，是汉代人将每个卦的六根爻跟社会等级相关联的一种方法，初爻、二爻、三爻、四爻、五爻、上爻分别对应于元士、大夫、公、诸侯、天子、宗庙。

3. 易象中的"方位之象"，指的是八卦与方位相结合的一种卦象。在历史上，分别有以震卦、兑卦、离卦和坎卦居于东西南北四正位的后天八卦方位，以及以乾卦、坤卦、坎卦和离卦居于四正位的先天八卦方位。

第三章 《周易》之象

拓展阅读与本章习题

拓展阅读

1. 刘大钧：《周易概论》，巴蜀书社，2010年，第24—42页。
2. 谷继明：《周易导读》，四川人民出版社，2019年，第80—113页。
3. 郑吉雄：《周易答问》，上海古籍出版社，2019年，第292—300页。

本章习题

1. 《系辞传》中所提到的《周易》所蕴含的道理，也就是圣人之道包括哪几个方面？（多选）
   A. 辞   B. 象
   C. 变   D. 占

2. 在八卦与自然世界的联系中，震、巽分别对应哪几种自然现象？
   A. 雷、火   B. 风、雷
   C. 雷、风   D. 火、风

3. 按照乾坤生六子的说法，分别象征长子和长女的是哪两个卦？
   A. 艮卦和兑卦   B. 兑卦和艮卦
   C. 震卦和巽卦   D. 巽卦和震卦

4. 在易卦六爻的三才之道中，象征人道的是哪几爻？
   A. 初爻和二爻   B. 三爻和四爻

C. 五爻和上爻　　　　　　　　D. 初爻和上爻

5. 卦象分析法中，一个六画卦可以被拆分成内外两个三画卦，其中在《左传》的记载中可以被称为贞卦的是哪一部分？
   A. 内卦　　　　　　　　　　B. 外卦
   C. 六画卦　　　　　　　　　D. 其他

6. 在六爻阴阳属性的区分上，属于阳位的以下哪个爻位？
   A. 初爻　　　　　　　　　　B. 二爻
   C. 四爻　　　　　　　　　　D. 上爻

7. 按照当位的原理，以下当位的是哪根爻？
   A. 六五爻　　　　　　　　　B. 上九爻
   C. 六二爻　　　　　　　　　D. 九四爻

8. "乘、承、比、应"学说，一般用来描述六爻之间的关系，以下描述正确的是？
   A. 承，阴爻在下，阳爻在上
   B. 应，初爻与上爻、三爻与四爻
   C. 乘，阴爻在下，阳爻在上
   D. 比，二爻与五爻、三爻与上爻

9. 若将六爻所处的位置与社会等级相对应，以下搭配正确的是？
   A. 四爻—诸侯　　　　　　　B. 初爻—平民
   C. 上爻—天子　　　　　　　D. 三爻—大夫

第三章 《周易》之象

10. 六十四卦中，六爻皆当位的是哪一卦？
    A.《乾》卦　　　　　　　　B.《泰》卦
    C.《既济》卦　　　　　　　D.《未济》卦

11. 按照东汉时期的学者荀爽的观点，之所以《蛊》卦䷑六五爻的爻辞为"干父之蛊，用誉"，是因为《蛊》卦的六五爻符合哪种爻位关系？
    A. 承　　　　　　　　　　B. 乘
    C. 比　　　　　　　　　　D. 应

12. 以下哪个选项符合两爻相"应"的关系？
    A. 初六与上九　　　　　　B. 初六与上六
    C. 六二与九五　　　　　　D. 六三与上六

13. 以下哪个选项中三爻可以组成互体之卦？
    A. 初爻、二爻、三爻　　　B. 二爻、三爻、四爻
    C. 四爻、五爻、上爻　　　D. 初爻、三爻、上爻

14. 在《左传》"遇《观》䷓之《否》䷋"的经典筮例中，周史认为，这次卜筮的结果所展现的景象是风从土上面吹起，一直吹到了远处，形成了一座高山。象征这座高山的是《观》卦或者《否》卦中的哪几爻呢？
    A.《观》卦六三、六四和九五所组成的艮卦
    B.《观》卦六四、九五和上九所组成的巽卦
    C.《否》卦六二、六三和九四所组成的艮卦
    D.《否》卦初六、六二和六三所组成的坤卦

15. 以下哪个卦可以看作一种象形之象?
    A.《乾》卦   B.《坤》卦
    C.《泰》卦   D.《噬嗑》卦

16. 根据《说卦传》中卦与方位的记载,震卦位于哪个方位?
    A. 南方   B. 北方
    C. 东方   D. 西方

17. 宋代邵雍、朱熹等人的八卦方位图中,以下哪个卦不是四正卦之一?
    A. 乾卦   B. 坤卦
    C. 巽卦   D. 坎卦

第四章　易卦选读（上）

在上一章中，我们学习了各种类型的《周易》之象，对八卦、六爻的象征意义以及古人对卦爻象的认知有了一个比较全面地了解，也掌握了一些解读卦象的方法。正如《系辞传》所言，辞、象、变、占是解读《周易》的四个要点，在对变、占和象有了初步的学习之后，从本章开始，我们要开始进入《周易》卦爻辞的学习了。

第一节　《乾》：刚健之德

☰乾：元亨利贞。

用九：见群龙无首，吉。

上九：亢龙有悔。

九五：飞龙在天，利见大人。

九四：或跃在渊，无咎。

九三：君子终日乾乾，夕惕若厉，无咎。

九二：见龙在田，利见大人。

初九：潜龙勿用。

《周易》一共有六十四卦，每卦有一条卦辞和六条爻辞，外加《乾》《坤》两卦中的"用九"和"用六",总共有四百五十条卦爻辞。但六十四卦的次序排列是一个争议比较大的问题,虽然在《易传》的《序卦传》中,提出了一种对六十四卦排列次序的解释,但《序卦传》的成书年代相对较晚,古往今来的许多学者,都认为《序卦传》提供的解释并不能让人信服。而在近些年来新发现的出土文献之中,比方说上海博物馆藏的战国楚竹书《周易》、湖南省博物馆藏的西汉马王堆帛书《周易》,所记载的卦序就跟今本《周易》的卦序不一样。历史上的一些易学家,比如西汉时期的京房,也曾经重新排列过六十四卦的次序。而在当今学术界对《周易》的研究中,六十四卦的排列次序以及其背后的原理,也是一个很受关注的问题。因此,大家在学习卦爻辞的过程中,也可以思考一下这个问题,六十四卦的排列到底是一种什么样的规律呢?

不过,无论六十四卦的次序怎么排,排在第一位的卦总是没有什么争议的,毫无疑问,必须是纯阳之卦:《乾》卦☰。紧随其后的,也自然应该是纯阴之卦:《坤》卦☷。正如八卦之象中的"乾坤生六子"的说法一样,其余六十二卦,都可以看作由纯阳、纯阴的《乾》《坤》两卦变化而成的。

居于六十四卦之首的《乾》卦虽然有很多象征意义,比如上天、父亲、金玉等等,但要了解这一卦的大意,还是要回归到《说卦传》里所说的"乾,健也"。"乾"是刚健的意思,段玉裁在《说文解字注》里也提到,将"乾"解释为"健"的这种说法,就是由孔子所提出的,意在阐发一种刚健的精神。在长沙出土的马王堆帛书《周易》中,纯阳之卦就并不写作"乾卦",而是被记载为"键卦"。马王堆

第四章 易卦选读（上）

帛书中的这个"键"字，是一个通假字，通的就是刚健的"健"。由此可见，《乾》卦所要阐发的，就是刚健的道理。

从卦爻辞来看，《乾》卦的卦辞非常简洁，算上卦名只有五个字："乾，元亨利贞。"对于"元亨利贞"的所指，历史上的学者们可以说是众说纷纭，并没有一个统一的标准答案。这种现象在对卦爻辞的解释中是经常出现的，不同时代的学者，根据自己的理解，经常会对同一条卦爻辞，给出完全不同的断句、理解和阐发，这也是我们学习《周易》的一个难点所在。

总体来看，对于"元亨利贞"的解释主要有两种思路。第一种解释是将"元亨利贞"理解为四种品德：元，象征着万事万物的开端，而《乾》卦正好是六十四卦之首，除了"开端"的意思之外，"元"在古代汉语中也包含有"至""大"或者"善良"之意，心胸宽大、品质善良，这都是高尚的品德；亨，则象征着亨通、通畅，能让事物顺利发展；利，除了"有利"的意思之外，古人还认为，"利"可以解释为"和"，有和谐的意思；贞，则可以解释为"正"，象征着正直、正义的品行。唐代学者孔颖达在编纂《周易正义》的时候，就采用了这种"四德说"，认为《乾》卦能够以纯阳之气创造万物，不但能让世间万物顺利生长，还能够和谐相处，行为端正，从而建立一个秩序井然的世界。由此可见，虽然《乾》卦讲的是刚健的精神，但这并不意味着一味刚猛，而是要胸怀宇宙，才能让万物生生不息。

对"元亨利贞"的另一种解释方法，则是以"元亨，利贞"的方式来断句。在这种断句中，也会产生不同的理解。先来看"元亨"，虽然"元"字所包含的意思非常丰富，但具体到卦辞中，也总是绕不开"开端""极致""广大""善良"这几个意思。而对于"亨"的解释，就更没有什么异议了，基本上都是从"亨通"这个角度来理解的。所以，对于"元亨"的解释，一种是像"四德说"，将"元"和"亨"解释为并列关系，另一种是把"元亨"解释成"大为通畅"，或者"善良、广大，然后能通畅"。亨通、顺利的含义是肯定具备的，区别只是在于，需不需要良善、宽厚的品德作为前提条件。

但对"利贞"的解释所存在的争议比较大。很多人认为孔颖达把"贞"解释为"正"，是受了儒家伦理思想的影响，而这并不是"贞"字的本意。在他们看来，"贞"本来的意思，并不是正直，而是"贞问"，也就是占卜中的询问，到了后来，也有了"确定"的意思。按照这种思路，"利贞"的意思就延伸成了有利于所要占卜的事情。这样一来，我们就可以归纳一下"元亨，利贞"这种断句中的两种不同解释了。第一种解释是有着比较强的价值导向的，认为首先需要一种宽厚、善良的品德，然后就能让万事万物顺利发展，最终建立一个和谐的世界、正义的社会；第二种解释则有着比较强的实用性，认为"元亨，利贞"的意思并不复杂，就是大为亨通、有利于占卜的意思。

这两种思路，一种围绕占卜，一种围绕品德，虽然大相径庭，但在历史上都非常流行。我们在学习《周易》的过程中，这两个方向也都要加以注意。既要明白《周易》与占卜的基本关系，也要注意到《周易》对哲学和人生道理的阐发，二者缺一不可。当然，在历史上，还有很多人对"元亨利贞"做了各种五花八门的解释，比如把"元亨利贞"解释为"春夏秋冬"，等等。这些解释的想象力虽然很丰富，但在文字、训诂上的证据就显得不太充分。事实上，无论是对卦辞还

第四章 易卦选读（上）

是爻辞的理解，都是开放性的，并没有也不应该有一成不变的标准答案，只要大家能从中体悟到一些道理，对我们的学习、工作、生活产生帮助，那就是有意义的。

之所以"元亨利贞"在历史上会有多种不同的理解，一方面当然跟《周易》的性质有关，《周易》这本书既是一本卜筮之书，本身就可以用来算卦，但同时它又是一本阐发哲学道理的经书，长期把持着"群经之首"的地位；另一方面，也跟"元亨利贞"这四个字确实太过于抽象有着直接的关系。不同的人基于不同的人生经历、不同的知识水平，甚至于不同的认知方式，都会有不同的理解，这也是很正常的。相比较之下，《乾》卦的爻辞，就显得好理解多了。《乾》卦的大多数爻辞，都是以龙作为主角来进行描写的，内容也都非常形象。甚至连金庸先生在撰写武侠小说《射雕英雄传》的时候，都用了《乾》卦各爻辞中的"见龙在田""飞龙在天""亢龙有悔"等，作为"降龙十八掌"的招式名称。

龙这种生物，在我国的传统文化中有着独特的寓意，这与它在《乾》卦爻辞中的象征意义是分不开的。《乾》卦的爻辞告诉我们这样一个道理，即便你像龙一样刚健、强壮，也得有合适的空间，才能施展自己的才华。如果所处的环境不对，也没办法发挥自己的才能。《乾》卦初九爻辞所说的"潜龙勿用"，讲的就是当拥有一身腾云驾雾本领的龙被隐藏在地下的时候，也就没有了发挥本领的空间。所以在这个时候，即便本事再大，也不该做困兽之斗，而应该审时度势，积蓄力量，等待时机。

《乾》卦的初九爻辞告诫我们，即便强健如龙，也会遇到潜藏在地下的至暗时刻。但是，至暗的时刻不会永远笼罩在有本领的人身上。只要坚持不懈的积攒力量，就肯定能等到摆脱困境、破土而出的那一刻。九二爻辞所说的"见龙在田，利见大人"，就是这样一个道理。这里的"见"，是一个通假字，与出现的"现"相通，讲的是真龙摆脱了困境，出现在了田地里。到了这个时候，龙的光芒自然会显露出来。

在六爻的爻位中，有"三多凶，四多惧"的说法。《乾》卦也不例外，在《乾》卦九四爻的爻辞"或跃在渊，无咎"中，也以"深渊"来比喻危险。但是，即便如爻辞所描述的那样，纵身一跃，跳入深渊之中，却也不会受到任何的伤害。这是因为跳入深渊的不是凡人，而是飞龙。龙有着腾云驾雾、闪转腾挪的本领，这也就是告诉我们这样一个道理：想要逢凶化吉、克服困难，靠的不是别的，而是自己的本领和实力。

到了九五爻的位置上，按照我们前面学过的当位与中位理论，既是阳爻在阳位的当位之爻，又处在五爻这一中位上。因此，九五爻是一根难得的中正之爻，当然是大吉大利的。爻辞"飞龙在天，利见大人"的描述也很形象，巨龙在天空中翱翔，既拥有一身腾云驾雾的本领，又能够在广阔的天空中自由自在地施展抱负，就像一个国家迎来了一位既有杰出的治国才能，又有出众道德品质的君王一样，是一个千载难逢的时刻。

不过，正如潜藏在地下的龙没有飞翔的空间一样，如果飞得太高，甚至到了天空之外，那即便是刚健如龙，也会面临危险。上九爻的爻辞"亢龙有悔"，讲的就是这样的道理。即便本领再过高强，也不是万能的，世界上总有人力所不能把控的空间。因此，为人处世，

第四章 易卦选读（上）

一定要掌握好尺度，尽量把事情掌控在自己的能力范围之内。如果一不小心越位了，那么可能就要面临追悔莫及的局面。

我们在大衍筮法中讲到过，《乾》卦的"用九"，是在卜得的六爻皆为老阳的特殊情况下，所用来查验的一条爻辞。就像《乾》卦的众爻都以龙作为比喻一样，由于所卜得的六根爻均为老阳，因此用九也就有了"群龙"之象。但要注意的是，这里所说的"群龙无首"，跟我们平时的理解是不太一样的。我们平时所说的"群龙无首"，大致讲的是一个团队缺乏有效的领导，因此显得像是一盘散沙，毫无战斗力。但在"用九"爻辞中，群龙无首却寓意着一个很好的局面。这是为什么呢？因为在《周易》看来，龙作为一种纯阳的生物，生性刚健，容易好勇斗狠。所以，当很多条龙凑到一块儿的时候，就难免要相互打斗，甚至带来战争。因此，如果在群龙汇聚的时候，大家都能做到不抢先、不出头，能够和睦相处，避免争斗，那自然是一幅和谐吉祥的场景了。

《乾》卦的另一个特殊性，表现在初爻、二爻、四爻、五爻、上爻和用九都是以龙作为主角来撰写爻辞的，唯独九三爻却是以"君子终日乾乾，夕惕若厉，无咎"来讲君子之道。我们在"六爻之象"一讲中提到过，三爻和四爻既在三才之道中象征人道，又处在内卦与外卦交界的地方，充满了危险。所以，《周易》往往喜欢在对三爻和四爻的解释中，阐述为人处世的道理。正因如此，《乾》卦的九三爻也就比较特殊，因为要讲人事，所以没有用龙来做比喻，而是直接以"君子"作为主角。

"终日乾乾，夕惕若厉"，讲的是君子应该每天从早到晚都振奋精神、努力奋发，爻辞特意用了两个重叠的"乾"，来对君子加以激励。而在白天的辛勤劳作之后，君子到了晚上也不能"躺平"，而是应该时刻保持警惕。之所以要这么辛劳，是因为九三爻虽然当位，但毕竟处在一个内外卦交界的危险位置上，只有随时保持警惕，才能够在危险来临的时候做出及时的应对，避免危机。九三爻所表达出的这样一种忧患意识，也确实是《周易》为中国文化所注入的一种重要的精神，就像孟子所说的那样："生于忧患，死于安乐。"

• 本节要点 •

1. 六十四卦中的第一卦是《乾》卦，乾的意思是"健"，《乾》卦的主旨是阐述刚健的精神。《乾》卦的卦辞是"乾，元亨利贞"。

2. 对于"元亨利贞"的解释，历史上主要存在两种思路，第一种是价值导向的诠释，将"元，亨，利，贞"解释为"四德"，认为只有以宽厚、善良的品德作为前提，才能够让万物顺利生长，建立和谐有序的世界；第二种是实用导向的诠释，将"元亨，利贞"解释为大为亨通、有利于所贞问的事情。

3. 《乾》卦除九三爻辞外的五条爻辞，均以龙为比喻对象，并根据不同爻位的环境与时局，阐述相应的景象与道理。

4. 《乾》卦九三爻辞"君子终日乾乾，夕惕若厉，无咎"以君子为对象，阐述"朝乾夕惕"的忧患意识与谦逊勤勉的处世精神。

5. 《乾》卦"用九，见群龙无首，吉"，是在卜得六爻皆为老阳的情况下所用来查验的一条特殊爻辞。讲的是纯阳刚健的群龙能够不争先、和睦相处，从而带来吉祥安定的道理。

第二节 《坤》：柔顺之道

☷坤：元亨，利牝马之贞。君子有攸往，先迷后得，主利。西南得朋，东北丧朋。安贞吉。

用六：利永贞。

上六：龙战于野，其血玄黄。

六五：黄裳，元吉。

六四：括囊，无咎无誉。

六三：含章可贞。或从王事，无成有终。

六二：直方大，不习无不利。

初六：履霜，坚冰至。

如果说作为六十四卦的第一卦，纯阳的《乾》卦讲的主要是刚健的道理，那么跟随《乾》卦而来的《坤》卦，作为六十四卦中的唯一一个纯阴卦，则主要讲的是柔顺的道理。从《周易》的世界观来看，阴和阳虽然以阴爻和阳爻的形式分别展现，但实际上，两者是一个整体。如果没有阴的存在，那么单独的阳毫无意义，就像是无论缺了父亲还是母亲的哪一方，都没有办法生育下一代一样，仅有单独的阳或单独的阴，是不可能生成万物的。《系辞传》中说："太极生两仪。"阴和阳，我们其实可以看作太极的一体两面，缺一不可。所以，在《周易》六十四卦的排列中，《乾》卦和《坤》卦也就毫无争议的一起排在首位。就像是在北京的故宫中，皇帝的宫殿叫作乾清宫，而在乾清宫的后面，就是皇后住的地方，叫作坤宁宫。

今本《周易》中六十四卦是按照两两一组的规律排列的。像是《乾》《坤》这样一对在每根爻位上阴阳都相反的卦，学名叫作旁通卦，也可以叫作错卦。但并不是《周易》中的每一组卦，都是按照旁通的原理进行排列组合的。更多的组合，则是另一种叫作覆卦，或者叫作综卦的原理。覆卦是把一个卦给倒过来，也就是旋转一百八十度，让初爻变成六爻，二爻变成五爻，三爻变成四爻，四爻变成三爻，五爻变成二爻，上爻变成初爻。以《师》卦䷆为例，把它倒转一百八十度，就变成了它的覆卦：《比》卦䷇。在《周易》的三十二组卦中，大多数都是按照这种覆卦的原理组合的。《周易》中只有八个卦没有覆卦，比如说《乾》卦和《坤》卦，即便倒转一百八十度，得到的结果还是这个卦本身。除了《乾》《坤》外，《习坎》卦䷜、《离》卦䷝、《颐》卦䷚、《大过》卦䷛、《中孚》卦䷼和《小过》卦䷽也是如此。这八个卦，就按照旁通的原理两两组合。这样一来，六十四卦，就按照覆卦和旁通两种原理，凑成了三十二对。用孔颖达的话说，这叫作"二二相耦，非覆即变"。

由此可见，《乾》和《坤》在《周易》六十四卦的排列中，也并不是各自为战，而是作为一个整体出现的。《乾》卦主讲刚健之德，《坤》卦主讲柔顺之德，二者相得益彰。不过，《坤》卦的卦辞跟《乾》卦相比，还是有很明显的差别："元亨，利牝马之贞。君子有攸往，先迷后得，主利。西南得朋，东北丧朋。安贞吉。"

《坤》卦的卦辞由两个部分构成。第一部分与《乾》卦的卦辞很像，只是从"元亨利贞"变成了"元亨，利牝马之贞"。既然《乾》和《坤》在《周易》中可以被看作一个整体，那么无论是把"元"解

第四章 易卦选读（上）

释为"开始"，还是解释为"大"，《乾》卦所具备的那种宏观意义，《坤》卦也会一起承担。按照《易传》中《象传》的说法，《乾》卦的元，叫作"乾元"，是万物之开始，统领天道的运转。《坤》卦的元，叫作"坤元"，是化生万物的母体，顺应天道，化生万物。也就是说，《乾》和《坤》对于世间万物来说，就是一种父亲和母亲的关系。因此，《乾》卦之德为刚健，《坤》卦之德就是柔顺。

而在对"利贞"的表述上，《坤》卦的卦辞加了一个"牝马"作为限定。就像在《乾》卦中龙被视作象征一样，马在这里被看作《坤》卦的象征。这非常好理解，乾为天，龙是在天上飞的动物；坤为地，马是在地上跑的动物。因此，《乾》卦用龙来取象，《坤》卦就用马来取象。而牝，则是雌性的意思，牝马也就是母马。要注意的是，这里的母马，并不是专指，而是泛指，意即不是只能贞问关于母马的事情，而是可以贞问且有利于所有阴柔的事物。

如果说第一部分所讲的宏观意义与《乾》卦的卦辞相似，只是多加了一个阴性、柔顺的限定。那么，《坤》卦卦辞第二部分，就是在描述一个比较具体的场景了。事实上，除了《乾》卦，其余的卦辞，基本上都包含像《坤》卦卦辞这样的具体场景的描述。这一部分卦辞中所讲的"君子有攸往"，即人们远行的事情，在《周易》卦爻辞中也是经常出现的。现在我们有了飞机、高铁，出差、旅行变成了家常便饭，但对古人来说，出远门是件大事。不仅是因为古代的交通不便、路途艰难，而且水土、气候、疾病等问题都难以预测，远行是充满了危险的，所以孔子会说："父母在，不远游，游必有方。"

《坤》卦卦辞对这次出门的景象描述为"先迷后得"。这是因为

《坤》卦的主角是牝马这一类的阴柔的事物，所以如果抢先的话，那么就会容易迷失方向，找不到路。正确的出行方式，应该是找到一个向导领路，自己跟随在后面，这样一来，《坤》卦本身"柔顺"的特点就可以很好地发挥出来，旅途也就会变得顺利。后面所说的"安贞吉"，也是这个意思，只要发挥自己的特长，安安稳稳，不要抢先冒进，就会迎来吉祥的局面。

"西南得朋，东北丧朋"这种方位上的规定，跟我们在前面所学的方位之象是有直接关系的。根据《说卦传》里所提到的后天八卦方位，坤卦就是位于西南方的，所以，往西南方走，会遇到同类的朋友。而朝着相反的东北方去，就会失去朋友。这里之所以用的是后天八卦方位，而不是乾坤定位在正南正北的先天八卦方位，是因为先天八卦方位是在宋代才被发明出来的，那时卦爻辞都已经流行了一千多年了。因此，卦辞的创作是不可能参考先天八卦方位的。

图4-1 后天八卦方位图

第四章 易卦选读（上）

接下来还有一个小问题：既然"西南得朋，东北丧朋"，假如卜得《坤》卦，出行的时候究竟该往哪走呢？按照一般的理解，当然应该往西南方走，毕竟那边会有朋友在，可以提供帮助。但是也有一些人不这么看。比如王弼认为，既然是出行，那就应该离开自己的老巢，往反方向走，朝着阳位去走，才能获得吉祥。这两种说法各有各的道理。但从"先迷后得"和"安贞吉"的意思来看，《坤》卦的出行，似乎并不鼓励冒险，朝着有朋友的西南方去，可能是更稳妥的。

《坤》卦和《乾》卦，既代表了构成宇宙世界的阴、阳两大要素，也象征着君子为人处世的两种态度，就像《大象传》所说的那样，"天行健，君子以自强不息。地势坤，君子以厚德载物"。《乾》卦爻辞对"刚健"的阐发，主要是以龙和君子作为主体，根据不同爻位的具体情况，来进行具体分析的。而《坤》卦各爻爻辞对"柔顺"的解释，并没有一个明确的主角。由此可见，六十四卦的卦辞和爻辞，是不拘一格的，会根据每个卦的主题，设计不同的形式。比如《坤》卦的初六爻，就并没有一个龙或者君子这样的主人公，而是描述了一个现象，叫作"履霜，坚冰至"。

"履霜"这个脚踩在霜上或鞋子结霜的现象很好理解。但是，无论是脚踩霜还是鞋子结霜，意味着的是严寒已经到来，还是将要到来呢？对于这个问题，《文言传》中有一句脍炙人口的名言："积善之家，必有余庆；积不善之家，必有余殃。"也就是说，无论"坚冰"寓意的是冰冻三尺的严寒，还是极其严重的灾难，它都不是一朝一夕就能到来的，而是经过了长期的积累，才造成的后果。就像是在北京、山东等地区的冬天，虽然气温也在零度以下，但并不是所有的湖面都能够结成足够厚的冰层，让大家在上面滑冰。为了让冰层够厚，防止人们在滑冰的时候有坠落的危险，冰场的工作人员要每天在冰面上洒水，从而让冰层日渐加固，最终达到安全的厚度。所以，《坤》卦初六爻辞所要表达的，更多是一种对于过程的关注，先是提醒我们要能见微知著，从微小的细节中看到事情的未来发展，然后，再能够防微杜渐，将灾害消弭于微小的时候。

《坤》卦六二爻的爻辞所讲的道理则更加宏观："直方大，不习无不利。""直方大"讲的是《坤》卦所代表的三种品格。就像九五爻在《乾》卦中居于至尊之位一样，六二爻在《坤》卦中，既是阴爻在阴位的当位之爻，又居于二爻这一中位，因此也是《坤》卦中唯一一根中正之爻。既然是中正之爻，那么所讲的道理当然要有一定的格局。"直"，既是讲大地的平直，更是讲正直的品行；"方"，本意是方正的大地，引申义则是君子端正的品格；"大"，一方面当然指的是大地的宽广无涯，另一方面也是在讲宽宏的气度。只要做到了正直、端正、宽宏，那么即便没有受过系统的教育，没有学过文化知识，也会成为一个好人，无论是对于自己、家人还是社会，都是有益无害的。

《坤》卦六三的爻辞是"含章可贞。或从王事，无成有终"。这句话，有许多值得玩味之处。"含章"，在之后的《姤》卦和《丰》卦的爻辞里也出现了，可见《周易》的作者对这种表述青睐有加。"章"是有花纹的意思，在古代，绣着日月星辰等图案的礼服，就叫作"章服"，端庄华丽。但"含章"的意思，却是要把这些美丽给藏起来。这是因为三爻的位置很危险，而且六三又是阴爻在阳位，并不当位，

第四章 易卦选读(上)

更是得小心翼翼。既要"含章",收敛自己的锋芒,又要行为端正,才能抵抗风险。至于"或从王事",则是指的辅佐君王去处理一些国家大事,这个时候,虽然是展露自己才华的机会,但要注意的是"无成有终",在这种危机四伏的时机,是很难建功立业的。即便做出了一些成绩,也千万不可以把功劳归为己有,只有这样,才能脱离于危险的旋涡之外,保证自己的安全,做到善终。

六四爻辞所说的"括囊,无咎无誉",其实也是类似的道理。"括囊"的字面意思是把布袋子的开口给紧紧地扎起来。这个比喻很形象,意思就是说,一定要少说话,谨言慎行。虽然这样为人处世不太可能得到什么褒奖和赞誉,却可以因此躲开危险。在不太好的大环境下,奢求挽狂澜于既倒,扶大厦之将倾,其实并不现实,能够无功无过,小心谨慎地渡过危局,才是合理的方法。

六五爻虽然不当位,不是一根中正之爻,但毕竟处在中位上。因此,比起六三、六四来说,还是处在一个相对比较好的大环境中。而这里的"黄裳",形容的就是这么一种安定的局面。"裳",在古代指的是下半身穿的衣服,而上身的衣服则叫作"衣"。在古代,青、白、红、黑、黄被称为五色,这五色分别对应于东、西、南、北、中五个方位,其中,黄色恰恰是居于中央的颜色。黄色位于五色之中,所强调的仍然是行为端正、追求"中道"的道理;而作为下衣的裳,表达的则是一种谦逊、柔顺,不抢功、不争先,甘愿居下的道理。如果既能够行为中正,不偏不倚,又能有谦逊的品德,那么当然是大吉大利的。

相反,如果抢先、争功,那么情况就比较糟糕了。上六爻说的

"龙战于野，其血玄黄"讲的就是这个道理。在《乾》卦的用九中，我们已经讲到过，龙这种生物生性刚猛，群龙相遇，就很容易发生打斗，带来战争。在上六爻这种阴爻发展到极致，即将迎来大变革的时候，群龙在野外发生了激烈的战斗，流出了青黄色的鲜血。

对于这种"其血玄黄"的景象，历史上的学者们有着不同的解读。有人认为，龙血是天地和合之物，能够创生万物；也有人认为，龙血之所以是玄黄色，是因为龙生了病，已经不是《乾》卦里面的真龙了。如此种种，可谓众说纷纭。但从《坤》卦的大义来看，谦逊、柔顺能带来平安，好勇斗狠，恐怕带来的只能是血光之灾了。

《坤》卦虽然主讲"柔顺"的道理，但是这并不意味着一味地退让和柔弱，而是要以正直、端正的品格作为基本前提。否则，便容易产生道德上的滑落，成为没有底线的小人。用六所说的"利永贞"，所说的就是只有坚持不懈的守护正道，才能带来长久的太平和安定。

———————— · 本节要点 · ————————

1. 六十四卦的排列，按照"二二相耦，非覆即变"的原则，组成三十二对。由二十八对旁通卦和四对覆卦构成。《乾》卦和《坤》卦，是其中的第一对覆卦。

2.《坤》卦卦辞分为两部分：第一部分在《乾》卦卦辞"元亨利贞"的基础上，添加了"牝马"这一阴柔事物作为限定；第二部分，则描述了"君子有攸往"这一具体主题的内容。主要突出《坤》卦所主讲的"柔顺"的道理。

3.《坤》卦卦辞中的"西南得朋，东北丧朋"，说的是《坤》卦在后天八卦方位中位居西南，因此在出行中向西南方前进，可以得到朋友；朝相反方向前进，则会失去朋友。

4.《坤》卦爻辞对"柔顺"之德的阐发，分为微观和宏观两个层面。从宏观上说，只有做到正直、端正、宽宏，才能带来理想的局面；从微观上说，先要见微知著，从细节处发现问题，然后才能防微杜渐，控制局面。

5.《坤》卦六三、六四爻爻辞指出，面对有危险的不利局面，不应强行抗争，而应该谨言慎行，收敛锋芒。不追求获得成绩和荣誉，而应以平安地度过危局为首要任务。

6.《坤》卦的"柔顺之德"，旨在发扬宽厚、谦逊的品质，但也强调要以正直、正义作为前提条件，而不能一味退让，丧失道德底线。只有坚持正道，才能带来太平和安宁。

第三节 《屯》：初创之艰

䷂屯：元亨利贞。勿用有攸往，利建侯。

上六：乘马班如，泣血涟如。

九五：屯其膏。小贞吉，大贞凶。

六四：乘马班如，求婚媾；往吉，无不利。

六三：即鹿无虞，惟入于林中。君子几，不如舍，往吝。

六二：屯如邅如，乘马班如，匪寇婚媾；女子贞不字，十年乃字。

初九：磐桓，利居贞，利建侯。

《乾》《坤》两卦之后，六十四卦中排在第三位的卦是《屯》卦䷂。《屯》卦的卦辞分为两部分，第一部分的四个字我们已经非常熟悉了，那就是"元亨利贞"。第二部分则比较新鲜："勿用有攸往，利建侯。"

按照《说文解字》的解释，"屯"的意思是："难也。象草木之初生。屯然而难。"意思是说，事物刚刚开始发展的时候，力量很弱小，因此想要成长是很困难的。就像植物刚长出来的嫩芽那样，非常脆弱，所以很容易受到伤害就夭折了。《序卦传》也讲道，《屯》卦说的是"物之始生"，也就是事物刚刚开始发展时的道理。既然讲的是初创期的道理，那么在六十四卦中排在前面，也就不足为奇了。

从卦象上来看，《屯》卦的内卦是一个震卦☳，外卦是一个坎卦☵。震卦的卦象，是一阳生于下，象征着种子破土而出，正是事物刚刚诞生的意思。而坎卦的寓意，则是困难和危险。事物在初生或者说刚刚建立的时候，实力不够，非常脆弱，因此面临着困难和危险的局面。作为力量薄弱的创业者，该怎么样面对困局呢？《屯》卦卦辞的回答就是"勿用有攸往，利建侯"。

"勿用"在《乾》卦初九爻"潜龙勿用"那里已经出现过一次，讲的是时机不对，不要轻举妄动的意思。而这里的"勿用有攸往"，指向就更明确了，既然现在力量非常弱小，那么就坚守在原地，不要外出冒险，等到发展壮大了，再去挑战风险。不过，这里说的待在原地不外出，不是什么也不做的意思，而是要想办法发展壮大自己的力量，那就是要"建侯"。建侯的本意，是建立诸侯。我们知道，周代所采用的政治制度是分封制，周武王在战胜商纣王之后，就册封了

第四章 易卦选读（上）

八百个诸侯。对于一个君王来说，在自己事业的起步期，就要广泛地建立诸侯，发展力量。同样的，对于我们普通人来说，那就要广交朋友，拓展人脉资源，这样才能提升实力，扩大影响。

既然《屯》卦讲的是初创期的道理，那么在六爻之中处在初位的初九爻，便有着最为重要的意义了。《屯》卦初九爻的爻辞是"磐桓，利居贞，利建侯"。在《周易》的卦爻辞里，"贞"和"往"是一对相反的概念，"贞"指待在原地不动，"往"指出发，向外运动。这里的"居贞"和卦辞里的"勿用有攸往"，讲的是一个意思。而"磐桓"讲的，也是停在原地，不要出动的意思。所以，无论是磐桓、居贞，还是建侯，初九爻所表达的意思，跟卦辞是完全一致的。

六二爻的爻辞则非常有趣："屯如邅如，乘马班如，匪寇婚媾；女子贞不字，十年乃字。""屯如"和"邅如"，讲的都还是事物在初创期，面临的困难会比较多的意思。而"乘马班如，匪寇婚媾"，讲的是一个姑娘到了出嫁的年龄，家里面就来了一大堆人马。这队人马是来干吗的呢？要知道，抢亲在古代社会确实是经常发生的事情，但《周易》里面的"匪"，一般不是指"土匪"，而是一个通"非"的通假字，也就是说这些人不是土匪，而是来求取婚姻的。既然是来求婚的，那么当然是一件好事。可是爻辞后面却说，这姑娘并没有跟着求婚的马队回去结婚，而是待在家里，过了十年才出嫁。

十年才出嫁显然不是正常婚礼的节奏，之所以会出现这个问题，有两方面的原因：其一，是"屯如邅如"所讲的道理，在这个时候，本来就有各种各样的外部困难；其二，是我们在六爻之象中所讲的"乘"例的原理，六二爻以阴爻乘初九阳爻，对自己和初九爻都造成了伤害，因此两根爻都面临着比较严峻的环境。

不过我们也可以从另一个角度想一下这个问题，虽然等待了十年，但六二爻所指的这位姑娘最终还是成功出嫁了。为什么历经了十年的磨砺，最终还是可以成功呢？这时候我们就要运用到"应"的道理，六二爻要结婚，那么跟它相应的爻位是五爻，《屯》卦的五爻是九五，跟六二阴阳相应，因此是可以结合的，所以这桩婚事最后还是成功了。

《屯》卦六四爻所说的"乘马班如，求婚媾；往吉，无不利"，也是一样的道理，六四爻跟初九爻阴阳相应，因此这段婚姻也是门当户对的，前景非常光明，大吉大利。但上六爻就没这么幸运了，"乘马班如，泣血涟如"，不但没有合适的结婚对象，还流泪不止，哭出了鲜血，可以说非常悲伤。究其原因也很简单，应该跟上六爻相应的六三爻也是阴爻，既然是两根阴爻，那么当然不会有任何感应了。

六三爻爻辞"即鹿无虞，惟入于林中。君子几，不如舍，往吝"所描绘的场景很有意思，讲的是猎人追逐一只鹿，鹿跑得太快，迅速钻进了树林里面。在这种情况下，猎人是追还是不追呢？考虑到《屯》卦"初生而难"的大背景，爻辞认为，树林里会充满了不确定的危险，因此应该审时度势，放弃追逐，以确保安全为首要目的。如果孤身犯险的话，那就很可能会遭遇不测。

九五爻爻辞的核心内容是"屯其膏"。"膏"指的是膏泽，也就是恩惠。关于"屯其膏"该怎么理解，历史上有比较多的争议。有人认为，九五爻已经突破了初创期的艰难，身处中正之位，所以应该去给其他人施舍一些恩惠了。但也有人认为，虽然到了中正的位置，但处在外卦坎的凶险之中,还没有摆脱困难,所以还应该继续囤积膏泽,不能散财。两种说法各有各的道理,从《屯》卦"初生而难"的大背景来说,继续囤积膏泽的这种解释可能跟《周易》所特有的忧患意识更加契合一些。

・本节要点・

1.《屯》卦所讲的主要是事物初创期所面临的困难,以及应对这些困难的方法。具体来说,一是要打好基础,提高水平,而不能轻举妄动;二是要广泛地结交朋友,建立队伍。

2.《屯》卦六二、六四、上六三根爻都以婚姻作为爻象,其中,六二与九五相应、六四与初九相应,因此最终都成功结婚。但是六二因为上乘初九的缘故,造成了一些阻碍,经历了十年的等待才最终出嫁。而上六爻与相应爻位的六三爻都是阴爻,因此感应失败,无法结婚。

第四节 《蒙》:启发蒙稚

䷃蒙:亨。匪我求童蒙,童蒙求我;初筮告,再三渎,渎则不告。利贞。

上九:击蒙,不利为寇,利御寇。

六五:童蒙,吉。

六四:困蒙,吝。

六三:勿用取女,见金夫,不有躬,无攸利。

九二：包蒙，吉。纳妇吉，子克家。

初六：发蒙，利用刑人，用说桎梏；以往吝。

在上一讲中，我们学习了《屯》卦，了解了《屯》卦告诉我们的事物在初创的时候所面临的各种困难和危险，以及合理地克服这些困难的方法和态度。也在对《屯》卦卦爻辞的学习中，温习了乘、应、当位、中位等学说。在度过了初生的困难时期之后，无论是个人还是公司、团体，如果想要继续发展壮大，那么就需要不断地学习、进步，而在《屯》卦之后的《蒙》卦，所讲的就是启蒙和教育的道理。

《蒙》卦☲由内卦的坎卦☵和外卦的艮卦☶组成，按照"二二相耦，非覆即变"的原则，《蒙》卦也是《屯》卦的覆卦。我们来看《蒙》卦的卦辞："亨。匪我求童蒙，童蒙求我；初筮告，再三渎，渎则不告。利贞。"从一个"亨"字可以看出，《周易》总体上认为教育是一件有利于人进步和成长的事情，所以无论是对老师还是学生来说，都是一件好事。但是教育又是一件严肃的事情，因此，首先要明确的是学习的态度，学生应该带着认真、端正的态度，去向老师求教，而不能反过来，让老师追着学生教学。中国古代的"师道"，一方面要求老师要能做到为学生传道、授业、解惑，另外一方面，也对师道的尊严有着严格的要求，如果学生的态度不端正，那也是没有资格学习的。

《蒙》卦卦辞里的"初筮告，再三渎，渎则不告"的本意是在讲卜筮，意即如果想要贞问一件事，那么只能卜问一次，不能因为结果不佳，再接二连三地卜问。事实上，这也是在告诉人们，如果要进行

第四章 易卦选读（上）

卜筮活动，那么就得有一种虔诚的态度。这种态度，当然也可以移用到教育上。如果学生遇到了问题，认真、虚心地向老师请教，老师当然应该教给他。但如果学生学习的态度不端正，老师就不应该再教给他了。卦辞中所说的"利贞"，讲的也是无论老师还是学生，首先要端正态度，只有态度端正了，才能取得好的学习效果。就像孔子所言，"弟子入则孝，出则悌，谨而信，泛爱众，以亲仁，行有余力，则以学文"。要先成为一个行为端正、讲文明、懂礼貌的人，再来谈文化知识的学习。

由于《蒙》卦讲的是启蒙和教育，因此在这一卦中也就存在老师和学生两种角色，阳爻扮演老师，阴爻扮演学生。所以，在《蒙》卦的六爻中，九二爻和上九爻两根阳爻就是老师，其余的几根阴爻，就是学生。除了六三爻相对特殊外，从初爻到上爻的主题依次是"发蒙""包蒙""困蒙""童蒙""击蒙"，行进非常明确。

初六爻作为学生，其主题是"发蒙"，也就是把小孩子从蒙昧的状态中启发出来。具体的方法，则是"利用刑人"，这里的"刑"并不是刑罚的意思，而是指的要给小孩子树立规矩，从而逐渐走向正道。这样一来，就可以"用说桎梏"，也就是将来不会因为不守规矩，而受到法律的惩治，戴上枷锁。在启蒙教育的阶段，确定了规矩，就一定要严格执行，千万不能因为溺爱导致半途而废，那样的话，就会后患无穷了。

九二爻作为一名老师，周围的初六、六三、六四、六五全是学生，而这根爻的主题正是"包蒙"，也就是老师被学生包围在当中。对于一位老师来说，这正是"桃李不言，下自成蹊"，堪称最好的教学环境了。因此，无论是教学生，还是做其他事情，都肯定能取得好的结果。九二爻虽然不当位，又在内卦的坎险之中，但是却处在中位的位置上，就像是一个年纪不大，却知识渊博、人品端正的青年教师，能让周围的学生们尊重、信任；也像是年轻的小辈能把家庭事务打理得井井有条一样，因此，又有"子克家"之象。

另外一位老师是上九爻，如果说九二爻是青年教师，那么上九就是一位威严的老教师，对待学生比较严厉，所以上九爻的主题是"击蒙"。不过，既然上九爻是老教师，那么教学经验也是非常丰富的。所以就像爻辞所说的"不利为寇，利御寇"，虽然上九对待学生比较严厉，但并不会采用体罚、辱骂等过分的手段，而是能够恰到好处地管理学生，让调皮捣蛋的孩子们不敢造次，规规矩矩地好好学习。

学生想要进步，需要端正自己的学习态度，勤奋刻苦，同时，老师的指点也是不可或缺的，像是初六爻下承九二爻，可以得到九二的巨大帮助，从而获得进步。而对六五爻来说，就更是有着得天独厚的学习资源了。一方面，虽然六五在上，九二在下，看上去老师和学生的位置倒过来了，但九二跟六五之间，却符合了阴阳相"应"的原则，因此，六五爻还是可以得到九二爻的帮助。另一方面，六五爻又下承上九爻，也就是又可以得到上九这位老师的指导。要知道，《蒙》卦六爻之中一共就只有这一老一少两位老师，六五自己就都占齐了，对于一个学生来说，当然是获得了最好的学习条件。

但对六四来说，就不那么幸运了。一方面，跟六四爻相比邻的两根爻六三和六五都是阴爻，那也就意味着六四身边并没有老师。而从相应的角度来看，理应跟六四爻相应的是初爻，可是《蒙》卦的初六

第四章 易卦选读(上)

爻也是阴爻,并没有办法跟六四爻相互感应。因此,六四爻身处在一个非常尴尬的位置,身边没有老师指导,又没有线上学习的条件,所以学习上遇到困难的时候,就没有有效的解决办法。这对一个学生来说,无疑是最为严重的问题了。遗憾的是,在古代社会中,并没有义务教育,对穷人家的孩子来说,这种没有老师的情况是经常出现的。

六三爻所说的"勿用取女,见金夫,不有躬,无攸利"的字面意思不难理解,大致说的是一位拜金的姑娘,看到有钱的男人,就把持不住自己。在古人的价值观中,女孩子还是要矜持一点,尤其是在婚姻大事上,不能这么不成体统,不讲礼仪,没有规矩。所以,这样的女人,是不适合娶回家做妻子的。事实上,虽然这根爻看上去讲的是婚姻问题,但其实跟《蒙》卦教育的主题还是保持一致的。也就是在青少年的启蒙教育中,礼义廉耻始终是第一位的,只有先成为一个具有良好道德品质的人,才能够对社会有益,否则的话,即便学会了再多的文化知识,也未必能成为一个有价值的人。虽然时过境迁,我们所处的社会环境比起古人来说,发生了巨大的变化,但《蒙》卦所讲的教育思想,还是有很多值得我们学习和借鉴的地方。

本节要点

1.《蒙》卦的主旨是启蒙和教育。在《蒙》卦所揭示的教育思想中,教育的首要目的,是把人培养成有道德、讲礼义,具有君子人格的人,而纯粹的知识学习是次要的。

2.《蒙》卦认为,无论老师还是学生,对待教学都应该秉持严肃、认真的态度。老师必须行为端正、不偏不倚、宽严相济,学生必须态度谦恭、勤奋刻苦。

3. 在《蒙》卦的六爻中，以阳爻象征老师，以阴爻象征学生，依次阐发了"发蒙""包蒙""困蒙""童蒙""击蒙"等主题。

第五节 《需》：守正需待

☵需：有孚，光亨，贞吉，利涉大川。

上六：入于穴，有不速之客三人来，敬之，终吉。

九五：需于酒食，贞吉。

六四：需于血，出自穴。

九三：需于泥，致寇至。

九二：需于沙，小有言，终吉。

初九：需于郊，利用恒，无咎。

在上一讲中，我们学习了《蒙》卦，既了解了应该如何通过培养自己恭敬、勤勉的学习态度，提升自己的个人修养、道德品质、知识水平，最终成为有利于社会的君子；也了解什么是"师道"，老师应该如何通过宽严相济的教育方法引导学生的成长，为学生传道、授业、解惑。

在这一讲中，我们将学习《需》卦☵。按照《说文解字》的解释，"需"的本意是遇到了天降大雨，没法继续前进，只好在原地等待。而《需》卦所讲的，也正是要我们学会等待的道理。从卦象上来看，《需》卦的内卦是乾卦☰，刚健有力，外卦则是一个坎卦☵，充满了危险。在这种情况下，虽然自己的力量已经足够强大，但面对外在的危险，还是应该冷静下来，等待环境变化之后，再去行动。

《需》卦的卦辞，都是由一些在各卦卦爻辞中出现频率很高的固定搭配构成的：有孚、光亨、贞吉和利涉大川。这几个固定搭配基本都有比较好的寓意。孚，是信用的意思，有孚，即有信用的意思。光亨是指只要行为光明磊落，那么就能够亨通、顺利。贞吉的意思，则可以做两个层次的理解，它的本意指的是占卜的贞问会是吉祥的，但在卦爻辞中，贞应该解释为"正"，贞吉的意思也就应该是：只要行为端正，能坚守正道，那么结果就会是吉祥的。光亨和贞吉，都把道德品质和行为结果联系在一起，展现了一种儒家思想中"德福一致"的观念。这种观念在中国历史上的影响非常深远，甚至于很多人都会用"光亨""贞吉"来给孩子取名字，比如，宋朝的名臣许光亨、明朝的大学士赵贞吉，就都是典型的例子。

"利涉大川"讲的是哪怕面对的是水流湍急、波涛汹涌的大江大河，也能够平安渡过。尽管在《需》卦的卦象中，外卦的坎卦象征的是危险，但它的卦辞却告诉我们，只要心怀诚信、行为光明、坚守正道，并且耐心等待，那么即便是面对危险，也是能够安全度过的。

《需》卦的爻辞，是按照"需于郊""需于沙""需于泥""需于血""需于酒食"这种整齐的格式排列的，总的来说，他们讲的是在面临外在的危险时要学会等待。不过，在身处不同环境的时候，所要注意的事项也是不一样的，要做到具体问题具体分析。比如说初九爻所等待的地方是郊外，距离外卦的危险其实还很遥远，并没有直接接触，并且初九又是当位之爻，在这种情况下，不论做什么，都不会有什么危险。但初九爻辞还是提醒我们，要注意培养自己的恒心和耐心，因为虽然现在所处的环境是安全的，但也要为潜在的危险做足准备。

到了九二爻的位置，离危险的距离就更近了一步，但毕竟也还有着一段距离，所以爻辞的比喻是"需于沙"，如果说海水是危险的话，那么现在就是待在沙滩上。九二虽然不当位，但是却处在中位，所以说，"小有言，终吉"，即便是受到一些攻击，也就顶多是一些风言风语，并不会有什么实质性的伤害。只要安心等待，肯定不会有什么问题，一定会平安顺利。

再到了九三爻，那就来到了危险的边缘，而且三爻这个位置，本身就多有凶险之象，所以卦象是"需于泥，致寇至"。一般土中掺杂了大量的水才会变成"泥"，从而会让人的行动变得极为困难，一旦陷入这种境地，那么就很容易被坏人盯上，从而带来危险。不过，虽然九三爻已经处在了危险边缘，但此爻毕竟是一根当位之爻，而且还没有真的陷入危险里面，所以只要保持冷静，小心谨慎，也并不一定就会陷入危险之中，最终还是可能平安无恙的。

到了六四爻的位置，才真的掉进危险之中了。"需于血"中的"血"，有很多种不同的理解，比较有代表性的解释，一个是按照本意，解释为"血泊"；另一个是把血通为"洫"，解释为"沟洫"。无论是掉进血泊，还是陷入沟洫，都指的是进入了危险之中。但从爻辞的内容来看，即便陷入到了危险之中，也并不是一种万劫不复的境地。六四爻是当位之爻，只要在危险之中做到不慌乱，在耐心等待之中，看清楚内卦的三根阳爻或者在上的九五爻的方向，跟住他们的节

第四章 易卦选读（上）

奏，就有机会"出自穴"，也就是从危险的境地中脱离出来，到达一个平安的地方。所以说，等待还是要等待的，但等待不代表什么都不做，等恰当的时机来临之后，那么还是需要有果断的行为。

相比于六四爻，九五爻虽然也是身处外卦的坎险之中，但九五爻既当位，又处在中位，是一根既中又正的至尊之爻，所以肯定不会有什么危险。而爻辞所说的"需于酒食，贞吉"也充分地表明了这一点。既处在中正的位置上，又有美酒佳肴可以享受，那当然是所有人梦寐以求的环境了。不过，从"贞吉"两个字，我们还是可以看到，爻辞也并不认为处在九五之尊的位置上就可以为所欲为了，而是仍然要坚持正道，才能收获吉祥。否则，如果肆意妄为，那么虽然身处九五，但离危险的距离也还是很近的。

上六爻的处境跟六四爻相仿，一方面，陷入到了危险之中，用爻辞所说，就是"入于穴"；但另一方面，却也是当位之爻，似乎还是有一丝脱离危险的转机。那么上六该如何脱险呢？爻辞说："有不速之客三人来，敬之，终吉。"易学家们大多认为，这里的三位不速之客，就是内卦的三根阳爻，由于内三爻和上六离得比较远，它们素不相识，所以是不速之客。但是，这三位不速之客合起来是一个乾卦，实力雄厚，刚健威猛，如果能得到他们的帮助，那么自然有希望逃离险境。所以，要恭敬地对待他们，以期获得帮助，逃离凶险。

从六四和上六脱险的经历来看，如果自己的力量不够强大，又不幸进入了危险，那么首先要做的仍然是耐心等待，等到有实力的帮手到来之后，再抓住机会，相互配合，才有望脱困。所以说，不论自己是强大还是弱小，离危险是近还是远，学会等待都是很有必要的。

• 本节要点 •

1.《需》卦的主旨讲的是等待的道理。在距离危险较远时，要注意培养自己的耐心、恒心，为日后可能面对危险时做准备。距离危险较近或处在危险之中时，则要能保持冷静，审时度势，等待恰当的时机脱险。

2.《需》卦通过六四、上六两爻的论述告诉我们，在自身力量较为弱小，又陷入危险处境的时候，除了等待恰当的时机，还需要获得他人的帮助，才有可能脱离危险。不可孤身犯险，以卵击石。

3.《需》卦强调，无论是安全还是危险，外在的局面都是暂时的，真正能够让人顺利、吉祥的，是每个人光明、诚信的品质，以及坚守正道的行为。这是一种典型的儒家"德福一致"思想的体现。

第六节 《讼》：止讼免争

䷅讼：有孚窒惕，中吉，终凶。利见大人，不利涉大川。

上九：或锡之鞶带，终朝三褫之。

九五：讼，元吉。

九四：不克讼。复即命，渝，安贞吉。

六三：食旧德，贞厉，终吉。或从王事，无成。

九二：不克讼，归而逋，其邑人三百户，无眚。

初六：不永所事，小有言，终吉。

在上一讲中，我们学习了《需》卦，了解了古人所说的在面对困

第四章 易卦选读（上）

境的时候，要保持恒心、耐心，坚守正道，学会等待的道理，并且对《周易》所认可的"德福一致"的观念，有了比较深入的学习。在这一讲中，我们将学习《讼》卦，来详细了解一下古人如何看待打官司这件事。

根据"二二相耦，非覆即变"的规律，《讼》卦☰是上讲所学《需》卦☰的覆卦。《需》卦的结构是内乾外坎，也就是自身的力量很强大，但外部面临危险。可《讼》卦却恰好反过来，是内坎外乾，自己身处在危险之中，外部的势力却非常强大。这么一个卦象，用"内忧外患"来形容，一点儿都不过分。为什么会这样呢？那是因为在古人看来，打官司并不是一件好事情，只要惹上了官司，就意味着一身的麻烦，所以最好的办法，就是离诉讼越远越好。孔子就认为，最好的情况，就是"无讼"，让诉讼事件根本不要发生。

孔子所说的"无讼"，也并不是绝对地不让人打官司的意思。如果出现了强买强卖、坑蒙拐骗，甚至欺男霸女、烧杀抢掠这些事件，又没有人出来主持公道的话，那么社会秩序肯定要崩坏了。但如果我们从另一个角度思考一下这个问题，为什么会有这种扰乱社会稳定和人身财产安全的事情发生呢？《讼》卦的卦辞就给出了一种解释：有孚窒惕。也就是说，之所以会有诉讼事件的产生，是因为诚信被阻碍了，一旦有人不讲诚信，那么就会产生纠纷、混乱，最后只能通过打官司的方法来解决。因此，孔子的"无讼"实际上是对个人品格的要求，若人人诚信，避免纷争，那么自然就不需要打官司了。

但是，在古人看来，即便是万不得已，必须通过打官司来解决问题的时候，也不应该得理不饶人，争讼到底。正所谓"中吉，终凶"，在面对官司的时候，还是应该随时保持警惕的心思，适可而止，只要得到一个公平的结果就可以了。而如果贪多务得，一味地争讼，那么就不会有好的结果。

所以，在面临官司的时候，如果有德高望重的人能出来主持公道，那当然是最好的情况，能够平息争议，让局面安顿下来。但如果太过刚猛，非要去挑战风险，那么在《讼》卦所处的内坎外乾的大环境下，就有点自不量力、以卵击石的意思了。

总而言之，诉讼不应该成为一种常规的解决问题的办法，而只能是在迫不得已的时候，再去考虑的办法。不过，"无讼"是一种没有纠纷的理想状态。事实上，在现实的社会中，是很难做到无讼的。但从另一个角度来说，如果能及时地中止纠纷，平息诉讼，那么也能起到让社会安定、公平的作用。

比如说《讼》卦的初六爻，既不当位，也不在中位，还处在内卦的坎险之中。以这种羸弱的实力，要跟人家打官司，显然是不可能获胜的。但按照爻辞所说的，"不永所事，小有言，终吉"，只要看清楚自己的实力与处境，不去跟别人争讼，及时回避，那么顶多受到一点不痛不痒的言语攻击，而不会有什么实质性损害，这种结果也还是不错的。

九二爻的情况虽然比初六稍好，身处中位。但是仍然不当位，而且在坎险的中央。尤其是跟中正的九五相比，实力差距还是很大的。因此，九二爻去打官司，也是打不赢的。打不赢怎么办呢？最好的办法就是逃跑。"不克讼，归而逋，其邑人三百户，无眚。"无

第四章 易卦选读(上)

眚这个说法,在爻辞中也经常出现,就是没有灾祸的意思。按照爻辞所说的意思,如果官司打输了,那么逃回自己那只有几百户人的老家躲起来,就可以躲避灾祸了。不过,这种思路可能只适用于交通不便的古代社会,在现代社会中,如果跑回老家,肯定会在第一时间就被抓获了。

《讼》卦对待打官司的态度,并不是任何情况下都不能主动诉讼,以免打输官司。九四爻也是既不当位,又不处在中位,因此也"不克讼"。虽然同样面临官司失利的状况,但九四爻辞说的却是"复即命,渝,安贞吉"。这句话的意思是说,要改变那种老是想要争讼的念头,回过头来想一想,究竟什么才是公平、正义的道理呢?想明白了这个道理,那么只要按照正道去做事,规规矩矩,坦坦荡荡,那么既可以远离纷争,又可以平安吉祥。

所以说,打不打官司是次要的,维护公平正义,才是更为重要的问题。因此,如果是处在既中又正的位置上,能够明辨是非,那么也是可以通过诉讼的手段,来达到维护公平、正义的效果的。九五爻的"讼,元吉"就是如此。不过,这里所说的"讼,元吉",说的可不是在有权有势又占理的情况下,主动地去跟别人打官司,通过法律手段获取好处。而是说要利用自己的位置,来帮助别人判断是非、平息讼争,为老百姓带来公平正义。卦辞里面所说的"利见大人"里的大人,指的也正是九五爻。

六三爻的爻辞可以分为两部分来看,第一部分是"食旧德,贞厉,终吉",关于"食旧德",有人认为是安享旧有的俸禄,也就是吃老本的意思,也有人认为,是能够追随在上的领导,获得赏赐的意思。但无论我们采信哪种解释，都不能改变六三爻本身既不当位，也不在中位，反而身处多有凶险的三爻位置上的事实。因此，一定要小心谨慎，坚持正道，才能防止危险的侵蚀，最终获得好的结果。而第二部分"或从王事，无成"，所讲的道理，也是即便辅佐君王做出了一些事业，也千万不能把功劳归到自己身上。只有这样，才能确保平安。

上九爻的爻辞是"或锡之鞶带，终朝三褫之"。"鞶带"是古代官员的服饰，代指高官厚禄。可上九爻告诉我们的是，如果一味争讼，即便通过官司的胜利，得到了高官厚禄，也会在一天之内，被剥夺多次。这当然是一种夸张的表述，但所表达的意思也很明确，那就是通过争讼获得的富贵，是没有办法长久享有的。

---- 本节要点 ----

1.《讼》卦的主题是诉讼，但卦爻辞的核心意涵，却是"无讼"和"息讼"，是希望通过诚信、公正的为人处世，调和矛盾、消弭争执，而尽量不通过诉讼来解决问题。

2.《讼》卦认为，在面对纷争的时候，首先要看清自己的实力与处境。在实力不足的时候，最好的办法是及时撤退，不陷入诉讼的纠纷之中。在实力强大的时候，也不应该得理不饶人，而应该坚守正道，主动调解纠纷，维护公平正义。

3.古人认为，诉讼的产生，是诚信受到阻碍的表现，是迫不得已的解决问题的办法。应该通过建立公平、正义的社会，让百姓安居乐业，而不应该让诉讼成为一种常规的解决问题的方法。

第四章　易卦选读（上）

第七节　《师》：师出正道

䷆师：贞，丈人吉，无咎。

上六：大君有命，开国承家，小人勿用。

六五：田有禽，利执言，无咎。长子帅师，弟子舆尸，贞凶。

六四：师左次，无咎。

六三：师或舆尸，凶。

九二：在师中吉，无咎。王三锡命。

初六：师出以律，否臧凶。

在上一讲对《讼》卦的研读中，我们通过学习古人看待打官司的态度，了解了"无讼"的观念。在古人的价值观中，打官司并不应该成为一种常规的解决纠纷的方法。而更应该本着诚实守信的态度，以实事求是为原则，调解纠纷，化解矛盾，建立一个公平、正义，而且有秩序的社会。但从另一个方面来说，虽然古代的圣贤都追求"无讼"，但这并不意味着可以不要法律法规，相反，法律和诉讼，必须成为保证社会公平的底线，缺了它，也是不行的。所以说，最理想的状态，是法律和法庭摆在那里，却终日无所事事，这才说明大家过的是安居乐业的日子。

但我们都清楚，这样的状态是很难实现的。因此，无论古代还是现代，法律和法庭都对维护社会公平和稳定发挥着重要的作用。而这一讲中我们所要学习的《师》卦䷆，所要讲的是另外一项对维护社会稳定和发展起到重要作用的方式。

我们第一眼看到"师",所联想到的很有可能是老师。但《师》卦所讲的,并不是师道和教育,而是师字的另一个意思:军队。既然是军队,那当然跟一般的散兵游勇不一样,按照《周礼》的说法:"二千五百人为师。"至少是二千五百人以上的军队,才能被称为师。如此规模的军队,它的战斗力、杀伤力都是可想而知的。如果运用得当,那可以保卫国家的安全,保障人民的生活。可如果落到坏人手中,那就很可能会落得一个尸横遍野、生灵涂炭的结果。

在先秦、秦汉时期的很多古书,像是《韩非子》《尉缭子》《淮南子》里面,就都提到过一句话,叫作"兵者,凶器也"。但就像法律一样,凶器本身也是有自己的价值的,只是一旦使用不当,那后果将会极其严重。《周易》在谈论带兵打仗之道的《师》卦时,没有在卦辞上浪费过多文辞,而是只用了短短的六个字:"贞,丈人吉,无咎。"

虽然最终的断辞是"无咎",看上去最终是没有什么危险的,但是这种"无咎"有着两个前提条件。首先是"贞",也就是正,一支军队究竟是对社会、国家、人民有益的,还是有害的,决定于它的指导思想,只有坚守正道的军队,才能受到老百姓的拥护和爱戴。其次,一支军队的统帅是什么样的人,也决定着这支军队的命运。如果统帅是"丈人",也就是在能力和品德方面都非常突出的人,那么这支军队肯定能成为一支纪律严明、除暴安良的仁义之师。反之,如果统帅庸碌无能,或者品行不端,那么这支军队距离覆灭也就不远了。

我们观察一下《师》卦的卦象就可以发现,《师》卦的卦象很特别,只有九二爻这一根阳爻,其余五根爻则都是阴爻。而九二这唯一一根阳爻,也就寓意着军队的统帅。这根爻的爻辞所说的"在师中

第四章 易卦选读（上）

吉，无咎"，讲的也就是如何当好一名统帅的道理。九二爻虽然统领全军，但一来是阳爻在阴位，并不当位；二来，自己毕竟位置在下卦之中，而在六五的位置上，还有一个虽然不直接带兵，却领导自己的国君在上面。这么看来，这个统帅还真不好当。不过，虽然面对这些困难，但九二毕竟身处中位，作为一名统帅，只要行为端正，不起坏心，做到纪律严明，令行禁止，那么非但不会遭遇危险，反而能因为带兵有方，多次受到国君的嘉奖。

儒家的政治思想是要去追求一种以礼制为中心的，具有安定秩序的社会。因此，军队的作用，就是帮助建立这种稳定的社会。就像上六爻所说的那样："大君有命，开国承家，小人勿用。"儒家并不喜欢打仗，如果非打不可，那么战争的目的也是为了秩序与和平。因此，在战争胜利之后，就要第一时间论功行赏，按照周代的分封制，建立起各个诸侯国，让诸侯、大夫、士、庶人等各个阶层的人，都迅速回归到自己的位置上，过上稳定的生活。

六五爻的爻辞："田有禽，利执言，无咎。长子帅师，弟子舆尸，贞凶。"所讲的也是类似的道理，这一爻辞所描绘的场景是自家的田地受到了禽兽的攻击，也就是比喻国家受到了外敌的侵略。在这种情况下，率兵抗击，保家卫国，当然是正义的战争，自然是没有任何道义问题的。而"长子帅师，弟子舆尸，贞凶"，讲的则是如何选拔军队统帅的问题，六五为阴爻，作为国君，刚健不足，不适合御驾亲征。这个时候，将领的选拔就成了战争胜败的关键。如果所选的是"长子"，也就是卦辞中所说的"丈人"这一类德才兼备的人，那么便可以期待一个胜利的结果。可如果选派的是能力或品德不足的"弟子"，那么肯定会一败涂地，损失惨重。由此可见，无论是带兵打仗还是论功行赏，《师》卦的卦爻辞都强调，一定要任用德才兼备的君子，而不能任用小人。这种对品德的严格要求，也是很典型的儒家思想的反映。

在其余爻辞的论述中，《师》卦也重点强调了军队管理中纪律的重要性。比如初六爻爻辞讲的就是"师出以律，否臧凶"，直截了当地点明，行军打仗，必须做到令行禁止。如果一支军队的军纪不严明，那么一定会打败仗。六三爻就是一个典型的例子，作为一根既不中又不正的爻，六三本身就处在三爻这样一个充满了危险的位置上，而它非但不能严守纪律，反而以阴爻乘于九二爻之上，跟统帅闹矛盾，那么结果可想而知，"师或舆尸，凶"，不但会吃败仗，而且士兵会大量战死，遭遇灭顶之灾。所以说，在面临不利局面的时候，军队统帅也要做到能审时度势，及时抽身而退。同样是处在危险位置上的六四爻，就选择了"师左次"，也就是及时地撤退，躲避对手的锋芒，这样虽然没法建功立业，但最起码不会有损失，反而可以充分保存有生力量，等待时机成熟时再行出击。

―――――― • 本节要点 • ――――――

1.《师》卦的主题是带兵打仗。《周易》认为，军队的使命，是维护国家、社会的稳定，以及人民的正常生活。因此，统领军队，最重要的是行为端正，坚守正道。这种观念，也是儒家政治伦理思想的体现。

2. 在军队中，统帅起到了决定性的作用。因此，国君和政府必须选派德才兼备的人统领军队,这样才能让军队思想统一,行动力强,受到百姓爱戴,从而建功立业。如果主帅选拔不当,则不但会打败仗,还会对国家的安全造成严重的危害。

3.《周易》认为,在行军打仗的过程中,首先要做到的是纪律严明,令行禁止。其次,则是在面对不同的战局时,要能够做到审时度势,及时进退。

第八节 《比》:亲密比辅

䷇比:吉。原筮元永贞,无咎。不宁方来,后夫凶。

上六:比之无首,凶。

九五:显比,王用三驱,失前禽,邑人不诫,吉。

六四:外比之,贞吉。

六三:比之匪人。

六二:比之自内,贞吉。

初六:有孚比之,无咎。有孚盈缶,终来有它,吉。

在上一讲中,我们学习了主讲带兵打仗的《师》卦,虽然《师》卦强调军队要军纪严明、令行禁止,统帅也必须德才兼备,但无论如何,打仗都是一件残酷、血腥的事情。相比之下,其覆卦《比》卦䷇的主题就要显得温和很多了。我们在学习爻与爻之间的关系时,就曾经学习过"比"这种爻例,只要两根爻相临,就可以构成一种"比"的关系。而《比》卦所要讲的,也是一个相通的问题,那就是,如何建立一种亲密的关系？

　　作为《师》卦的覆卦，《比》卦也是一个一阳五阴之卦，唯一的一根阳爻，就是既当位，又在中位的九五爻。这根九五爻，也就自然而然地在《比》卦中承担了卦主的职责。《比》卦所讲的亲密关系，也就围绕着九五爻来展开，也就是其余的五根阴爻，如何与身处至尊之位的九五爻建立起亲密关系。由此可见，这种关系，是一种政治上的君与臣、上与下的关系。

　　由于九五是中正之爻，所以卦辞开宗明义："比：吉。"按照朱熹的说法："以一人而抚万邦，以四海而仰一人之象。"遇到了一位难得一见的开明君主，老百姓自然也愿意与他团结一心。但在这一句之后，卦辞却又说道："原筮元永贞，无咎。不宁方来，后夫凶。"卦辞里面提到"筮"，这并不多见，除了之前我们所学的《蒙》卦里面提到了"初筮"，就只有这里的"原筮"了。朱熹认为，"原筮"是"再筮"的意思。再筮，并不是说可以在一件事情上重复占卜，那跟大衍筮法的基本原则是不符的。因为《比》卦讲的是建立关系的道理，所以这里说的是要反复多次的验证，只有确定了对方是一个内心正直、能够始终不渝地坚持正义的人之后，才能跟他真正地建立密切的关系，只有这样，才不会有危害。

　　至于"不宁方来，后夫凶"，则有着多种不同的理解，有人认为，这句话说的是，由于有开明的君王出现，就连那些原本不肯臣服的叛乱分子，也前来朝见君王，与君王交好；也有人认为，前来与九五交好的，是四面八方的居无定所、不得安宁的人。总而言之，四海之内的人都争先恐后地前来，与九五建立起亲比的关系，生怕来晚了会有

第四章　易卦选读（上）

不好的结果。

大家都想跟九五建立亲比关系，九五又对来建立关系的人，有着非常严格的道德要求，必须反复检验，确认合格才可以建立关系。这种尺度的把握体现在九五爻爻辞——"显比"。"显比"是什么意思呢？既然大家都想跟九五建立亲比关系，那么九五对待这件事情的态度也很明确，那就是公平、公正、公开。不管任何人，都可以与九五交好，但是，所有人也都需要在道德品行上，接受九五的考验。只有那些符合正直、正义的标准，并且能够长期坚持的人，才能最终成功。在这一考察过程中，所有人来去自由，就像爻辞所说的"王用三驱，失前禽，邑人不诫，吉"。就像打猎一样，君王会在三面张开大网，无论是谁，无论从哪里来，都是敞开怀抱，热烈欢迎的。如果在这一过程中感到不适应，或者不满足要求，那么也随时可以从没有网的那一面离去，而不会加以任何的限制。在这种来去自由的宽松环境中，那些真正与九五爻志同道合的人，也一定能够最终成为九五爻的亲密伙伴。

以同为中正之爻的六二爻为例，六二不但在爻位上既中又正，既有突出的能力，又有正直的品格，而且还跟九五爻阴阳相应。所以六二与九五之间，就像六二的爻辞所说的那样："比之自内，贞吉。"虽然二爻与五爻看上去内外相隔，但是两者既是志同道合的中正之爻，又能够两相感应，所以自然可以建立起密切的亲比关系。同样的，六四爻虽然在爻位上处在较为危险的四爻上，但六四一来当位，二来又在爻位上跟九五爻相比邻，两爻之间，可以构成一种以阴承阳的关系。在这种条件下，就像六四爻辞所说的"外比之，贞吉"，本来就相比邻的六四与九五之间的亲密关系，自然也就可以顺理成章地建立起来了。

不过，我们也需要注意到，六二跟六四，除了在爻位上能够与九五相应、相比的客观条件外，自身所具备的端正品德，也是非常重要的。因此，爻辞在断辞的"吉"之前，也都加以了"贞"字，作为前提条件。事实上，只要品行端正，诚实守信，那么即使离得很远，也是可以与九五交好的。就像初六爻所说的"有孚比之，无咎。有孚盈缶，终来有它，吉"，初六爻虽然既不当位，也不处在中位，还跟九五爻隔得很远，但作为一卦的初始，初六能始终保持着诚信、恳切的态度。只要有这种诚恳的态度，那么非但不会遭受危险，反而会随着诚信的增长，被九五所关注到，从而最终建立起密切的关系。

六三爻既不当位，又不在中位，而且处在本身就风雨飘摇的三爻爻位上，因此也没有办法像初六爻那样诚恳地默默耕耘。就像是一个能力有欠缺、品德不端正，还没有勤勉工作态度的人一样，这样的人，便是如爻辞所说的"比之匪人"，不适合跟他有太亲近的往来。

对九五来说，上六爻也不是一个适合建立亲比关系的伙伴。相比于六三来说，上六爻是当位的，也就是说品德上并没有本质性的问题。但是上六的问题在于，它在爻位上太高，甚至于高过了九五爻，这样一来，九五跟上六的关系就倒置了。我们知道，《比》卦所讲的亲比关系，是有等级的，是以九五为君王，其余阴爻为臣民的关系。上六爻跑到了九五的上面去，这对臣子来说，显然是不恰当的位置，会面临着巨大的危险。在这种情况下，九五与上六之间，也就肯定不可能建立起君臣之间的亲比关系了。

第四章　易卦选读（上）

———— • 本节要点 • ————

1.《比》卦的主题，是建立亲比关系。但《比》卦所讲的亲比关系，是一种等级关系，是以九五为君王，其余阴爻为臣民的君臣关系。

2. 在《比》卦的六爻中，九五爻象征品行、能力俱佳的开明君主。而与九五建立亲比关系的首要条件，是对道德品行的要求，只有品行端正，能够始终坚守正道的人，才能与九五之间建立起亲比关系。

第九节　《谦》：虚心谦敬

☷☶谦：亨，君子有终。

上六：鸣谦，利用行师，征邑国。

六五：不富以其邻，利用侵伐，无不利。

六四：无不利，㧑谦。

九三：劳谦，君子有终，吉。

六二：鸣谦，贞吉。

初六：谦谦君子，用涉大川，吉。

《周易》的世界观，是很讲究中道和平衡的。所以在最黑暗的时候，也会给人留以希望。在最安宁的时候，也会提醒人居安思危。所以，无论是纯阳的《乾》卦，还是象征安泰的《泰》卦，都是既有吉、利，也有悔、吝、凶、咎的。但是，在《周易》的六十四卦中，却有一卦是六爻皆为吉利的，这一卦就是《谦》卦☷☶。

谦的意思想必不用多解释，虚心、谦敬、不自满。为什么《周易》会对《谦》卦如此情有独钟呢？我们可以尝试着从《谦》卦的卦象上来分析这个问题。《谦》卦是由内卦艮卦和外卦坤卦组合而成的。在八卦之象中，坤卦象征着大地，艮卦象征着高山。而在《谦》卦中，高山却处在大地之下。这样的结构，看上去不太符合基本的物理原理，但在《周易》看来，这恰恰是谦虚品德的展现。一方面，具备着有如高山一般的出众才能，另一方面，又非常的谦逊，甘愿居于地下，退到极低的位置上。《周易》和儒家思想都追求中道，不喜欢走极端，而这样一种谦逊的品格，恰恰是能够避免"盛极必衰"规律，保证人生和社会长期稳定的最佳品质。

不过，谦这种品质，也并不是人人都能具备的。因为在卦象之中，除了我们都能看到的"谦退"风度，出众的才能也是必不可少的。也就是说，只有才华出众的人，才具备谦虚的基本条件。如果是能力一般的普通人，都还不具备谦虚的前提条件。另一方面，谦虚的品格，也并不是在一两件具体的事情中就能展现出来的，而是需要长期的坚持。所以，《谦》卦的卦辞这样说："谦，亨，君子有终。"谦虚的品质当然能让人生和事业顺利发展，但是，只有德才兼备的君子，才能真正做到自始至终都保持谦虚的品质，而不是在一时之间假装出来的。

只要是具备谦虚品格的君子，就能够做到谦逊谨慎，有始有终。即便遇到了危险，也能够逢凶化吉，就像初六爻辞所说的"谦谦君子，用涉大川，吉"。初六爻的位置，在全卦中为最低，可即便身处这样一个低得不能再低的位置上，初六爻仍然能够保持谦退的品格，所以，爻辞连用了两个"谦"字，来对初六爻的精神修养加以称赞。

第四章 易卦选读（上）

有了这种品格，就意味着永远不会骄傲自满，自高自大，所以说，即便是面对高山大河，也肯定能够安然无恙地通过。

六二爻的爻辞则是"鸣谦，贞吉"。"鸣谦"是什么意思呢？由于六二爻是一根既当位又处在中位的中正之爻，既有高尚的品德在内，又有谦虚的表现在外，因此声名远播。谦虚的名声太响，可能本身未必是好事，但是由于六二能做到发自内心的谦虚，始终坚持对自己的严格要求，而没有丝毫的动摇，所以既能够获得赞誉，又能够吉祥顺意。

九三爻作为《谦》卦中的唯一一根阳爻，本可以安然享受其余阴爻的奉承，但他却没有这么做，而是能甘愿待在三爻这样一个既靠下又危险的位置上，而且任劳任怨，勤奋苦干。所以九三爻的爻辞是"劳谦，君子有终，吉"。九三虽然身处凶险的位置，却是一根当位之爻，而且能够凭借自己的一身正气，勤劳、无私地去帮助《谦》卦中的另外五根阴爻，可以说是既勤奋又谦逊。更为可贵的是，九三的这种"劳谦"的精神，并不是偶尔做做样子，而是能够长期坚持的作风。具备这种难能可贵的品质，那么即使身处多有凶险的三爻位上，前途也一定是无比光明的。

《谦》卦的内三爻，都以断辞"吉"收尾，而在外三爻中，却并没有出现同样为"吉"的断辞，而都是以"利"或者"无不利"来作为断辞。《谦》卦六四爻的爻辞就是"无不利，㧑谦"。根据《说文解字》的解释，"㧑"是"裂"的意思。㧑谦可以理解为发挥和扩散谦虚的品德。由于四爻的位置也是颇多凶惧之地，跟在上的五爻和在下的三爻都容易发生矛盾，但作为当位之爻的六四，能够发扬谦逊的品格，因此无论是对上还是对下，都能把关系处理得很好，受到大家的欢迎，无所不利。

六五爻所说的"不富以其邻"，讲的是外卦的三根爻虽然是一个整体，但大家都是阴爻，即便合力在一起，也并不富裕。但在这种大家都不富裕的情况下，却能够"利用侵伐，无不利"，也就是能够团结身边的邻居，一起去征讨叛逆，而且攻无不克，战无不胜。这是为什么呢？其实原因也很简单，那就是六五虽然不富裕，却能以谦逊的品格对待臣子，对待百姓，因此能够受到老百姓的拥护。而具备如此谦逊品格的君王，也当然不是弑杀之人，所要出兵讨伐的，当然都是天地不容的无道之人，就像孟子所说的"以天下之所顺，攻亲戚之所畔，故君子有不战，战必胜矣"。

上六爻爻辞中的"鸣谦"与六二爻是一样的，但六二处在下卦的中位，因此只要守持正道，便可得吉祥。上六爻则处在《谦》卦的最高处，因此，名声在外的话，很容易有居高临下、盛气凌人的表现，违背谦虚的基本精神。但上六爻却很好地利用了上爻的位置，"利用行师，征邑国"。这里的行师征邑国，并不是像六五一样，外出讨伐叛逆，而是在自己所管辖的范围内，去平定那些不安定地方，给百姓带来安宁。这种征伐，是这一爻解决自身内部的问题，也是一种不自满，严格要求自己的表现，符合《谦》卦的基本精神。

• 本节要点 •

1.《谦》卦的卦象是内艮外坤，象征着高山处在大地之下，比喻一个人虽然有着像高山一样的出众才能，却不待在高位上，而甘愿谦退居下，默默奉献。出众的才能和谦退的态度，是谦逊的品格得以成立的两大条件。

2.《谦》卦九三爻作为《谦》卦中的唯一阳爻,能够甘愿长期居于危险的三爻爻位,并且辛勤劳作,为其余五根阴爻提供支持和帮助,体现了一种"劳谦"的品格与精神。

3.《周易》对于谦逊的品格尤为赞许,因此,《谦》卦的内三爻皆吉,外三爻皆利,没有悔、吝、凶、咎之爻。寓意着只要具备谦逊的品格,无论身处何处,都能获得吉祥顺利的局面。

第十节 《蛊》：降妖除魔、拯救祸乱

䷑蛊：元亨,利涉大川。先甲三日,后甲三日。

上九：不事王侯,高尚其事。

六五：干父之蛊,用誉。

六四：裕父之蛊,往见吝。

九三：干父之蛊,小有悔,无大咎。

九二：干母之蛊,不可贞。

初六：干父之蛊,有子考无咎,厉终吉。

在上一讲中,我们一起学习了《谦》卦,作为六十四卦中极其罕见的六爻皆吉利之卦,《周易》的作者对于《谦》卦的喜爱,以及对于谦逊品格的推崇,是显而易见的。要知道,《周易》虽然强调人的命运发展有不可预测的成分,并不完全由自己掌握,但在卦爻辞的具体论说中,还是会展现出一种若隐若现的"德福一致"观念。在

《谦》卦中，就表现为只要人具备了谦逊的品格，那么无论处在怎样的环境中，都能获得一个好的结果，即便遭遇危险，也能逢凶化吉，转危为安。

这种劝人向善的精神贯穿在《周易》六十四卦之中，即便是在那些看上去是在讲负能量主题的卦中，也会隐藏着这种积极向上的导向。本讲所要学习的《蛊》卦䷑，就是一个很有代表性的例子。

我们在电影、电视剧、小说里面看到的那种养毒虫的毒蛊，或者施以巫术的巫蛊，都属于蛊的一种。其实，蛊的原意并没有那么可怕。按照《说文解字》的解释，蛊指的是"腹中虫也"，用现在的话说，就是寄生虫的意思。寄生虫这种东西，我们平时看不见，但又切实地知道它在害人，因此多多少少显得有点神秘。所以，一些心术不正的人所发明的歪门邪道的东西，像是用毒虫和巫术来害人的方法，就也被称为蛊了。总而言之，无论是毒蛊、巫蛊，还是我们现在所讲的一个成语"蛊惑人心"，指的都是害人的东西。

不过，《周易》的宗旨，是为君子谋，而不为小人谋。所以，即便设置以蛊为主题的一卦，也断然不是用来教我们怎么用蛊、怎么害人的。那么，《蛊》卦的主旨是什么呢？用《象传》的话说，就是"止蛊"，也就是去挽救已经被蛊害、蛊惑的局面，让事情回到正道上来。用武侠小说的说法，就是要让名门正派用正义击溃邪魔外道的统治。

正是因为有这种积极向上的指导思想，所以《蛊》卦卦辞的前半部分也非常简洁明了："元亨，利涉大川。"既然要做的是降妖除魔的善行义举，那么即便是上刀山下火海，也自然会得到上天的护佑，一定能化险为夷。相比之下，《蛊》卦卦辞的后半部分就很值得玩味了，

第四章 易卦选读（上）

叫作："先甲三日，后甲三日。"大家看到"甲"可能首先会想到十个天干中的甲，也就是甲、乙、丙、丁、戊、己、庚、辛、壬、癸中排在第一位的甲，但卦爻辞中的"甲"却未必是取其天干中的意思。因为从时间线索上来说，天干的产生未必早于卦爻辞。所以，在《周易》的作者写作卦爻辞的时候，还不一定有完整的天干系统。郑玄、王弼等易学家们对于"甲"的解释也都比较含混，但总的来说，还是取其"开始""开端"的意思。三、六、九，在古汉语中一般是虚指，所以"三日"，也并不是实实在在的三天。所以，卦辞的意思其实是说，想要拯救祸乱，那么首先要在行动之前，细致、透彻地研究局势，做好充分的准备，这就是"先甲三日"，在行动开始之后，则要高度集中精力，根据情况的发展，做出有针对性的恰当安排，这就是"后甲三日"。也就是说，除了降妖除魔、拯救祸乱这种正义的动机，细致周详、有始有终的行动安排，也是不可或缺的。

值得注意的是，《蛊》卦的爻辞，在形式上有着很强的共通性。初六、九三、六五的主题都是"干父之蛊"，九二是"干母之蛊"，六四是"裕父之蛊"。讲的都是晚辈与长辈之间的关系。结合《蛊》卦的主旨，也就是说，《蛊》卦爻辞所讲的，都是晚辈应该如何去挽救长辈造成的蛊乱局面。

中国古代的礼法秩序，很讲究长幼尊卑的等级，但即便在这种文化背景下，作为晚辈，在长辈的行为出现问题的时候，也必须去干涉。这在《蛊》卦的爻辞中体现得也非常明显。我们先来看三条"干父之蛊"的爻辞。首先是初六爻，"干父之蛊，有子考无咎，厉终吉"。对于这条爻辞的理解，历史上是有歧义的，歧义的地方在于对

"考"的理解。"考"这个字,首先可以解释成父亲,那么这句话就是:"有子,考无咎,厉终吉。"意思是说,有儿子可以挺身而出,把父辈的问题给解决了,这样一来,父辈虽然碰到了麻烦,但最终都能顺利解决。除此之外,"考"还可以解释为"成就",那么这句话就成了"有子考,无咎,厉终吉",意思是说,儿子能够有所成就,拯救弊乱,转危为安。由此可见,不论怎么解释"考",初六爻都是在说,要靠儿子来拯救父辈的弊乱。

初六爻虽然不当位,但位置最为靠下,这也说明,父辈在此时碰到的麻烦,也不会太大,所以小辈处理起来,难度也不算特别大。但到了九三爻这里,虽然当位,但是位置凶险,就不那么好对付了。因此,九三爻的爻辞是"干父之蛊,小有悔,无大咎"。年轻人毕竟有经验不足的问题,遇到棘手的难题,难免会犯错误。但九三爻认为犯错误付出一点代价也没什么大不了的,即便稍微曲折一点,最终还是能解决困难,不会有什么大的危害。随着经验的不断累积,年轻人可以得到迅速成长,终究会像六五说的那样,"干父之蛊,用誉",干净利落地解决所有问题,备受赞誉。

不过,并不是说,所有父辈的问题都可以交给小辈来解决,如果时机或人选不对,那也会酿成苦果。比如说六四爻所讲的"裕父之蛊,往见吝"。六四爻位置上的小辈,显然没有六三、九五那样果决的意志和行动力,而是慢吞吞地对待问题。这种散漫的态度,非但解决不了父辈的问题,反而会对小辈和长辈都造成伤害。

但如果走向另外一个极端,过于操切,也是不行的。九二爻就说的"干母之蛊,不可贞"。这里为什么用母亲换掉了父亲呢?其实爻辞想要表达的是，不是所有事情都是可以靠着一腔热情解决的，有些曲曲折折、弯弯绕绕的事情，就得抽丝剥茧，循序渐进，而不能操之过急。如果固执己见，一意孤行，那么多半要吃亏。只有因时因地制宜，恰当应对，才能有好的效果。

此外，值得注意的是《蛊》卦的上六爻："不事王侯，高尚其事。"从初爻到五爻都是在讲如何匡正父辈的弊乱，到了上六却突然说，不去从事王侯的事业，看上去似乎与《蛊》卦的主题有些脱节。但"高尚其事"四个字，却可以给我们指出一条方向。无论是像前五爻那样，去拯救父辈的弊乱，还是像上六一样，置身事外，都有各自的道理。但最为关键的，是自己内心的动机。只要内心光明中正，坦荡高尚，那么这就是可以一种去践行的意志品质了。

———————————— • 本节要点 • ————————————

1. 蛊的原意，指的是腹内的虫子，后来也指代毒蛊、巫蛊等害人的事物。《蛊》卦的主题，是"止蛊"，也就是去挽救已经被蛊害、蛊惑的局面，让事情回到正道上来。

2.《蛊》卦认为，如果有拯救惑乱、降妖除魔的意志，那么其行动就会得到上天护佑。但一定要在事前做到计划周密、准备周全，行动之后做到准确判断，恰当应对各类状况。

3.《蛊》卦的六爻，主要阐述小辈应该如何帮助拯救父辈的弊乱。只要时机恰当、人选合适，小辈有能力挽狂澜之既倒。但如果时机或人选不对，也会造成严重的问题。必须做到行为动机正义，局势判断准确，人选恰当，行动坚决，才能取得好的效果。

第十一节 《习坎》：正视危险

䷜习坎：有孚，维心亨，行有尚。

上六：系用徽纆，寘于丛棘，三岁不得，凶。

九五：坎不盈，祇既平，无咎。

六四：樽酒，簋贰，用缶，纳约自牖，终无咎。

六三：来之坎坎，险且枕，入于坎窞，勿用。

九二：坎有险，求小得。

初六：习坎，入于坎窞，凶。

本讲我们所要学习的是《习坎》卦。我们在前面的课程中提到，八个经卦只要自己跟自己相重叠，就能够变化成一个同名的别卦，比如两个三画的乾卦组合成一个六画的《乾》卦，两个三画的震卦组合成一个六画的《震》卦。在这种模式中，只有坎卦是一个例外，两个三画的坎卦重叠起来，组合起来的六画卦就多了一个字，名叫《习坎》卦。

这里的"习"有两层意思。第一层意思，根据《象传》的解释，是"习坎，重险也"。坎卦本来就象征着凶险，而两个坎的累加，就有了险上加险的意思，寓意着危险重重。而按照王弼的解释，还有第二层意思，说的是如果一个人要去挑战有危险的事情，一定要先反复地操练、温习，准备充分之后，才能上阵迎敌。

至于为什么《习坎》卦的卦名成为一个例外，历史上也有多种不同的说法，其中比较有代表性的一种，是说《乾》《坤》《震》《巽》

第四章 易卦选读（上）

等其余的七卦，象征的都是刚健、柔顺、运动等比较正面的意义，只有《坎》卦象征的是凶险，是负面的。所以，多加一个"习"字，也是重点提醒大家，面对危险，一定要高度重视。

不过，《习坎》卦的卦象也并不是完全负面的。我们知道，坎卦的卦象，是两根阴爻包裹着一根阳爻，这一卦象虽然说有坎险之意，但从另一个角度来说，却也可以解释为中心诚实，坚实可靠。而《习坎》卦的卦辞，也是从这个角度出发，来讲明如何脱离危险的道理："习坎：有孚，维心亨，行有尚。"

摆脱险境的第一前提，就是有孚，也就是有信义。由于《习坎》卦的二、五两个中位是阳爻，所以，只要内心忠义诚信，那么即便身处险境，也还是可以亨通顺利的，面对危险所做出的努力行动，也能够获得成功。这里我们要注意的是，"行有尚"，也就是要想行动成功，就有两个前提，其一，是中正诚信；其二，是一定要有所努力，不能坐以待毙。

由于《习坎》卦"重重凶险"的寓意，所以卦辞的表述总体上有一个正能量的导向，让人们树立信心。但除了积极的引导，对危险的现实也要有准确的认识，否则就会陷入盲目乐观之中，最终饮恨。所以，《习坎》卦在初六爻就把我们拉回了危险的现实："习坎，入于坎窞，凶。"窞的意思，是深坑。坎窞，就是危险之中，又有一个深坑。也就是说，此时我们所面临的，不只是危险，而是多重的危险，初六爻又处在双重危险的最深处，既不当位，也不处在中位，跟处在相应位置的六四爻，双双都是阴爻，两不相应。这既深陷绝境，又孤立无援，可以说是最为凶险的处境了。

同样处于坎窞之中的还有六三爻:"来之坎坎,险且枕,入于坎窞,勿用。"三爻本就是一个是非之地,而六三又处在上下两个坎卦的夹击之中,无论往前走,还是往后撤,都将陷入危险之中,可以说是处在一个进退两难的夹缝之中。在这种困局下,并没有什么破局的好办法,只能是"勿用",不要想有任何的作为了。

内卦之中,局面稍微好一点的只有身处中位的九二爻。不过,虽然九二以阳爻位居中位,有中心诚信之象,但从另一方面来看,却也是处在危险的中心地带。因此,九二爻辞说:"坎有险,求小得。"首先明确现在所处的是危险的境地,但由于九二中正有信义,因此可以尝试着搏一把,但这种抗争,只能以暂时摆脱危险、小有所得为目标,千万不能追求太多,否则又将陷入更深的危险之中。

从内外卦的对比来看,《习坎》卦的初爻与四爻、二爻与五爻、三爻与上爻之间都不相应,无法互相感应支援。不过,相较于内卦的三爻均不当位,外卦的三爻虽然也构成一个坎险,但毕竟均阴阳当位,因此总体的处境比起内三爻要稍微好一点点。

比如跟六三处境相近的六四爻,由于阴阳当位,它的局面就安定了很多:"樽酒,簋贰,用缶,纳约自牖,终无咎。"缶这种器物,曾经在北京奥运会的开幕式上,作为一种打击乐器出现过,不过在古代,它一般指的是一种盛酒的瓦器。放上一樽酒,再放上两簋食物,用缶这种简朴的瓦器,把酒奉献给君王。这看上去是一种非常简单的仪式。但《周易》认为,这种仪式虽然简单,却相当于是打开窗户,跟他人进行约定,是非常光明磊落的行为。所以,虽然很难有大吉大利的结果,但可以保证没有危险。

第四章 易卦选读（上）

九五爻的断辞也是"无咎"，没有什么大的危害。而前面的爻辞则是"坎不盈，祇既平"。对于这句爻辞的理解，学者们的意见并不太统一。有人认为，这说的是坎险尚未解除，人仍然处在危险之中，不过之前所患上的小毛病已经康复了，所以无咎。也有人认为，这说的是危险虽然还没完全解除，但旁边的小山丘已经被铲平了，身边的地理环境总的来说是平坦的，所以无咎。还有人认为，这个时候，坎的深坑虽然没有填满，但是风平浪静，寓意着只要不自满，就能保证无咎。虽然各种解释的差别很大，但我们可以看到，此时的局面，已经完全可控了。

但我们不能忘记，卦辞所说的"行有尚"的前提条件"有孚，维心亨"，九五能够无咎，是因为它是一根诚信中正之爻。相比之下，走上了极端的上六爻，就没有这么好的结局了。"系用徽纆，寘于丛棘，三岁不得，凶。"徽纆，指的是绳索。上六的处境跟初六类似，是在双重危险的边缘，因此就像是被绳索束缚，并被扔在了荆棘之中，过了很多年，都没有办法逃脱。所以跟初六一样，也寓意着大凶。

• 本节要点 •

1.《习坎》卦由内外两个坎卦重叠而成。习坎的意思，是双重危险的叠加。《习坎》卦认为，想要脱离危险，需要满足两个前提条件：其一，是为人中正诚信；其二，是要在恰当的时机有所努力，不能坐以待毙。

2.《习坎》卦的初六、上六两爻，分别处在双重危险的边缘，因此均有大凶之象。处在两个坎卦夹击之中的两爻，六三不当位，进退两难；六四当位，诚信光明，没有咎害。

3.《习坎》卦九二、九五两爻以阳爻居于中位，因此虽然身处危险之中，但因为诚信的缘故，基本可以掌控大局，最终摆脱危险。

第十二节　《离》：光明与附丽

䷝离：利贞，亨。畜牝牛吉。

上九：王用出征，有嘉折首，获匪其丑，无咎。

六五：出涕沱若，戚嗟若，吉。

九四：突如其来如，焚如，死如，弃如。

九三：日昃之离，不鼓缶而歌，则大耋之嗟，凶。

六二：黄离，元吉。

初九：履错然，敬之，无咎。

在上一讲中，我们解析了《习坎》卦。由于《习坎》卦是由两个坎卦重叠而成，因此它是没有覆卦的。而与《习坎》卦组合为一对的，是其旁通卦：《离》卦䷝。在易学中，坎卦和离卦一起出现的频率是很高的。在先天八卦中，乾、坤、坎、离是四正卦；在后天八卦中，坎、离、震、兑是四正卦。无论是被排列在南北，还是排列在东西，四正卦中总会出现这两个卦的影子。而坎、离两卦，对中国民间文化的影响也非常之深远。它们既在八卦之象中象征着水火，也在道家的内丹修炼中象征着药物。对坎、离两卦的解释，也对中医哲学的

第四章 易卦选读（上）

发展，起到了极大的推动作用。

而在《周易》古经的六十四卦体系中，《习坎》和《离》这两卦也处在一个特殊的位置上。我们在前面学习过，《周易》古经的六十四卦分为上下两篇：上篇三十卦，下篇三十四卦。《习坎》和《离》正好位居第二十九卦和第三十卦，也就是上篇的结尾。这也可以在一定程度上看出这两卦在《周易》中的特殊地位。

不过，虽然坎、离两卦一起出现的频次很高，但两卦的寓意却截然相反。在八卦之象中，坎卦象征水，离卦象征火；坎卦象征危险，离卦象征附丽、光明。坎和离之间，是一种既对立又统一，相互驱动的关系。

我们现在提到"离"这个字，第一反应都是离开、分离的意思，可在卦象中，离的意思却是"附丽"，跟离开的意思正好是相反的。但其实离这种附丽、附着的意思，并不特别常用，基本上只是在跟易卦有关的解释中才会出现。不过，在古代汉语中，一个字的字义往往含义比较丰富，经常用来表示一正一反两个不同的意思，这并不罕见。《离》卦的象征也非常丰富，除了光明、附丽、火，还有太阳、眼睛等等。在《象传》的解释中，就认为太阳和月亮都附着于天，百谷和草木附着于地，而两个象征着火和光明的离卦重叠在一起，是跟正道附着在一起的。《大象传》也说道"大人以继明照于四方"，正直的领导者，能够用持续不断的光明，照耀国家的每一个角落。所以，《离》卦的卦辞上来就说："利贞，亨。"在《离》卦这样一个有双重光明加持的大环境中，只要行为正直，那么便将无往不利。

《离》卦卦辞的后一句"畜牝牛吉"，则揭示了《离》卦"少阴卦"的本质。我们在解读《坤》卦时学习过，牝，是雌性的意思，牛，也是阴柔属性的动物。阴爻、阴卦，都有柔和顺的品质，《离》卦也是如此。而且，离的寓意是附丽，那就要有一个可以附着的人或物，这样才能在两者之间建立起附丽的关系。母牛这一类具有温顺性格的动物，就可以把《离》卦的特质发挥得淋漓尽致。不过要注意的是，柔顺的特性并不是一朝一夕形成的，而是需要一个漫长的"蓄养"过程，也就是说，光明吉祥，是大家都期盼的，但没有长期磨练，也并不是那么容易就能获得的。

虽然《离》卦有光明的寓意，但在《离》卦的六爻之中，也并非都是吉利的导向。《离》卦的六爻，只有初九、六二、六五、上九四爻是吉利或者无咎的。

《离》卦初六爻的爻辞很有意思，"履错然，敬之，无咎"，这里的"履错然"，有人认为是做事错落有致、一丝不苟，也有人认为，就是走错了路。如果是前一种解释，那么所说的道理就是行动周密、小心谨慎、恭敬诚恳，有了这种为人处世的态度，那么肯定不会招来危险。如果按照第二种意思，那么说的就是即便走错了路，也没关系，只要恭敬谨慎，那么也不会有危险。

与初九同为无咎的是上九爻，"王用出征，有嘉折首，获匪其丑"。讲的是出征讨伐叛逆的事情，"有嘉折首"说的是一举击溃敌人，并且斩杀敌方首领，大获全胜。而"获匪其丑"，讲的是如何处理叛军的普通人员。孔颖达等人认为，这里说的是斩杀魁首，俘虏众人，这样一来，就一举消灭了叛军，可保无咎。但也有人认为，获匪其丑，指的是不追究一般群众的罪责，这样可保无咎。应该说，两种

第四章 易卦选读（上）

说法，各有一定的道理。

《离》卦中最为吉祥的当属六二爻，作为本卦唯一一根中正之爻，六二爻辞"黄离，元吉"跟《坤》卦六二爻辞"黄裳，元吉"非常相似。黄在五色之中居于中间，象征中正，身处下卦中位，又有附丽的品性，因此，占据中道的六二爻，最是吉祥。

相比之下，六五爻虽然也在中位，却以阴爻居阳位，所以有"出涕沱若，戚嗟若"之象，哭得非常伤心，不但是一把鼻涕一把泪，而且还不断地唉声叹气。不过，虽然六五爻既不当位，又以阴爻乘于九四阳爻之上，但毕竟身居中位，还处在《离》卦双重光明的大环境中，所以虽然也遇到了风险，哭泣不止，但实际上并不会对自己造成实质性的伤害，最终的结果仍然是吉祥的。

我们在前面提到，在八卦之象中，离卦可以象征太阳，可以象征火，也可以象征光明，而火和光明，也都属于太阳可以带来的东西。因此，在三、四两爻的比喻中，就采用了离卦太阳的取象。

九三爻辞说："日昃之离，不鼓缶而歌，则大耋之嗟，凶。"这说的是内卦的这个太阳就要落山了，就像是人到了晚年一样。在这种时候，即将老去的事实是没有任何办法改变的，如果说一味地哀叹自己的垂垂老矣，那么只能在忧伤中离开人世。所以在这种时候，恰恰应该有一种豁达的心态，拍打着用瓦做成的缶，怡然自得地唱歌，平静地迎接黄昏的到来。既然自然的规律是我们所不能改变的，那么就应该安然地接受它。

三、四两爻虽然都在险地，但九三当位，所以面临的其实是一个心态问题。而九四失位，情形就更加严重一些了："突如其来如，焚如，死如，弃如。""突如其来"这个成语，就是从这里来的，九四以阳刚居于阴位，过于刚猛，又处在外卦这个太阳的初生阶段，所以会在一瞬间爆发出巨大的能量，一下子像火焰燃烧了整个天空，但这种短暂爆发的能量没有办法坚持长久，很快就会消亡殆尽。这样的九四爻，与六五爻之间是以阴乘阳的矛盾关系，与初九爻之间又是两阳不应，没有人去附着，也没有人附着自己，可以说是完全被放弃了。

• 本节要点 •

1.《习坎》卦与《离》卦都没有覆卦，根据"二二相耦，非覆即变"的原则，作为一对相错卦的《习坎》卦与《离》卦，位居《周易》上经的最后两卦。

2. 八卦中的离卦，可以象征太阳，象征光明，象征火，象征眼睛，等等。六十四卦中的《离》卦，主要是附丽、附着的意思。与《习坎》卦"双重危险"的寓意相反，《离》卦象征着"双重光明"。

3.《离》卦的初、上两爻因为恭敬的态度或战功，可保无咎。二、五两爻身居中位，可获吉祥。但三、四两爻处在内外两个离卦的交界处，各有凶咎。

第四章　易卦选读（上）

拓展阅读与本章习题

— 拓展阅读 —

1. 黄寿祺、张善文:《周易译注》，上海古籍出版社，2007年，第1—67页，第95—99页，第110—114页，第170—180页。
2. 金景芳、吕绍纲:《周易全解》，吉林大学出版社，2013年，第3—75页，第115—120页，第133—137页，第193—202页。

— 本章习题 —

1. 《周易》六十四卦中，有两条特殊的爻辞"用九"和"用六"的是哪两个卦？
   A.《乾》卦和《坤》卦　　　　B.《泰》卦和《否》卦
   C.《剥》卦和《复》卦　　　　D.《既济》卦和《未济》卦

2. 按照四德说的解释，"元亨利贞"中的"贞"代表哪一种品德？
   A.心胸宽大、品质善良　　　　B.亨通、顺利
   C.正直、正义　　　　　　　　D.和谐

3. 《乾》卦的爻辞中，传达出"没有发挥本领的空间，即使本事再大，也不该做困兽之斗，而应该审时度势，积蓄力量，等待时机"这个意思的是哪一爻？
   A.初九：潜龙勿用　　　　　　B.九二：见龙在田，利见大人
   C.九四：或跃在渊，无咎　　　D.上九：亢龙有悔

4. 《乾》卦中，没有用龙作为取象对象的是哪一爻？
   A. 初九爻   B. 九三爻   C. 九五爻   D. 上九爻

5. 按照旁通卦的概念，《巽》卦☴的旁通卦是哪一卦？
   A.《兑》卦☱   B.《震》卦☳
   C.《离》卦☲   D.《习坎》卦☵

6. 按照覆卦的概念，以下哪个卦没有覆卦（覆卦是卦本身）？（多选）
   A.《震》卦☳   B.《离》卦☲
   C.《兑》卦☱   D.《乾》卦☰

7. 在后天八卦方位图中，坤卦位于哪个方位？
   A. 西南   B. 北   C. 东北   D. 南

8. 以下哪个选项是对《坤》卦六二爻"直方大，不习无不利"的理解？（多选）
   A. 正直的品格   B. 宽宏的气度
   C. 端正的品格   D. 自强不息的品格

9. 《坤》卦中用藏起美丽的花纹来表达收敛锋芒，不把功劳归为己有的意思的是哪一爻？
   A. 六三：含章可贞。或从王事，无成有终
   B. 六四：括囊，无咎无誉
   C. 六五：黄裳，元吉
   D. 上六：龙战于野，其血玄黄

第四章 易卦选读（上）

10. 以下哪一项可以用来概括《屯》卦的卦意?
    A. 阳刚强健 B. 柔顺居下
    C. 初生艰难 D. 其他

11. 根据我们之前学习的八卦之象，《屯》卦☵☳内外卦卦象分别是什么?
    A. 内坎外震 B. 内震外坎
    C. 内艮外震 D. 内震外艮

12. 以下对《周易》卦爻辞中，对"贞"和"往"的概念理解正确的是?（多选）
    A. 贞和往是一对相似的概念 B. 贞和往是一对相反的概念
    C. 贞指待在原地不动 D. 往指向外运动

13. 在《蒙》卦☶中，象征老师这个角色的是哪几根爻?（多选）
    A. 初六爻 B. 九二爻
    C. 六五爻 D. 上九爻

14. 《蒙》卦的卦爻辞中表达出"通过树立规矩的方式将幼童从蒙昧的状态中启发出来"的是哪一爻?
    A. 初六：发蒙，利用刑人，用说桎梏。以往吝
    B. 六三：勿用取女，见金夫，不有躬，无攸利
    C. 六四：困蒙，吝
    D. 六五：童蒙，吉

15. 在《蒙》卦的主题中，层次非常明确，从初爻到上爻分别是?

A.发蒙、困蒙、包蒙、童蒙、击蒙

B.发蒙、击蒙、困蒙、童蒙、包蒙

C.发蒙、包蒙、困蒙、童蒙、击蒙

D.困蒙、发蒙、包蒙、童蒙、击蒙

16.《讼》卦䷅是以下哪一卦的覆卦？

　A.《师》卦䷆　　　　　　B.《需》卦䷄

　C.《离》卦䷝　　　　　　D.《习坎》卦䷜

17. 以下哪一项是《讼》卦传达出的主旨？

　A.应当学会主动诉讼　　　B.应该尽力避免争讼

　C.无论如何都不能诉讼　　D.自身强大就可以主动诉讼

18.《师》卦中居于卦主地位，代表军队统帅的是哪一爻？

　A.初六爻　　B.九二爻　　C.六五爻　　D.上六爻

19.《师》卦中重点强调军队要有严明的管理纪律的是哪一爻？

　A.初六：师出以律，否臧凶

　B.六四：师左次，无咎

　C.六五：田有禽，利执言，无咎。长子帅师，弟子舆尸，贞凶

　D.上六：大君有命，开国承家，小人勿用

20.《比》卦中，按照朱熹的说法，"以一人而抚万邦，以四海而仰一人之象"，承担卦主职责的是哪一根爻？

　A.初六爻　　B.六二爻　　C.九五爻　　D.上六爻

第四章　易卦选读（上）

21. 《比》卦的各爻中，哪根爻不能跟九五爻建立起亲比的关系？（多选）
    A. 初六：有孚比之，无咎。有孚盈缶，终来有它，吉
    B. 六四：外比之，贞吉
    C. 六三：比之匪人
    D. 上六：比之无首，凶

22. 六十四卦中，唯一一个六爻都是吉利的卦是哪一卦？
    A. 《乾》卦　　B. 《坤》卦　　C. 《泰》卦　　D. 《谦》卦

23. 《谦》卦六爻中，表达虽处在危险之中，但能凭借自己的一身正气，勤劳、无私地去帮助《谦》卦中的其他爻的是哪一根爻？
    A. 六二：鸣谦，贞吉
    B. 九三：劳谦，君子有终，吉
    C. 六四：无不利，撝谦
    D. 六五：不富以其邻，利用侵伐，无不利

24. 以下哪一项是《蛊》卦的主旨？
    A. 蛊惑人心　　　　　　B. 蛊虫与巫术
    C. 除弊治乱，止蛊　　　D. 其他

25. 九二爻"干母之蛊，不可贞"所表达的是什么意思？
    A. 年轻人经验不足，经历曲折最终能解决问题
    B. 干净利落地解决所有问题，备受赞誉
    C. 解决问题要因地制宜，不能只靠一腔热情，固执己见
    D. 慢吞吞地解决问题，给小辈和长辈都造成伤害

26. 以下哪一项是《习坎》卦所传达出来的脱离危险所需要的前提？（多选）

    A. 中正诚信   B. 恰当时机付出努力

    C. 与人合作   D. 一直等外界援助

27.《习坎》卦中处于双重危险边缘是哪两个爻？（多选）

    A. 初六：习坎，入于坎窞，凶

    B. 六三：来之坎坎，险且枕，入于坎窞，勿用

    C. 六四：樽酒，簋贰，用缶，纳约自牖，终无咎

    D. 上六：系用徽纆，寘于丛棘，三岁不得，凶

28. 在先天八卦中，四正卦由哪几个卦组成？

    A. 坎、离、震、兑   B. 乾、坤、坎、离

    C. 乾、坤、震、兑   D. 震、巽、艮、兑

29.《离》卦中，既中又正，结局吉祥的是哪一根爻？

    A. 初六：履错然，敬之，无咎

    B. 上九：王用出征，有嘉折首，获匪其丑，无咎

    C. 六二：黄离，元吉

    D. 六五：出涕沱若，戚嗟若，吉

第五章 易卦选读（下）

在上一章中，我们选取了十二个具有代表性的易卦进行了学习，这些易卦各有特点，或在六十四卦顺序中居于前列，或具有特殊的含义，或在卦形上自为覆卦。本章我们继续学习易卦，只不过研读方式从单独的卦转变为两两一组的一对易卦，以便关注到六十四卦中卦形或卦意之间的相互关系。

第一节 《震》与《巽》：雷震与风行

䷲震：亨。震来虩虩，笑言哑哑。震惊百里，不丧匕鬯。

上六：震索索，视矍矍，征凶。震不于其躬，于其邻，无咎。婚媾有言。

六五：震往来，厉。亿无丧，有事。

九四：震遂泥。

六三：震苏苏，震行无眚。

六二：震来，厉。亿丧贝，跻于九陵，勿逐，七日得。

初九：震来虩虩，后笑言哑哑，吉。

☰ 巽：小亨，利有攸往，利见大人。

上九：巽在床下，丧其资斧，贞凶。

九五：贞吉，悔亡，无不利，无初有终。先庚三日，后庚三日，吉。

六四：悔亡，田获三品。

九三：频巽，吝。

九二：巽在床下，用史巫纷若，吉，无咎。

初六：进退，利武人之贞。

在上一章的最后，我们通过学习象征危险的《习坎》卦和象征光明的《离》卦，既了解了《周易》是怎样来阐发"水深火热"的，也能开始体会到《坎》《离》两卦在《周易》中的特殊地位。除了坎、离之外，在八卦中，震卦和巽卦的地位也比较特殊，因为震卦象征着长子，又象征着雷，这两个特殊的意象，是我们在解释各卦的卦爻象时都经常会采用的。同样的，巽卦所象征的长女、风，也是我们在解卦时经常会用到的寓意。

六十四卦中的《震》卦和《巽》卦，仍然脱胎于八卦中的震、巽两卦，但在卦辞的具体论述中，更着重于从人的角度出发，旨在培养一种君子品格与精神。

比如《震》卦的卦辞："亨。震来虩虩，笑言哑哑。震惊百里，不丧匕鬯。""虩虩"（xì）是恐惧的意思。震动来临时，人会不自觉地感到惧怕。就像是刘备和曹操在煮酒论英雄的时候，在曹操那句"天下英雄，唯使君与操尔"，再加上天空中打下的一声惊雷，这双重

第五章　易卦选读（下）

雷震之下，刘备被吓得摔了杯子。这种震惧，可能不是因为胆小，只是一种正常的生理反应。但在面临震动、恐惧处境的时候，用什么样的态度来看待问题，就能显示出一个人的本色了。真正的君子，能够在面对如惊雷一样令人惧怕的处境时，做到不惮强御、谈笑风生。用卦辞里的比喻来说，手中所拿着的匕和鬯（chàng）（祭祀用的器物和香酒）都依旧握得稳稳地，不会掉落，正所谓："泰山崩于前，而面不改色。""不管风吹浪打，胜似闲庭信步。"要知道，刘备也绝非等闲之辈，他之所以把酒杯摔在地上，也只不过是故意卖给曹操一个破绽，让他轻视自己罢了。

《大象传》认为，君子应该通过对《震》卦的体悟，做到"恐惧修省"，既培养自己在面对重大事件时从容不迫的风度，又要坚定自己在处理危难时应当具备的责任意识。只有具备了这种君子的气度和人格，面对危险时才能够亨通顺利。

相比于雷震的刚猛，作为少阴之卦的《巽》卦，所表达的意思就比较柔和了。《周易》认为，《巽》卦与老阴的《坤》卦类似，同样具有柔顺之德。巽卦无论是在八卦之象中所象征的长女还是风，都展现出了与坤卦相似的柔顺属性。巽卦又是一阴在下，柔顺又在下的特点，也引申出潜伏的意思。

从八卦中巽卦的卦象看，一根阴爻处在两根阳爻之下，是阴爻开始生长的趋势。在这种情况下，如果阴阳之间的关系处理不好，那在下的阴爻很可能会开始侵蚀在上的阳爻，这不但会引发阴阳爻之间的矛盾、冲突，还会破坏全卦的整体结构，带来严重的危害。

不过，《周易》认为，《巽》卦并不会走向这种大厦崩塌的危难，正如《巽》卦卦辞所说的"小亨，利有攸往，利见大人"。"利有攸往"以及"利见大人"，讲的是有利于外出，能有品德能力俱佳的大人给予帮助的意思。这两点是《巽》卦得以"小亨"的原因。从《巽》卦卦象看，在下的阴爻如果要去挑衅阳爻，掀起冲突，结果自然是对谁也不利的。而阴爻如果能够主动与在上的阳爻交好，和睦相处，那就非但不会有危险，反而能得到阳爻的帮助，类似于我们所学习过的，阴爻与阳爻之间那种"承"的关系。《巽》卦的诸爻，显然还是能够看清形势的，就像《大象传》所说的，能够"申命行事"，将上与下之间的关系处理好，井然有序，不陷入混乱。

虽然整体上看来，《震》卦象征着凶险的雷震，《巽》卦象征着柔和的风吹，但在这两卦各自的六爻中，却并不全是《震》卦多凶，《巽》卦多吉。

《震》卦的各爻，都是围绕"恐惧修省"这一主题，阐发在不同的时间、情境，遇到雷震的时候，应该怎样应对的道理。总的来说，只要能够对雷震加以足够的重视，既能戒惧修省，又能做出准确的判断和及时的应对，那就不会有危险，如《震》卦初九爻"震来虩虩，后笑言哑哑，吉"，以及六三爻"震苏苏，震行无眚"，就都是在讲这个道理，雷震本身是非常危险的，稍有不慎就会受到伤害，但只要态度端正，不狂妄自大，小心谨慎地应对，就能够避免灾祸。可是如果不拿危险当回事，草率冒进，孤身犯险，那就难免会陷入危险之中，难以自救。

总而言之，《震》卦的各爻主要是在引导人们敬畏雷震，培养忧

第五章 易卦选读（下）

患的意识和"恐惧修省"的君子气度。只要具备了这些，就不会真的陷入到凶险之中。

相比之下，《巽》卦卦辞所说的"小亨"也并不是在每一根爻都适用的。《巽》卦六爻中有"吉利"，也有"凶吝"。我们前面提到，《巽》卦最初的象征是风行、风吹，继而引申为上级与下级之间能够和睦相处的意思，具备了一些教化、指令的意思。

但无论是教化还是命令，都是需要上下级之间良好配合才可能完成的。一旦哪一方出问题，这一过程便没有办法完成了。比如《巽》卦初六爻所说的"进退，利武人之贞"，这条爻辞说的是在最下方的初六爻本应积极响应在上的阳爻，这样就能够建立起上下之间的有效联系。可是，如果犹豫不决、进退失据的话，那这种联系就建立不起来了。再比如九三爻："频巽，吝。"此爻过于刚猛，一副皱着眉头、不高兴、不配合的样子，这种态度，也显然没办法跟别人建立起有成效的合作关系，所以，也肯定会有所遗憾。

从另一个角度来说，《巽》卦虽然主讲柔顺，但柔顺也要有恰当的限度。如果像上九爻那样"巽在床下，丧其资斧"，极尽卑微，甚至于钻到了床底下，却因为本身所处的上爻位置过高，又阴阳失位，所以不但受到了人格的屈辱，还会损失所有的钱财，那么最后只能是悲惨的结果。

所以说，在《巽》卦"风行"表象的背后，其实隐藏着很多的矛盾和冲突，只有将这些问题妥当地解决了，才能收获平安吉祥。否则危险也是随时可能来临的。

---- 本节要点 ----

1. 在八卦之象中，震卦象征雷震，也象征长子，可以引申为带有危险性的震动变化。巽卦象征着风吹，也象征长女，可以引申为潜伏、顺从，或者上下级之间的教化、命令。

2.《震》卦通过阐发应该如何面对"雷震"现象，希望人们做到"恐惧修省"，既培养人的忧患意识和从容不迫的风度，又树立责任意识和君子人格。

3.《巽》卦认为，良好的社会秩序，需要上下级之间"申命行事"，建立起良好的配合关系。对于下级来说，既要一定程度上着眼于整体，顺从上级的命令。也不能过分卑微，丧失人格。

第二节 《艮》与《兑》："知止"与"取悦"

☶艮：艮其背，不获其身，行其庭，不见其人，无咎。

上九：敦艮，吉。

六五：艮其辅，言有序，悔亡。

六四：艮其身，无咎。

九三：艮其限，列其夤，厉薰心。

六二：艮其腓，不拯其随，其心不快。

初六：艮其趾，无咎，利永贞。

☱兑：亨，利贞。

上六：引兑。

第五章 易卦选读（下）

九五：孚于剥，有厉。

九四：商兑未宁，介疾有喜。

六三：来兑，凶。

九二：孚兑，吉，悔亡。

初九：和兑，吉。

上一节，我们学习了象征雷震的《震》卦，以及象征风行的《巽》卦。通过对"恐惧修省"和"申命行事"这两个主题的学习，我们可以了解到《周易》是如何通过《震》《巽》这两个卦，帮助我们树立忧患意识、培养君子人格，进而确保社会的安定和有序。本节我们要学习的同样是由八经卦自身重叠形成的卦：《艮》卦和《兑》卦。

之前学习大衍筮法以及《春秋》筮例的时候，我们就举过与《艮》卦有关的一个例子，那就是《春秋左传》中"遇《观》之《否》"的筮例。其中以《否》卦的二、三、四爻组成了一个互卦的艮，用以象征高山。在八卦之象中，艮卦最为人所熟知的象征就是山。

从八卦到六十四卦的变化中，《艮》卦的意涵也有了一定的拓展。六十四卦中的《艮》卦，最重要的含义是"止"，也就是停止。其实这和《震》卦形成了一个对比，《艮》卦和《震》卦，是一对覆卦。震卦一阳在下，象征着震动，以及阳爻在初始阶段的发展。与之相比，艮卦则是一阳在上，阻挡着下面两根阴爻的前进，像高山一样挡在了前面，所以，就会有"停止"的寓意了。

但要注意的是，《艮》卦传达出的"停止"的道理，说的是该停止的时候要及时停止，不能冒进。这里强调的并不是躺平不动的意思，因为对一个不会动的人来说，告诉他要学会停止，是没有什么意义的。只有对于处在活动中的人来说，学会什么时候应该停下来的道理，才是有意义的。这一过程中的关键，其实不是停止这一个行动，而是掌握一种判断能力，能判断出在什么样的情况下应该前进，什么样的情况下应该停止。

《艮》卦的卦辞说："艮其背，不获其身，行其庭，不见其人，无咎。"这句话的核心内容，在于"艮其背"三个字。有学者认为，《艮》卦卦辞之所以会说到"艮其背"，说的是想要从背后停止别人。但我们知道，如果从人的背后伸手阻拦，那基本是没什么作用的。所以，这句话可以采取另一种理解方式，即阻止别人，靠的是让别人自觉意识到应该停止，而不是靠蛮力去阻止。这种做法，既是在为他人着想，又尊重了别人的意见，所以最后肯定是无咎的。

也有人认为，"艮其背"传达的道理是我们需要知道应该在什么地方停下来。在人的身体中，四肢和脑袋都是不断运动的，只有背部是相对静止不动的。正因为背部坚固、安稳，所以才能守护内心。同样，在为人处世上，也需要有一个我们坚决不能突破的底线，如同《大学》所讲到的："于止，知其所止。"

但这个底线对每个人来说都是不一样的。用《大象传》的话说，叫作："君子思不出其位。"举例而言，对于一个统治者来说，他所应该停止的地方，就是宽仁，做任何事情，都不能不怀揣着宽仁的心；而对一个父亲来说，就是慈爱；对一个朋友来说，就是信义。要根据自己的身份，准确找到自己行为的边界以及底线，并且处理好分寸。

第五章　易卦选读（下）

　　由此可见，《艮》卦所讲的"停止"，不只是个人的事情，还涉及与他人之间的关系。《兑》卦所讲的"喜悦"，也同样如此，不只是要让自己喜悦，也要让对方愉悦。但这并是取悦于人的意思，也不是讨好或者奉承，而是说要让对方心悦诚服。《彖传》认为，《兑》卦是"刚中而柔外"，外表看上去高高兴兴、温温柔柔，但实际上内心是非常坚强的，能够坚守道义，诚实守信。《兑》卦的卦辞虽然只有"亨，利贞"这几个字，但也是在强调这样的道理。一方面，无论是自己喜悦，还是令他人喜悦，都是正能量的事情，可以让事情亨通顺利地发展。只不过，这种喜悦和顺利，一定要秉持正道才能获得。

　　"刚中而柔外"也是一种处世方法的指导，虽然内心中正坚毅，但不可以用强制的手段来约束别人。既不可谄媚，又不可以用强权，要把握《兑》卦所说的这种尺度，也并不容易。因此，《大象传》又给我们指出了一条明路："君子以朋友讲习。"什么样的事情，能让自己和朋友都能发自内心的愉悦呢？以文会友、切磋学问就算得上一件。《周易》所描述的这种深刻又有格调的生活方式，远远超越了一般的物质追求。

　　总的来说，《艮》卦和《兑》卦的六爻，主题都非常集中，并且能根据不同爻位所象征的具体情况，对卦的主旨做出恰当的解释和说明。以《艮》卦为例，除了上九爻爻辞为"敦艮"外，其余五爻，从下至上，依次以"艮其趾""艮其腓""艮其限""艮其身""艮其辅"为象。《艮》卦的爻辞说明，并不是在任何位置都适合停下来，比如六二爻所说的腓，也就是小腿，以及九三要所说的限，也就是腰，这两个位置，是人体中既活动频繁，又承上启下的位置，如果贸然停止，可能会对整体造成伤害。适时的停止固然合理，但行动和停止的恰当结合，才是最好的做法。而上九爻之所以用"敦艮"为辞，则是配合于上九的位置，上九爻处在最高处，当然可以非常容易地阻拦别人。但是，恰恰是在这种位置上，才一定要做到敦厚，不可恃强凌弱。

《兑》卦的六爻虽然形式上不如《艮》卦整齐，但对"诚实相悦"这一主题的阐述，也非常集中。如初九爻所讲的"和兑"，以及九二爻所讲的"孚兑"，就强调在待人接物时，平和中正、诚实守信的重要性，只要具备了这些品质，结果也自然会是吉祥的。相反，如果像九五那样，虽然本来处在中正之位，却不加警惕，被小人损害了诚信的话，那么结果也可能会是危险的。此外，像是六三的"来兑"，也就是无事献殷勤般的谄媚，或者上六的"引兑"，也就是靠别人的中介，或者是用利益来引诱取悦他人，就都不是正当、光彩的办法，都不是正直的君子该采用的方式。

• 本节要点 •

1. 在八卦中，艮卦和兑卦分别象征高山和湖泊。而在六十四卦中，《艮》卦主要讲"停止"的道理，《兑》卦主要讲"取悦"的道理。

2.《艮》卦认为，无论是思维还是行动，人在该停止的地方，便要学会停止。为人处世，要守护好自己人格的边界和底线。

3.《兑》卦认为，待人接物，要以能够让对方心悦诚服为目的。既不能为了讨好对方，而刻意谄媚，也不能恃强凌弱，强力压服，而应该以中正平和、诚实守信的态度对待他人。

第五章　易卦选读（下）

第三节　《剥》与《复》：周而复始

䷖剥：不利有攸往。

上九：硕果不食，君子得舆，小人剥庐。

六五：贯鱼以宫人宠，无不利。

六四：剥床以肤，凶。

六三：剥，无咎。

六二：剥床以辨，蔑，贞凶。

初六：剥床以足，蔑，贞凶。

䷗复：亨。出入无疾。朋来无咎。反复其道，七日来复。利有攸往。

上六：迷复，凶，有灾眚。用行师，终有大败；以其国，君凶。至于十年不克征。

六五：敦复，无悔。

六四：中行独复。

六三：频复，厉无咎。

六二：休复，吉。

初九：不远复，无祗悔，元吉。

《剥》卦䷖和《复》卦䷗都是一阳五阴之卦，其区别在于那唯一一根阳爻的位置，在《剥》卦中处在最上，在《复》卦中位居最初。我们知道，对易卦的阅读，是自下而上的。因此，这唯一一根阳爻，究竟是在初爻，还是在上爻，对于全卦的大意，会造成完全不同的理解。在《周易》的世界中，虽然从总体上讲是"一阴一阳之谓道"，是一个阴阳平衡的世界，但是从价值取向上来说，还是有一种"阳善阴恶"的表述。我们要注意的是，这里所说的"阳善阴恶"，并不是说所有阴类的事物，比如女人、雌性动物、牛、夜晚等等，都是恶的。而是在需要用抽象的阴阳观念来解释善恶问题的时候，用阳来指代善，用阴来指代恶，从而利用卦爻体系，来把善恶问题讲清楚。

因此，在《剥》卦和《复》卦的卦象中，阳爻和阴爻所被赋予的善恶属性，就成为了解释卦义的重点。在《剥》卦中，五根阴爻在下，一根阳爻在上。这种卦象，我们就可以理解成：在上的那根阳爻，代表着善良和正义，却被下面的一群阴爻不断地侵蚀和攻击。其实这种情况，跟八卦之象中的艮卦很相似，都是一阳在上、多阴在下。只不过不同的是，艮卦是一阳面对两阴，作为一个少阳卦，这一根阳爻是足以阻挡住在下的两根阴爻的前进趋势的，因此寓意着"停止"。但在《剥》卦中，一阳要面对五阴，显然力有不逮，因此，《剥》卦的卦辞说的也是"不利有攸往"，在不利局面下，要尽力保证自己不被侵蚀殆尽。

相比之下，《复》卦虽然也是一阳面对五阴，但是态势却完全不一样，阳爻处在初爻的位置上，正是一副刚刚出生，正要蓬勃发展的势头，后劲十足。所以，正如卦辞所说，"亨。出入无疾。朋来无咎"。虽然看上去，一阳对五阴，实力相差悬殊，但阳爻的势力会不断地扩大，而不会被阴爻阻碍。所以，与《剥》卦相反，《复》卦是"利有攸往"，阳爻所代表的善良、正义，一定能不断地发展，不会有

第五章 易卦选读（下）

任何的危害。

《复》卦卦辞中，争议比较大的一段是"反复其道，七日来复"。"复"这个字，本来就含有回复的意思，就像过年的时候，我们经常会贴出来的一副春联就是"一元复始，万象更新"，预示着一个重新开始。"反复其道"，其实说的就是这个意思。不过，既然是重新开始，那也意味着过去的结束。这里面就有了一个周期的意识，从开始发展，到逐渐到达顶峰，再到最后结束，其实并不难理解。但这个周期为什么是七天，卦辞为什么说"七日来复"呢？对于这个问题，历史上众说纷纭，并没有一个让大多数人都信服的解答。但这句话中所蕴含的周期意识和循环意识，却成为中国古代哲学中非常重要的思维特色。

在《剥》卦的六爻中，以阴爻侵蚀阳爻的意涵，还是表现得非常明显的，在上九爻的爻辞中，也以"硕果"来比喻这唯一一根阳爻的独苗。"硕果不食，君子得舆，小人剥庐。"这果实如果掌握在君子手中，那么还是一个不错的局面，但如果被小人得到了，那么整个社会就会土崩瓦解了。

在五根阴爻中，初六、六二和六四，就都以"剥床"为象，将之比喻为侵蚀床的不同部位。初六爻是"剥床以足"，意思是侵蚀到了床脚；六二爻是"剥床以辨"，侵蚀到了床头；六四爻则是"剥床以肤"，侵蚀到了床面。随着爻位的不断上升，侵蚀的部位也随之变化。但我们知道，无论是床脚、床头还是床面，哪一部分被侵蚀坏了，都会导致这张床不能再继续使用。因此，这三爻的结果是可以想象的，不是"凶"，就是"贞凶"。

不过，在这《剥》卦的群阴中，也不是所有的爻全是凶象的。比如，六三爻就是"剥，无咎"。为什么六三这么一根既不当位，又处在多凶险的三爻位置上的爻，可以独善其身呢？那是因为它可以与《剥》卦中唯一一根阳爻，也就是上九爻阴阳相应。有了与上九的感应，六三才能无咎。

六五的断辞是"无不利"，结局也是非常好的，而它的爻辞则是"贯鱼以宫人宠"。《剥》卦虽然有群阴侵阳之象，但六五却能在身处离上九最近的位置上，正确认识自己的身份，率领着群阴听从上九的号令，就像宫女排成一队，侍奉君王一样。由于处在中位的六五摆正了位置，所以无所不利。

《复》卦认为，只要能够及时地回复，也就是回归正道，那么无论处在哪个位置，都可以迎来一个全新的开始。像是初九所说的"不远复"，在刚出发不久时就回归正道；六二所说的"休复"，也就是美好的回复，就都是吉祥顺意的。相比之下，六三的"频复"和六四的"中行独复"，一个皱着眉头，愁眉苦脸，一个无人陪伴，独自小心翼翼地回复，看上去都遇到了一些困难。不过，虽然三、四两爻都处在是非之地，离开出发点的初九也越来越远，但六三、六四所做的，都是回归正道的正确行为，因此，虽然会碰上一些坎坷和困难，但最终都不会有危害。

同理，六五虽然距离初九已经很远了，而且两者不是相应的关系，因此想要回到原点，是很困难的。但六五却能保持"敦复"的态度，敦厚、虔诚地往正道回归，有了这种精神，那么最终的结果，也会是无怨无悔的。但如果离开的太远，像上六那样"迷复"，找不到路了,那么不但会有凶象,而且会面临灾难。用爻辞的话说:"用行师,终有大败;以其国,君凶。至于十年不克征。"迷途不知返,与正道背道而驰,那么肯定什么也做不成,最终一败涂地。

———— • 本节要点 • ————

1.《剥》卦和《复》卦的卦象,都运用了《周易》"阳善阴恶"的观念。需要注意的是,"阳善阴恶",并不是说阳性的事物都是善的,阴性的事物都是恶的,而是利用卦象中阴阳爻的生长变化,用阴阳来指代善恶,从而利用卦爻体系,来阐述善恶问题。

2.《剥》卦象征着剥落、侵蚀,利用五阴在下侵蚀上九阳爻的卦象,比喻邪恶侵蚀正义,小人攻击君子。

3. 在《复》卦中,一根阳爻单独处在五阴之下,寓意着回归原点,重新开始。除上六爻距离初九太远,迷途不知返而陷入凶境之外,其余的爻,只要努力回归正途,最终都可以无悔无咎。

第四节 《夬》与《姤》:程序正义与阴阳平衡

☱夬:扬于王庭,孚号有厉。告自邑,不利即戎。利有攸往。

上六:无号,终有凶。

九五:苋陆夬夬,中行无咎。

九四:臀无肤,其行次且。牵羊悔亡,闻言不信。

九三:壮于頄,有凶。君子夬夬独行,遇雨若濡,有愠,无咎。

九二:惕号,莫夜有戎,勿恤。

初九：壮于前趾，往不胜为咎。

☰☴ 姤：女壮，勿用取女。

上九：姤其角，吝，无咎。

九五：以杞包瓜，含章，有陨自天。

九四：包无鱼，起凶。

九三：臀无肤，其行次且，厉，无大咎。

九二：包有鱼，无咎，不利宾。

初六：系于金柅，贞吉。有攸往，见凶，羸豕孚蹢躅。

上一讲我们研习了《剥》卦和《复》卦。除了从"阳善阴恶"的背景出发，学习《剥》卦所讲的"侵蚀、剥落"，以及《复》卦所讲的"回复原初"这两个主题外，还对这两个卦象所展示出来的阴阳爻自下而上地生长、扩张，以及这种生长背后的周期意识和循环意识有了初步的了解。本讲我们所要学习的两卦，便可以从一个相反的视角加深我们对《周易》中这种生长、周期、循环思维的理解。这两个卦，就是《剥》卦和《复》卦的旁通卦：《夬》卦☰☱与《姤》卦☰☴。

从卦象的发展趋势看，《夬》卦呈现出阳爻不停地向上生长，即将攻击到上六爻的态势。但与《剥》卦的阴爻侵蚀阳爻不同，在"阳善阴恶"的思想背景下，阳爻迅猛生长、阴爻受到打击的《夬》卦象征善良、正义的阳爻不断发展，所以不能用"侵蚀"这个意涵。事实上，夬的意思，用《象传》的解释来说是"决也"，也就是果决、决断的意思。放回到卦象里，意指在下的五根阳爻同仇敌忾，准备处决

第五章 易卦选读（下）

在上的阴爻。卦辞所描述的也是此意："扬于王庭，孚号有厉。告自邑，不利即戎。利有攸往。"

值得注意的是，五阳面对一阴，看上去是可以轻而易举地把对手解决掉的局面。但卦辞告诉我们，不可以这么做，如果想凭借武力强吃，那么对自己是不利的。正确的做法应该走上王庭，也就是国家的法庭，对小人的恶行加以公开的审判，然后再加以制裁。这样一来，不但可以公平、公正、公开地处罚邪恶，更能起到树立法律的权威、警戒大众的良好效果。在这一过程中，除了审判和裁决要遵守程序正义的原则，进行公开处理之外，还要在民众中广泛地宣传，让大家都能够明白其中的道理，并引以为戒。

由此我们可以看到，《周易》认为维护社会安定不仅需要一个公平、公正的处置结果，同样也需要公正的裁决程序。在《夬》卦中，上六爻辞为："无号，终有凶。"讲的是虽然避免不了最终要被处决的结局，但这种惩处，是在合理合法的裁决和公开宣判之后，才会执行的。因此，通常不会产生冤情，也就不必叹息号啕了。

相比于《夬》卦中上六所面临的穷途末路，在《姤》卦之中，一阴在下，正是即将要壮大、发展的时候。"姤"也可以通作"遘"，本意指的是相遇。而《姤》卦的卦辞则非常有趣："女壮，勿用取女。"

《姤》卦卦辞中的"女壮"，不能简单地按照女子体型的"壮"来理解。这里传达出的是一种阴阳平衡的理念。阴阳平衡，既是一种宇宙论，就像是每一天都由白天和黑夜构成，人类由男性和女性构成，等等；也可以是一种价值论、人生论，比如，任何事物都可以分为正面和反面，每个人都会有积极的情绪和消极的情绪，等等。《周易》

认为，在人类的家庭生活中，男女之间，也要讲求一种阴阳平衡。就像《家人》卦的《象传》所说的那样，"女正位乎内，男正位乎外。男女正，天地之大义也"。

在古人对家庭的理解中，"男主外，女主内"是一种比较普遍的观念，男女双方各自主要负责生活中的一个部分，合力维系家庭生活。除了这种家庭事务分配的平衡外，男女双方家庭背景的平衡，也是另外一个重要的观念，这就是所谓"门当户对"的说法。如果男女双方的家庭背景差别过大，那么生活中产生矛盾的概率就会增加，不利于家庭和睦。而《姤》卦所说的女壮，指的其实也就是女方太过强势，完全盖过了男方，会导致一个家庭中男女双方的关系失衡，无法进入稳定的婚姻生活。因此，《周易》认为，像《姤》卦这样，女方太过强势的情况，是不利于构建稳定的婚姻关系的。

我们可以看到，《周易》的价值观，有着很强的构建稳定、和谐的家庭关系与社会秩序的目的，但其中的有些伦理观念，确实带有一定的历史局限性，未必完全适用于当代社会。

在《夬》卦中，我们特别需要注意的是，夬所代表的这种果决、决断的品行，并不是任何情况下都适用的，必须要注意时机和方式方法。比如初九爻所说的"壮于前趾，往不胜为咎"。说的是脚趾的前部很强壮，但是却不能取胜，反而导致了危害。这是为什么呢？爻辞仅仅强调说"壮于前趾"，这背后的意思是其他部分还没有准备好，此时并不强壮，也就是在实力不够的情况下，躁动冒进，结果可想而知，是不太可能获胜的。而九二爻在做到了"惕号"，也就是小心谨慎、心怀警惕，准备工作做得非常充分之后，就可以"莫夜有戎，勿

第五章 易卦选读（下）

恤"，也就是即便夜半时分突然出现敌人的入侵，也不必担心了。因为自己时刻警醒的忧患意识，以及充足的准备工作，完全可以将敌人击退。

九三爻讲述了在面临危险的情况下，君子也应"夬夬独行"，果决地与小人做抗争的道理。同样的，九五爻也强调，"苋陆夬夬，中行无咎"，字面意思说的是，要坚决地把杂草清理干净。背后的道理说的是只要坚守正道，坚决与小人划清界限，那最终的结果是不会有什么咎害的。

在《姤》卦中，我们最需要关注那唯一的一根阴爻，也就是初六爻，它的爻辞是："系于金柅，贞吉。有攸往，见凶，羸豕孚蹢躅。"这句爻辞中，有几个不太好理解的专有名词。第一个是"金柅"，柅是古代马车上的刹车，"金柅"就是用金属做的刹车。无论是"阳善阴恶"的大背景，还是卦辞中"女壮，勿用取女"的比喻，都认为不应该放任初六爻发展壮大。因此，用金柅来为初六爻的前进刹住车，就是一个很正义的行为，所以"贞吉"。

在爻辞的后半句中，"羸豕"，指的是羸弱的小猪；"孚"在这里并不是指诚信，而是一个通假字，通浮躁的"浮"；"蹢躅"是躁动不安、蠢蠢欲动的意思。这是在进一步解释为什么要"系于金柅"，及时止住初六爻前进的态势。因为从长远来看，此时的初六爻还是一只羸弱的小猪，尚且容易将其控制。但我们知道，猪的成长速度很快，而且这只小猪还躁动不安、蠢蠢欲动，如果不在这个时候就限制住它，放任它成长，等到从一阴五阳的《姤》卦，发展成三阴三阳的《泰》卦，甚至五阴一阳的《剥》卦的时候，那就无可奈何，控制不住了。

---・本节要点・---

1.《夬》卦的大意，讲的是果决、决断，象征着以在下的五阳去裁决上爻的阴爻。但《夬》卦认为，虽然阴爻代表着邪恶的小人，但审判、裁决的过程一定要公平、公正、公开，只有在公开的审理判决之后，才可以加以果决的惩治。

2."姤"通"遘"，本来是相遇的意思。而在《姤》卦中，以一阴在下、五阳在上的卦象，阐述了阴阳之道要保持平衡的道理。《姤》卦强调，要在初始阶段就及时限制初六爻的发展态势，不能让处于初生阶段的初六爻肆意发展，从而避免其进一步扩展而带来灾祸。

第五节 《咸》与《恒》：从婚姻到安稳的生活

䷞咸：亨，利贞，取女吉。

上六：咸其辅、颊、舌。

九五：咸其脢，无悔。

九四：贞吉，悔亡，憧憧往来，朋从尔思。

九三：咸其股，执其随，往吝。

六二：咸其腓，凶，居吉。

初六：咸其拇。

䷟恒：亨，无咎，利贞，利有攸往。

上六：振恒，凶。

六五：恒其德，贞。妇人吉，夫子凶。

第五章　易卦选读（下）

九四：田无禽。

九三：不恒其德，或承之羞，贞吝。

九二：悔亡。

初六：浚恒，贞凶，无攸利。

上一讲我们学习了《夬》卦和《姤》卦。从《夬》卦中我们可以学到，古人在要求君子坚决果敢的同时，也非常注重对程序正义的保护。《姤》卦则告诫我们，应该尽早地控制住那些可能会导致危险的不安定因素，从而让生活达到一种平衡、稳定的状态。其实，无论是《夬》卦还是《姤》卦，乃至整个《周易》的观念，都是想要描绘一个和谐的宇宙世界和安定的社会生活。

安定的社会生活并不是一个抽象的概念，本节我们所要学习的《咸》卦☱和《恒》卦☳，就是在回答人类社会日常生活的秩序该怎样建立的问题。

首先来看《咸》卦，"咸"字本身的含义比较丰富，既可以解释成全部、共同，也可以解释成和谐、和睦。这里要注意的是，我们现在所说的咸淡的咸，在繁体字中写作"鹹"，跟《咸》卦的咸并不是同一个字。《咸》卦所取的含义，跟以上几种解释都不一样，讲的是交感，主要是男女之间的感应关系。

《咸》卦在《周易》的下篇中排在首位，这也与它"交感"的寓意是有关的。就像《周易》在上篇中首列《乾》《坤》，用以阐述对宇宙世界的基本认识一样，《周易》在下篇中率先排列《咸》《恒》二卦，借这两个卦，阐发一种理想的人类生活秩序。这种秩序是什么呢？其实就是中国古代社会中的礼。

礼，并不只是一种简单的仪式，而是基于人类的情感，以及社会生活的需要，人为构建出来的社会制度。在古代社会中，礼的思想和制度尤其受到儒家的重视和推崇。在儒家看来，人类的社会生活，是应该区别于自然界的动物的。这种区别就在于人类要组建家庭。而建立家庭的关键，则在于男女之间夫妻关系的确立。也就是说，通过男女之间固定的夫妻关系的建立，便可以构建出包含夫妻、父子、兄弟等多种固定的血缘亲属关系，将这种家庭结构推而广之，人类社会的基本形态也就可以构建成功了。

由此可见，夫妻关系的确立，是家庭得以建立的核心要素，而《咸》卦所讲的交感，也正是要通过男女之间的感应，来引导夫妻和家庭的建立。《咸》卦的卦辞是："亨，利贞，取女吉。"直截了当地点明了本卦的主题：婚姻。从《咸》卦的卦象上来看，也是如此，作为主讲婚姻的一卦，《咸》卦的初爻与四爻、二爻与五爻、三爻与上爻之间，都是两两相应的关系。内卦象征少子的艮，与外卦象征少女的兑，也寓意着青年男女两相感应，走入婚姻殿堂。不过在古人看来，婚姻可不是一男一女的交感结合这么简单，而是一定要按照婚礼的各个流程，规规矩矩地执行，只有达到和二姓之好的目的，才能称得上是合乎礼法的婚姻。

紧跟着《咸》卦的《恒》卦，讲的是恒久、稳定的道理，也就是通过稳定的婚姻、家庭关系，构建长治久安的社会。《序卦传》里面明确地说道："夫妇之道不可以不久也，故受之以《恒》。恒者，久也。"也就是说，通过男女交感，可以构建起婚姻与家庭，但如果想

第五章　易卦选读（下）

要让社会稳定地运转，还必须要确保婚姻和家庭的稳定。

《恒》卦的卦辞说："亨，无咎，利贞，利有攸往。"如果能保持长久的亨通稳定，是不会有什么危险来临的。但在《恒》卦的卦辞中，"利贞"和"利有攸往"的同时出现，是值得我们思考的。利贞，一方面指的是行为要端正；另一方面，也有保持不动的意思。而利有攸往，则说的是利于外出行动。这两者的同时出现，说明了这样一个道理，想要维持婚姻、家庭、社会的稳定，一味地保守不动，或者不停地变动，恐怕都不是最好的办法，而应该试图在两者中找到平衡。当静则静，当动则动，才是最佳的方法。就像是在家庭生活中，男女双方只有互相尊重，互相爱护，互相帮助，才能维护家庭氛围的和谐。由此可见，《咸》卦和《恒》卦，确实可以作为一个整体来看待。

再来看爻辞，《咸》卦的六根爻，虽然两两之间都能建立起阴阳相应的关系，但在六爻的具体阐述中，却对男女交感的规范有着非常严格的限定。因此，虽然在每一个爻位上交感关系都可以发生，但真正符合《咸》卦规范的交感，却也并不容易做到。

除九四爻突出强调"利贞"的主旨外，《咸》卦的另外五爻，自下而上，依次以"咸其拇""咸其腓""咸其股""咸其脢""咸其辅、颊、舌"为象。这种将人体部位用作爻辞比喻的结构，在之前的爻辞中也曾出现过。但在《咸》卦的这五爻中，却没有一根爻的断辞为吉或利，这在六十四卦中并不多见。其中，唯一有明确正面断辞的只有九五爻，也仅是"无悔"，因为九五交感于背脊的缘故，位置中正，也只是可以保证没有悔恨而已。而交感于小腿和大腿的六二、九三，太过活跃，不够稳定，便各有凶咎之象。初六和上六两爻，爻辞则根本没有给出任何断辞。究其原因，也是因为这两根爻位置特殊，所处的环境不够稳定，结果也就难以预料了。

《恒》卦的六爻所阐发的重点，也在于如何通过坚守正道，获得长久的平安和稳定。对《恒》卦卦辞中"动静结合"的道理，也有一定的阐发。

《恒》卦的初六爻和上六爻，分别以"浚恒"和"振恒"为象，寓意着对"恒久之道"深切、努力的追求。但在《周易》看来，这两根爻追求恒久的力度太过，反而会适得其反，造成凶害。而九三、九四两爻，则处在颇为动荡的是非之地，也难以长久地坚守正道，因此也没有办法得到好的结果。九二和六五两爻，虽然都在中位，却均不当位，因此，九二也只能获得一个"悔亡"的结果，虽然悔恨可以消除，但也算不上大吉大利；六五以阴柔居中，也只能是"妇人吉，夫子凶"，对于阴柔属性的妇道人家，是可以获得吉祥的。但对刚健的男人们来说，则是凶多吉少的。

由此可见，《周易》对于婚姻以及社会生活的态度，是高度重视且非常审慎的。构建和谐、稳定、长久的婚姻关系和社会秩序，需要每一个参与其中的成员坚守正道、不懈努力。

———— • 本节要点 • ————

1.《咸》卦通过内卦艮与外卦兑的两两相应，主讲男女交感。《咸》卦认为，男女交感，必须发乎情、止乎礼，按照礼的要求，以最终将男女间的感应结合为婚姻为目的。

2.《恒》卦位于《咸》卦之后，主要阐述如何构建长久稳定的婚姻、家庭、社会生活。《恒》卦认为，只有秉持正道，并且能够动静结合，根据所处的环境变化，做出恰当的判断和应对，才能带来长久安稳的生活。

3.《咸》《恒》二卦均认为，每个人都要努力做到在生活中坚持正道，严守礼制，努力构建稳定的婚姻、家庭、社会生活。这也是中国古代礼制观念与儒家伦理思想的体现。

第六节 《革》与《鼎》：革故鼎新

☱☲革：己日乃孚，元亨利贞，悔亡。

上六：君子豹变，小人革面。征凶，居贞吉。

九五：大人虎变，未占有孚。

九四：悔亡，有孚改命，吉。

九三：征凶，贞厉。革言三就，有孚。

六二：己日乃革之，征吉，无咎。

初九：巩用黄牛之革。

☲☴鼎：元吉，亨。

上九：鼎玉铉，大吉，无不利。

六五：鼎黄耳金铉，利贞。

九四：鼎折足，覆公𫗧，其形渥，凶。

九三：鼎耳革，其行塞，雉膏不食，方雨亏悔，终吉。

九二：鼎有实，我仇有疾，不我能即，吉。

初六：鼎颠趾，利出否。得妾以其子，无咎。

在六十四卦中，有两卦是专门讲改革创新精神的。我们现在仍然在使用的一个成语"革故鼎新"，说的就是改革旧弊，创造新规的意思。而这个成语中的"革"和"鼎"，事实上，就是《周易》中的一对覆卦。

《革》卦的主题，讲的就是"革命"。革命这个词，并不是近现代才产生的，早在上古时期，人们就把商汤讨伐夏桀、周武王讨伐商纣王的行为，称为"汤武革命"了。但我们要注意到，同样是起兵造反的行为，有的被认为是革命，有的则被定义为犯上作乱。革命和叛乱，这两者之间的区别，并不在于具体的行动如何，而在于是否有足够的正当性。就像《革》卦的《象传》所说的那样，"汤武革命，顺乎天而应乎人"。商汤和周武王起兵造反的行为，之所以被认可为革命，有着两个重要的原因：其一，是夏桀和商纣王施政残暴，民不聊生，国家社会已经到了必须改朝换代的时候；其二，是商汤和周武王受到老百姓的拥护和爱戴，希望他们来统治国家。也就是说，天命和人心，二者是缺一不可的。

而《革》卦的卦辞，其实也阐述了同样的道理："己日乃孚，元亨利贞，悔亡。""元亨利贞"和"悔亡"，属于《周易》卦爻辞中的常客，我们也已经遇到过很多次了。而《革》卦卦辞特殊的地方就在于"己日乃孚"这四个字。"孚"，指的是信义、诚信，而"己日"指的是什么，却并没有特别令人信服的解释。虞翻把它解释成"甲乙丙丁午己"的己，王弼则认为应该通"已经"的已，还有一些人认为应

第五章　易卦选读（下）

该是"辰巳午未"的巳。众说纷纭，莫衷一是。但不论怎么解释，已日所指的，都是特殊的日子。其实就是说，改革或者革命这种事情，绝对不是贸然行动的，只有在前期的社会氛围、准备工作都已经到位的情况下，才可以实施。而且，进行改革或革命工作，也必须要以十足的诚信为前提条件，只有足够诚信正直，才能亨通顺利，才不会产生令人悔恨的事情。

《革》卦的六爻所阐述的重点，则是告诫我们应该根据不同的情境，做出不同的准备。比如，在初九爻的位置上，事情刚刚起步，显然还不是恰当的改革时机，所以就应该"巩用黄牛之革"，用牛皮给捆住，也就是千万不能轻举妄动的意思。

到了六二和九五这样的中正之爻的位置时，就是比较恰当的时机了。六二爻辞说"己日乃革之，征吉，无咎"，就是到了卦辞中所说的合适的"己日"，便可以发动改革，而不会有咎害。九五爻更是说"大人虎变，未占有孚"，有中正之德，又处在至尊之位，此时发动改革，无疑是最为恰当的时机，肯定能收获不错的结果。

与此同时，《革》卦也在提醒人们，改革或革命，都是变化性很大、风险很高的行为。像是九三爻所说的"革言三就"，以及上六爻所说的"君子豹变，小人革面"，就都是在强调，在改革的过程中，并不是一帆风顺的，会出现很多的反复和变化。因此，除了始终保持诚实信义之外，审慎的态度，以及根据不同的情形做出及时的应变处理，也都会对改革的结果起到决定性的作用。

《革》卦后面紧跟着的是其覆卦《鼎》卦。鼎本意指一种主要用来煮肉的青铜器，比如商代的司母戊大方鼎、西周的大克鼎等等。在前面学习易象时，我们就曾在"象形之象"中提到，在有的人看来，《鼎》卦的卦象就像是一方鼎的样子，是一个象形之卦。

《鼎》卦的寓意，一方面自然跟作为青铜器的鼎分不开，另一方面，也有着很大程度的引申。首先，作为青铜器的鼎是一种重器，就像成语"三足鼎立"所说的那样，具有极强的稳定性。因此，《鼎》卦可以象征着构建一个稳定的社会。而鼎的主要功能，又是用来煮肉的，既然能把生肉煮熟，那么，进而也可以理解为把事情给办成。这样一来，"鼎"和"革"的关系，也就变得好理解了。"革"的主要意思是打破一个旧的制度，而"鼎"则是要建立一个稳定的新制度。"革故鼎新"，也就是既要除旧，也要立新的意思。

《鼎》卦的卦辞只有"元吉，亨"这三个字，首先是因为《革》卦要做的事情是破旧，所以肯定要面临旧势力的反对和阻挠。而《鼎》卦所要做的则是创新的工作，阻力自然要小得多，而且会深受人们的期待。其次，鼎新的工作一定是在革故之后，《革》卦已经把最困难的先期工作给完成了，自然也就留给《鼎》卦大展宏图的空间了。

《鼎》卦的这种正能量的寓意，在六爻中也有所体现。具体来说，《鼎》卦的六爻都是以鼎的各个部位，来作为爻辞的比喻，充分展现了鼎作为重器的特质。除了九四爻外，其余五爻的断辞都是吉利无咎的。

比如说初六爻虽然讲的是"鼎颠趾"，说的是鼎足倾倒，这看上去是一件危险的事情，但事实上，鼎自身厚重，并不会有危险，而且这样一倒，反而能把鼎里面的脏东西给倒出去。看上去危险，但实际上仍可无咎。

第五章　易卦选读（下）

作为重器，鼎除了自身厚重之外，还可以搭载其他的物品。比如，九二爻所说的"鼎有实"，用鼎腹来装满东西。或者六五爻、上九爻所说的"鼎黄耳金铉""鼎玉铉"，在鼎耳中插上用金属或者玉器制作而成的鼎铉。这样的寓意，都说明了鼎可以在日常生活，或者祭祀活动中发挥作用，所以结果也肯定是吉利的了。

不过，虽然鼎确实厚重沉稳，但也并不是金刚不坏的。九三和九四这两根爻就在提醒我们，如果不对鼎加以适当的保护，鼎耳和鼎足都有可能会因为磨损、风化而变形，甚至折断，那样的话，不但鼎里面所装的东西会散落一地，破损了的鼎也就没法再继续使用了。所以说，不仅要在铸鼎的时候，要有一个合理的总体设计，而且也不是说只要把新的制度建好了，就可以万事大吉。在日常的运转和使用中，适度的使用、及时的保养和维护，也都是不可缺少的。

———— • 本节要点 • ————

1.《革》卦的主旨，是改革或革命。《周易》认为，革命的前提有二：一是天命所归，二是民心所向。只有以诚实信义为前提，在时局确实需要变革，并且做足了准备工作的情况下，才可以发动改革或革命。

2. 在《革》卦的六爻中，多次强调改革的过程中会出现很多的反复和变化，必须既诚信中正，又小心谨慎，随时处理应对好各类突发情况，才能获得成功。

3. 鼎本来指的是一种大型的青铜器，《鼎》卦也被部分学者认为是六十四卦中为数不多的象形之卦。《鼎》卦的寓意，从鼎器引申为"鼎新"。也就是在《革》卦打破旧的体系后，重新建立一个新的体系。

第七节 《泰》与《否》：否极泰来

☷☰泰：小往大来，吉，亨。

上六：城复于隍，勿用师，自邑告命，贞吝。

六五：帝乙归妹，以祉元吉。

六四：翩翩，不富以其邻，不戒以孚。

九三：无平不陂，无往不复。艰贞无咎，勿恤其孚，于食有福。

九二：包荒，用冯河，不遐遗，朋亡，得尚于中行。

初九：拔茅茹，以其汇，征吉。

☰☷否：否之匪人，不利君子贞，大往小来。

上九：倾否，先否后喜。

九五：休否，大人吉。其亡其亡，系于苞桑。

九四：有命无咎，畴离祉。

六三：包羞。

六二：包承，小人吉，大人否亨。

初六：拔茅茹，以其汇，贞吉，亨。

本节要学习的是在《周易》中非常重要的一对卦：《泰》卦☷☰和《否》卦☰☷。《泰》卦之所以重要，按照《彖传》的说法："天地交而万物通。"《泰》卦的卦象，内卦是乾卦，外卦是坤卦。在八卦之象中，乾卦象征着天，坤卦象征着地，《周易》的重要精神就是运动变化，所以，在《泰》卦中，天和地交换了位置，天有上升的趋势，地

第五章　易卦选读（下）

有下降的趋势，如此一来，天和地之间便可以相互交通，安泰和谐。《否》卦的含义则与之相反，形容的是天地闭塞的情况。

按照《彖传》的解释，《泰》卦内乾外坤，一方面是象征着天和地之间交通往来，上下志同道合；另一方面，也考虑到了乾坤位置的交换问题。《周易》认为，乾坤换位之后，纯阳的乾卦在内，恰恰象征着君子之道可以蓬勃发展，纯阴的坤卦在外，象征着小人之道会受到压缩，逐渐减弱。就像《泰》卦的卦辞所说的那样，"小往大来，吉，亨"，小往大来，指的是阴向外离去，阳在内发展。《周易》的内外卦区分，向来是以内卦象征主体，也就是自己；以外卦象征客体，也就是外界。既然纯阳的乾卦来到了自己的领地，带来了一个积极、昂扬的大环境，便有益于自己的发展。进一步地，前景也将会一片光明、畅通无阻。而受到伤害的，只会是那些阴暗的东西。

这样一种美好的寓意，自然会被人们所喜爱，因此，很多我们所熟悉的事物的命名，就都与此相关。比如说，五岳之尊的东岳，就名为"泰山"。北京故宫中，在皇帝日常办公的居所乾清宫与皇后所住的坤宁宫之间的建筑，也名为"交泰殿"。再像是上海交大、西安交大等多所"交通大学"。他们的命名，就都跟《泰》卦的寓意有关。

《泰》卦的六爻，在格式上并不统一，看上去没有什么关联。但六爻各自的论说，却各具特色。比如说，初九爻爻辞："拔茅茹，以其汇，征吉。"它所描述的景象，是在将茅草拔起之后，会发现它的根系都是汇集在一起的。这说明初九、九二、九三这几根阳爻志同道合，能够做到团结一心，共同进退。既然有了志同道合的伙伴，那么大家一起齐头并进，共同外出奋斗，就一定会有好的结果。

作为初九的伙伴，九二爻位居内卦之中位，对于《泰》卦"通泰"的大局起着决定性的作用。九二的爻辞所包含的信息量很大："包荒，用冯河，不遐遗，朋亡，得尚于中行。"包荒，有人认为是包含荒秽，有人认为是笼罩四野，总而言之，讲的都是要心胸宽广，能够包容各类事物的意思。"用冯河"中的"冯"，是一个通假字，通"溯"，是"无舟渡河"的意思。而所谓的"朋亡"，也不是朋友去世，或者不能交朋友的意思，而是指不结党营私，对待所有人都一视同仁的意思。把这几句话串起来，九二爻的大意就是说，要心胸宽广，能包容各种人、各种事，哪怕是处在远方的人，也不会遗漏。无论遇到任何的困难或者阻碍，也都坚决果断，不会放弃。无论对待任何人，都能做到公平、中正，而没有任何私心。

到了九三的位置上，事情则有了变化的可能。我们都知道成语"否极泰来"的意思是说，事情坏到了尽头，就会变好。但事实上，《泰》和《否》作为一对覆卦，是会相互转化的，《泰》卦的三根阳爻，虽然看上去是"三阳开泰"的大好局面。但另一方面，阳爻发展到了尽头，也存在着转换为《否》卦的可能性。所以九三爻会说："无平不陂，无往不复。"事情的发展总是辩证的，既不存在永远的安宁，也不存在永远的动荡。不过，虽然人力无法改变客观世界的环境和条件，却可以决定自己的行为方向。"艰贞无咎，勿恤其孚，于食有福。"说的就是只要能够居安思危，坚守正道，就肯定不会有什么危险。只要坚持做一个诚实信义的人，那么也自然会有相应的福报。

从六四爻开始，就带有明显的"向下走"的导向了，比如六四爻

第五章 易卦选读（下）

辞所说的"翩翩"，就是指的一群鸟儿或者昆虫一起向下飞的意思。而"不富以其邻，不戒以孚"，讲的是六四跟自己的两位邻居，也就是六五和上六，三者都是阴爻，阴爻虚空，大家都不富有，所以会一起向下飞，去寻求阳爻的帮助。不过，虽然外卦的三根阴爻都不富有，但互相之间却也能做到诚信坦荡，团结一心，而不会相互戒备。这也跟《泰》卦中，初爻跟四爻，二爻跟五爻，三爻跟上爻都能两两相应，大家都能和谐相处，有着直接的关系。就像是六五爻的"帝乙归妹，以祉元吉"之象。帝乙，是商代的帝王；归，在古代指的是女子出嫁。帝乙把妹妹嫁了出去，这显然是一件喜庆的大好事。从爻象上来看，六五与九二虽然都不当位，却都处在中位上，两根爻又阴阳相应，有着六五下嫁九二之象，是能够幸福美满的。所以说，无论是帝乙、帝乙的妹妹，还是下嫁的夫婿，都能获得福祉。

由此可见，六四、六五两爻的大环境，其实也是不错的，所以说《泰》卦所描绘的，确实是一个非常通泰、和谐、健康的社会。然而，在上六爻"城复于隍"的景象中，又有一些需要警醒的问题。隍，指的是城墙倒塌在了干涸的护城河里。这就寓意着《泰》卦的美好时代走到了尽头，社会有可能会走向动乱了。在这种情况下，就要做到"勿用师，自邑告命，贞吝"，既然城墙都已经倒塌了，也就意味着危险就在身边，这个时候当然不能再外出征战，而是要从身边的事情做起，维护好日常的工作，小心警惕，以防不测。

虽然《泰》卦描述了一个"天地交而万物通，上下交而其志同"的美好社会。然而就像《泰》卦九三爻所讲的那样，"无平不陂，无往不复"。世界上既不存在永远笔直的道路，也不可能存在永久的和平和安定。既然有象征交通安泰的《泰》卦，那么也一定会有一个象征着闭塞不通的卦存在，这个卦就是《否》卦䷋。

按照《象传》的解释，在《泰》卦中，乾坤交换了本来的位置，因此象征着天地交通，整个世界实现了交流，万事万物之间都能够互相帮助。而到了《否》卦中，卦象是乾在上、坤在下，天和地回到了自己本来的位置上。天在上、地在下，似乎并没有什么不好的，而且这也是正常世界的基本结构，但《象传》则认为，这样一来，"天地不交而万物不通"。从哲学上来说，如果我们仅仅有一个静止的物质结构的世界，而这个世界不存在运动的话，那么这个世界就是僵死的，没有任何意义。只有世间万物按照一定的规律运转起来，我们才能得到一个活生生的世界。因此，在《否》卦的局面下，世界的日常运行被阻碍了，社会的运转也将会陷入到停滞之中。

在《否》卦和《泰》卦的卦辞、《象传》及《大象传》中，都有着很多针锋相对的语句。像是《泰》卦卦辞说"小往大来"，《否》卦卦辞就说"大往小来"，《泰》卦的《象传》说"君子道长，小人道消"，《否》卦《象传》就说"小人道长，君子道消"，等等。在《否》卦中，纯阴的坤卦来到了内卦，象征着小人得志，气焰日盛，而纯阳的乾卦变成了外卦，暗示着君子被排挤，生存空间无奈地被压缩，整个社会也进入了一个闭塞不通的时代，一片灰暗。《否》卦的卦辞直接就说："否之匪人，不利君子贞，大往小来。"

"不利君子贞"，说明既然是一个小人当道的社会，那么刚正不阿、一身正气的君子，肯定会受到小人的排挤，基本的正常生活，恐怕都很难得到保障，更不要说施展才能了。但"否之匪人"这句话却

第五章　易卦选读（下）

不太好理解。我们知道，"匪"在《周易》中一般通作"非"，按照孔颖达的解释，"否之非人"讲的是在封闭的时代，非但天地不能交通，人和人之间也无法正常往来。而朱熹则更直接地认为，"之匪人"三个字是从《比》卦的六三爻"比之匪人"乱入进来的，因此在这里无论如何都解释不通。不过，不论怎么解释，《否》卦都象征着一个坏乱的时代。在这样一个时代，用《大象传》的话说："君子以俭德辟难，不可荣以禄。"对一个正直的人来说，就不要有什么实现抱负的幻想了，只能忍辱负重，等待时机。

像是《否》卦的初六爻，就跟《泰》卦的初九爻如出一辙："拔茅茹，以其汇，贞吉，亨。"只是在断辞的部分，把"征吉"替换为了"贞吉，亨"。不过，可不能小瞧这两三个字的改变。《泰》卦讲的"拔茅茹，以其汇，征吉"，是说内卦的三根阳爻能团结在一起，一起向外进发，跟外卦的三根阴爻相互交通。而到了《否》卦这里，处在一个闭塞的时代，自然不可能再向外进发，那么就应该像《大象传》说的那样，"俭德避难"，守在自己的本位上躲避灾难，等待时局的变化。只要是心怀正义，哪怕是处在一个闭塞的时代，不当位的爻位上，都最终会迎来光明亨通的结果。

中国哲学的一大智慧之处，就在于不走极端。比如，哪怕处在《否》卦初六这种看上去令人绝望的位置上，也会留下一颗光明的种子。但到了六二这本该是既中又正的位置上，则又会回归现实。"包承，小人吉，大人否亨。"包，指的是包容；承，指的是顺承。这两种品质，本身并不是什么坏的品质。但在《否》卦闭塞的背景下，却成了小人为非作歹的方式方法。小人为了让昏聩的统治者能够包容自己的胡作非为，便会极尽阿谀奉承之能事。在这样的社会环境中，有利于小人的兴风作浪，而君子的中正之道，则根本行不通。

连身处中正之位的六二都陷入到了这样一种局面，那么既不中正，又身处凶险位置的六三，也肯定没有能力和动力去改变闭塞的时局。因此，也只能在一片阴霾的笼罩下，得过且过。从六三不中不正的本性来看，这似乎也没什么不好，但在正人君子看来，这显然是一种莫大的羞辱。

总体上来说，《周易》的价值观，还是为君子谋划，而不是为小人谋划的。所以说，闭塞的时局虽然令人无奈，但总归是要想办法改变。九四爻所说的"有命无咎，畴离祉"，就是这样一种努力。当然，若想改变否闭的时局，除了个人努力之外，在古人的观念中，还要"有命"，也就是有天命的加持，我们也可以把它理解为时代变化中的契机。只要把握住了机会，然后又能将临近的几根阳爻，也就是所有正义的力量团结在一起，那么就有希望摆脱现状，共同获得福祉。

而到了中正的九五之爻，情况就会得到进一步的改观。"休否，大人吉"，跟六二的情况相比，显然是发生了天翻地覆的变化。小人当道的闭塞环境即将终止，德才兼备的大人，将获得施展才能的空间。不过，这个时候，毕竟还没有彻底从否道中走出。因此，"其亡其亡，系于苞桑"，还是要时刻保持警惕，怀有戒惧之心，跟所有志同道合的君子团结在一起，发扬正道的光芒，才能避免失败。

最终到了上九的位置上，就会像我们所熟知的成语"否极泰来"那样，彻底颠覆阴暗封闭的社会，迎来光明。但我们一定要注意

第五章 易卦选读（下）

到，美好的社会并不是自然而然地到来的，而是经过了九四、九五、上九团结一心、接连不断的努力，才创造出来的。在《周易》对世界的解释中，并不回避客观世界的邪恶现象，也不否认天时和地理的客观环境，但最终人为向善的努力，才是我们可以去改变世界的方向。

———— • 本节要点 • ————

1.《泰》卦所描绘的，是天地交通、上下一心的和谐社会。在《泰》卦的大环境中，乾卦居于内卦，象征着君子之道昌盛，坤卦处在外卦，象征着小人之道消退。总体上，显示出一个和谐、安定、通泰的美好局面。

2. 决定着《泰》卦"通泰"大局的，是初九、九二和九三，这三根阳爻志同道合，团结一心，既能够做到刚健正直，又能够胸怀宽广、一视同仁，因此可以共同打造一个"三阳开泰"的光明局面。

3.《泰》卦的初爻与四爻、二爻与五爻、三爻与上爻能够两两阴阳相应，既能够确保内卦与外卦的沟通与互相帮助，又能让内卦的三阳与外卦的三阴之间和谐相处，共同进退，合力维护通泰的大局。

4.《否》卦所描绘的，是一个天地不交、万物不通、阴暗闭塞的社会。在《否》卦的大环境中，小人之道昌盛，气焰嚣张，君子则饱受挤压，只能暂时远离时局，躲避灾难。

5. 在《否》卦内三爻的大环境中，小人极尽阿谀奉承之能事，为非作歹。但《周易》强调，即便身处这样的恶劣环境，也不能与邪恶同流合污，而应该默默坚守，等待变局。

6. 在《否》卦外卦的三根阳爻中，正义的力量开始汇集，并在时机恰当的时候开始合力反抗阴暗闭塞的社会，经过三根阳爻精诚团结、坚持到底的努力，最终可以颠覆黑暗否闭的社会，重新迎来光明的时代。

第八节 《大过》与《小过》：过犹不及

䷛大过：栋桡，利有攸往，亨。

上六：过涉灭顶，凶，无咎。

九五：枯杨生华，老妇得其士夫，无咎无誉。

九四：栋隆，吉。有它，吝。

九三：栋桡，凶。

九二：枯杨生稊，老夫得其女妻，无不利。

初六：藉用白茅，无咎。

䷽小过：亨，利贞。可小事，不可大事。飞鸟遗之音，不宜上，宜下，大吉。

上六：弗遇过之，飞鸟离之，凶，是谓灾眚。

六五：密云不雨，自我西郊。公弋取彼在穴。

九四：无咎，弗过遇之，往厉必戒，勿用永贞。

九三：弗过防之，从或戕之，凶。

六二：过其祖，遇其妣，不及其君，遇其臣，无咎。

初六：飞鸟以凶。

第五章　易卦选读（下）

《论语·先进》记载过孔子所说的一句话："过犹不及。"意思是说，如果把事情做得过度了，那么就跟做得不够一样，都不是一种最好的状态。只有把做事情的尺度，拿捏得不偏不倚、恰到好处，才是完美的程度。然而，不偏不倚、恰到好处，在大部分时候，恐怕都只能是一个美好的愿景，以及我们应该努力的方向。在实际生活中，"过"和"不及"的状态，才是更经常出现的。《周易》也深谙这个道理，所以，在六十四卦中，便专门设置了《大过》☱与《小过》☳两个卦，来探讨"过"的哲学。

历史上也有一些学者，如清末民初的马其昶，认为《大过》与《小过》也兼有"差错"和"错误"的意思，但总的来说，《大过》与《小过》，主要还是在阐述程度上的"过"。

事实上，我们从《大过》和《小过》这两个卦的卦象上，便能看出其中蕴含的过度、过甚的寓意。以《大过》卦为例，四根阳爻抱团，居于中央，而首尾两爻，则分别是一条孤零零的阴爻。这种卦象，显然不是一个稳定、中正的结构。所以，《大过》卦的卦辞上来就说"栋挠"。栋，指的是房屋的大梁；挠，则是弯曲的意思。也就是说，由于《大过》卦中间厚实，但首尾薄弱，就像是房子的大梁因为两端不够结实，于是出现了弯曲一样。这种情况看上去似乎会出危险，导致房子倒塌，但《大过》卦的卦辞却突然转了一个方向，随即在"栋挠"之后说："利有攸往，亨。"

为什么在大梁出现了弯曲的情况下，还会是"利有攸往，亨"呢？有两方面的原因。其一，虽然说《大过》卦首尾太弱，但毕竟中间力量是非常强大的，尤其是二、五两根中位之爻，都是阳爻坐镇，刚健强大。虽然说做不到不偏不倚、恰到好处，但这种积极进取的精神，还是值得鼓励的，所以"利有攸往"，可以去做一番事情。其二，《大过》卦的内外卦，分别是巽卦和兑卦，这两个少阴之卦，分别象征着风行和取悦，寓意都是很柔和的。因此，也可把《大过》卦过度的刚猛给中和一下，所以能够亨通。

虽然《小过》卦的卦辞上来也是"亨"，但后面却跟着"利贞"，是有一个对守持正道的前提要求存在的。要知道，《大过》卦之所以亨通，很重要的原因是阳爻占据了二、五两个中位。但在《小过》卦中，两个中位却全被阴爻占据了。这样一来，《小过》卦的力量便明显不如《大过》卦强大，卦辞也接着说"可小事，不可大事"，很显然，由于阴盛阳衰，力量不足，因此无法像《大过》卦那样"利有攸往"，去做大事，而只能做一些小事。最后，《小过》卦的卦辞还做了一个比喻："飞鸟遗之音，不宜上，宜下，大吉。"这其实讲的也是同样的道理，鸟儿在空中的鸣叫，声音的大小毕竟也是有限的，没办法穿透云霄。所以，如果想让人听到，那么鸟儿就不可以飞得太高，而是要飞得低一点，才能让人听得清楚。

由此我们也可以看到，虽然《大过》和《小过》这两卦，所描述和阐发的都是形容"过度"的卦象和道理，但在卦辞的论说中，实际上则是要从"过"的处境中做出一些努力，从而让局面尽力回归到中和的状态中来。就像《左传》中所讲的那句名言："过而能改，善莫大焉。"换句话说，虽然在大多数情况下，我们都很难真正做到不偏不倚、恰到好处，但只要朝着这个目标努力，还是很有可能获得亨通顺利的。

第五章　易卦选读（下）

《大过》和《小过》两卦的爻辞，最大的特点就是跟卦辞的内容有着密切的联系。以《大过》卦为例，九三、九四两根处在中间的阳爻，就跟卦辞中所讲的"栋挠"之象呼应了起来。其中，九三爻的爻辞就是"栋挠，凶"，爻象的描述与卦辞是完全一致的。只不过，卦象最后因为二、五两根居于中位的阳爻，以及处在内外卦的巽、兑两卦的作用，才获得了吉象。而处在三爻这一凶位上的九三，就难以独自承受大梁弯曲的困难，所以断辞也只能是"凶"了。

与之相比，九四的爻象则是"栋隆"，说的是九四爻可以发挥自己刚健的力量，将本来已经弯曲的大梁给撑平，这当然是一件了不得的好事，所以可得吉祥。但要注意的是，在"栋隆，吉"之后，九四爻的爻辞并没有结束，而是紧跟着另一句："有它，吝。"这是什么意思呢？我们知道，在一般的卦象中，如果内外卦之间相对应的爻，能够阴阳相应的话，对两根爻都是有利的，因为可以获得感应和帮助。但在《大过》的九四爻上却并非如此，如果它跟初六相感应了，反而不是一件好事。因为在《大过》卦中，处于本、末两个位置的初六、上六是两根阴爻，正是因为它们薄弱，才会让房屋承受不住重量，最终导致了大梁弯曲。如果九四想让大梁平复，那么恰恰要跟薄弱的初六爻划清界限，才可能施展自己的力量。如果跟初六过从甚密，那么显然就做不到"栋隆"了。

同样的，《小过》卦卦辞中所讲的"飞鸟"之象，也在初六和上六两爻的爻辞中得到了呼应。《小过》卦初六爻的爻辞是"飞鸟以凶"。按照卦辞中所说的飞鸟"不宜上，宜下"，鸟儿此时处在初六的位置上，正是能让人们都听到它鸣叫的时候，为什么又是凶象呢？这是因为此时鸟儿所处的位置虽然低，却呈现出一副要向上高飞的状态，与它应当前往的方向正好相反，所以其实是朝着凶险前进。

而上六爻的爻辞"弗遇过之，飞鸟离之，凶，是谓灾眚"，所描绘的场景则更为糟糕。由于鸟儿执意高飞，非但不能到达恰当的位置，反而飞到了上六这种穷高之地，过分到了极致。爻辞中的"离"，在这里是一个通假字，通"罹难"的"罹"。也就是说，鸟儿到了这种境地，所遇到的就不是一般性的危险了，而是会被猎人射杀，遭遇性命之灾。这其实也是在告诉我们，如果自己已经处在了过度的位置上，那么一定要及时改正，而万万不可固执地一去不返。

本节要点

1.《大过》和《小过》两卦，都是中轴对称，没有覆卦的卦。这两个卦，分别利用自己独特的卦象，来阐述"过"的哲学。但我们要注意的是，虽然《大过》与《小过》都在阐述"过"，但在卦象的背后，《周易》仍然以不偏不倚的"中道"，作为为人处世的正确方向。

2.《大过》卦以"栋挠"，也就是房屋的大梁弯曲为象。但在卦辞的论说中，认为《大过》卦能以阳爻镇守二、五两个中位，内外卦的巽、兑两卦也可以适度中和《大过》卦过于刚猛的行为，因此，利于有所建树，可得亨通。

3.《小过》卦以两根阴爻居于二、五中位，阴盛阳衰，力量不足。因此，可以做成小事，但难以成就大事。

第九节 《中孚》与《颐》：诚信与颐养

䷼中孚：豚鱼吉，利涉大川，利贞。

上九：翰音登于天，贞凶。

九五：有孚挛如，无咎。

六四：月几望，马匹亡，无咎。

六三：得敌，或鼓或罢，或泣或歌。

九二：鸣鹤在阴，其子和之；我有好爵，吾与尔靡之。

初九：虞吉，有它不燕。

䷚颐：贞吉；观颐，自求口实。

上九：由颐，厉吉，利涉大川。

六五：拂经，居贞吉，不可涉大川。

六四：颠颐，吉。虎视眈眈，其欲逐逐，无咎。

六三：拂颐，贞凶，十年勿用，无攸利。

六二：颠颐，拂经于丘颐，征凶。

初九：舍尔灵龟，观我朵颐，凶。

上一节我们学习了《大过》卦和《小过》卦，虽然这两个卦表面上都在阐述"过度"的道理，但卦象的背后，《周易》仍然以不偏不倚的"中道"作为为人处世的正确方向。《大过》与《小过》两卦都是阳爻居中，中心对称的两卦。本节要学习的是与《大过》《小过》互为错卦，也就是阴爻居中，中心对称的两个卦:《中孚》卦䷼与《颐》卦䷚。

《中孚》卦的卦意，要从"孚"字展开。说到"孚"，我们很容易想到像"深孚众望"这样的成语，或者我们中学课本学到的《曹刿论战》中"小信未孚，神弗福也"这样的名句。从这些例子中，我们可以总结出，孚字有信任、信用的含义。《说文解字》将"孚"字解释为："卵孚也。一曰信也。"鸟类孵卵都有固定的日子，到了固定的日子就会将卵孵化出来。许慎借用这种现象来表达信守承诺，不会失信的意思。

"中孚"象征中心诚信，整个卦的卦爻辞都是从正反两个方面，反复强调信守承诺、言而有信的重要性。《中孚》卦的卦辞是："中孚：豚鱼吉，利涉大川，利贞。"意思是，如果一个人的诚信可以感化小猪、小鱼这样微不足道的东西，那便可以获得吉祥，即便面对波涛汹涌的大江大河，也能平安渡过。《彖传》认为，《中孚》卦是"柔在内而刚得中"，《中孚》卦的中心两爻是阴爻，象征柔顺、谦虚在内，外面四爻则是阳爻，象征刚健、勇敢在外，这都是高尚的君子所具有的品格。因此，《中孚》卦虽然以阴爻居中，但所传达出的，则是中心诚信、谦虚柔顺的道理。

《中孚》卦的六爻也在不同的角度，向我们反复强调要恪守诚信这一道理。初九爻辞为："虞吉，有它不燕。"此爻阳刚当位，但因为所处的位置低微，所以只要安守诚信，就可以获得吉祥，但是如果别有他求，蠢蠢欲动，则会不得安宁。九二爻的爻辞："鸣鹤在阴，其子和之；我有好爵，吾与尔靡之。"颇具《诗经》的写作特点，以白鹤作为比喻，白鹤在二爻这一阴位上鸣叫，它的同伴则声声相和。这里的同伴，是指同样阳刚的九五爻。二五两爻虽然同为阳爻，不能阴阳相应，却做到了以诚相待，犹如君子共饮美酒的快乐和友谊。

而到了多凶、多惧的三四爻位置上，两爻则有了不同的表现。六三爻以阴居阳位，存心不诚，在面临劲敌时，只能落得疲惫悲泣的结局。同样处于危险位置的六四爻，却能柔顺居正，上承九五。六四爻辞"月几望，马匹亡"，更是说明六四爻能够审时度势，果断放弃与初九爻的相应，专心取信于九五，因此才能在九五的帮助下摆脱危机。

阳刚中正的九五爻，能以诚信牵系天下之心，因此必然无所咎害。而到了上九爻，则出现了"翰音登于天"的状况，"翰音"指的是飞鸟的叫声，飞鸟的叫声响彻天空，那声音必定虚而不实，不能长久，这便是中心无信的反面教材。在这种情况下，如果不能及时返归正道，那么就一定会陷入危险了。

我们前面在讲形形色色的易象时，曾提到过一种象形之象，以《鼎》卦和《噬嗑》卦为例，《鼎》卦的卦象恰如一个立着的鼎器，而《噬嗑》卦的卦象，如同人口中咬着东西。我们在理解《颐》卦时，也可以参考这种象形之象的理解方式。有"经神"之称的大学者郑玄，就把《颐》卦的卦象看作口腮，而且《颐》卦的内卦为震卦，有震动的意思，外卦为艮卦，有停止的意思，结合起来，就像是咀嚼食物的动作。人每天都需要靠饮食来维持生命，稍加引申，我们就可以将《颐》卦的主旨解释为"颐养"。

《颐》卦卦辞说："颐：贞吉；观颐，自求口实。""贞吉"说的自然是通过守持正固，可以获得吉祥。而"观颐，自求口实"，其实讲的就是饮食之道。《象传》认为,《颐》卦就是在向大家强调,要首先观察获得养育的客观条件,然后领会自我养育的正确方法。

什么是自我养育的正确方法呢？我们可以在《颐》卦的爻辞中找到答案。《颐》卦内卦三爻,皆不得颐养的要领,因此分别被断为"凶""征凶""贞凶"。不过,造成这三爻分别为凶的原因,却各不相同。初九爻为阳刚之爻,造成这一爻凶险的原因,是它"舍尔灵龟,观我朵颐",即舍弃了自己阳刚的品格,反而去观看与它相应的六四爻大快朵颐。按照《小象传》的评价,这种"求包养"的行为,是根本不值得尊重的。六二爻本为柔顺中正之爻,但它与六五爻同为阴爻,无法感应。在这种情况下,反而"颠颐",颠倒过来向初九爻求取颐养,既违背常理,又不能向上奉养尊者,因此,如果不及时悬崖勒马,必将有凶险。而六三爻,本就处于多凶的位置,又以阴爻居于阳位,并不当位。在这种先天不足的情况下,却又"拂颐",自恃与上九相应,极尽谄媚,丧失自我。在这种情况下,必须彻底觉悟,面壁思过十年,否则一定会有凶险的事发生。

从下三爻各自不同的险象中,我们可以看出,在身处低位时,要想正确地获得颐养,一定要依靠自身才能,而不能一味想着向外求取。也就是说,人要安身立命,就必须采用正当的方式,也就是靠自己的劳动与努力自食其力,而不要依赖父母或者他人。在《周易》的价值观看来,依赖外界的供养方式,归根到底是不值得尊重的。

相比于下三爻,上三爻的颐养方式都能得到吉祥的结果。六四爻虽然也在凶惧的位置上,但向下可以与初九爻相应,获得初九爻的颐养，虽然从结构上说，也是颠倒的颐养顺序，但结果却是吉祥的。六四爻专心诚意地向初九爻寻求颐养，有连续不断的需求产生，结果也称得上是无咎。这样的结果乍看起来似乎不太合理，但我们要考虑六四爻所在的位置，也就是外卦的第一爻，身处一定的高度，六四爻所考虑的已经不仅仅是自身的供养，还要考虑"养人"的问题。也就是说，六四爻虽然向下求取颐养，但是用来供养更多的人，求之有理，用之有道，因此必无咎害。

六五爻以阴爻居于君位，自身并没有供养天下的能力，因此，只能上承阳刚的上九爻，以获得颐养，这虽然也有些违背常理，但爻辞认为，只要安安静静地守护正道，也是可以获得吉祥的。反过来说，在这样一个自身实力不够、需要依靠他人的位置上，就不能随意挑战一些冒险的事情了，千万不能让自己陷入艰难和变故之中。

上九爻以阳刚居于最上位，颇有颐养天下的气势和能力。只是，担此重任，固然值得尊敬，但一定要时刻谨慎，才能获得吉祥。与六五不同，上九爻阳刚至极，自身又有实力，因此不必缩手缩脚，可以去挑战一些艰险的任务。

从上三爻获得吉祥的方式中，我们可以看到，身处高位，就不能只考虑自身的颐养，而是要承担起相应的社会责任，也就是兼济天下的胸怀和品德，只有这样，才能逢凶化吉，畅行无阻。另一方面，身处高位，又有可以奉养天下的实力与才能的时候，看似风光无限，但也不能得意忘形，而一定要有忧患意识，时刻保持谨慎小心的态度，才能不陷入困境之中。

• 本节要点 •

1.《中孚》卦与《颐》卦是一对自为反对的卦,《中孚》卦中心两爻为阴爻,外四爻为阳爻,象征中心诚信。卦中诸爻,也从不同角度强调恪守诚信的重要性。

2.《颐》卦可以用象形之象来理解,像是口腮正在咀嚼食物,所表达的是颐养的寓意,旨在告诉人们,颐养之道,靠的是自食其力,而不是向他人索求供养。

3.《颐》卦认为,在身处高位、具备较高的才能与充沛的实力时,不能只考虑自身的供养,而要有兼济天下的胸怀,心系天下苍生,承担起相应的社会责任。

第十节 《损》与《益》:损益可知

䷨损:有孚,元吉,无咎,可贞,利有攸往。曷之用?二簋可用享。

上九:弗损益之,无咎,贞吉,利有攸往,得臣无家。

六五:或益之十朋之龟,弗克违,元吉。

六四:损其疾,使遄有喜,无咎。

六三:三人行,则损一人;一人行,则得其友。

九二:利贞,征凶。弗损益之。

初九:已事遄往,无咎,酌损之。

䷩益:利有攸往,利涉大川。

第五章　易卦选读（下）

上九：莫益之，或击之，立心勿恒，凶。

九五：有孚惠心，勿问元吉，有孚惠我德。

六四：中行告公从，利用为依迁国。

六三：益之用凶事，无咎。有孚中行，告公用圭。

六二：或益之十朋之龟，弗克违，永贞吉。王用享于帝，吉。

初九：利用为大作，元吉，无咎。

本节要学习的是《损》卦☷和《益》☳卦这一对卦意相反的卦，损和益的本意，分别是减损和增益，我们也经常在各种古代的典籍、文章中看到损和益的出现，比如《论语》中就曾经记载过孔子的这样一段话："殷因于夏礼，所损益可知也；周因于殷礼，所损益可知也。"意思就是说，相比于前一个朝代的礼制，后面的朝代做了哪些增加和减少的东西，我们通过对比，是可以知道的。而《损》卦《益》卦，就分别通过卦象，来阐发减损和增益所蕴含的道理。

虽然《损》卦和《益》卦看上去只是挪动了两根爻的位置，但寓意却大有不同。《损》卦所讲的道理，叫作"损下益上"。也就是说，我们可以想象这么一个卦变的情况：以《泰》卦为本卦，内乾外坤，又从内卦中取出九三爻，挪动到上六爻的位置上，相应地，再把上六爻挪动到九三爻原来的位置上。这样一来，下卦的阳爻被减损了，并且增加到了上卦中，所以是"损下益上"。

与此相反，《益》卦所讲的，则是"损上益下"。我们把变卦前的本卦想象成《否》卦，内坤外乾，把九四爻的阳爻拿出来，去增补内卦的初爻，变为初九，再把初六爻填补到九四爻原来的位置上，上卦受到了减损，所以叫作"损上益下"。

《道德经》记载："天之道，损有余而补不足；人之道，损不足以奉有余。"著名学者金景芳先生就认为，老子所说的这句话，在《损》《益》两卦中就彰显了其中的道理。《损》卦之所以是减损，是因为搜刮了下面的民脂民膏，供奉给在上的统治者，不利于社会的安定团结。而《益》卦之所以是增益，是拿统治阶层的财富补贴百姓，所以能够让国家安定、人民幸福。

从卦辞来看，《益》卦是"利有攸往，利涉大川"，很明显，对于《益》卦卦象这种"损上益下"的行为，《周易》是非常肯定的，认为在这种局面下，应该坚决执行、努力奋进，最后一定可以克服一切艰难险阻，获得成功。而从逆向的角度来看，如果此时半途而废，不能坚持到底的话，那么结局可就不好说了。

但与之相比，《损》卦的卦辞也并不那么负面："损：有孚，元吉，无咎，可贞，利有攸往。曷之用？二簋可用享。"这就是说，只要不是去做"损下益上"这种剥削百姓的事情，而是在诚信为本、坚守正道的前提下，主动去做一些减损，也并不是什么坏事，这样反而能够避免凶害，获得吉祥。为了说明这个道理，《损》卦的卦辞还专门举了"二簋可用享"这么一个例子，意即去祭祀鬼神或者先人，并不一定非要用八簋或者六簋这样高规格的器具来盛祭祀的食物。事实上，只要心怀诚意，哪怕只用二簋这样的基本规格，也已经足够了。

而在《损》卦的爻辞中，也有类似的阐述。比如《损》卦的初九爻就说道："已事遄往，无咎，酌损之。"《损》卦讲的是"损下益上"的道理，因此，在下的初九爻应该给上卦提供增援。在《损》卦中，

第五章 易卦选读（下）

初九爻又与六四爻阴阳相应，所以，初九去援助六四，也可以说是顺理成章的。因此，初九爻辞用了"遄往"，也就是急速前往这样一种说法，来加以强调。但这种援助，也并不是无条件的，而是在"已事"，也就是自己的本职工作已经完成了的情况下，才应该去做，并非是要完全牺牲自己，去为上卦服务。"酌损之"所要讲的，也是说可以做出一定的自我减损，来对六四给予帮助，但这种自我减损，一定要适度，不能不管不顾地破坏了自己的根基。

反过来说，六四爻所讲的"损其疾，使遄有喜，无咎"，说的也是不能辜负初九爻在自我减损的情况下，对自己提供的帮助。要珍惜这来之不易的帮助，尽可能地利用初九的帮助，改掉自己的缺点，与初九爻上下呼应、紧密团结。只有这样，才能不辜负初九所做出的减损，也才能在四爻这一本来并不安全的位置上，躲开咎害。

从全卦整体的角度来说，《损》卦的主旨虽然是"减损"，但也并不是说，不去主动做出减损，就一定会对全卦的整体造成伤害。比如九二爻辞就讲道："利贞，征凶。弗损益之。"跟初九爻不一样，九二爻居于中位，起着稳定全卦大局的作用，如果九二擅离职守，那么非但未必能帮助到上卦，也许还会造成全卦的根基不稳，从而带来倒塌的风险。因此，对九二来说，绝不应该离开自己的位置，也绝不应该减损自己的力量。只有让自己安定、稳固，才是对全卦最为有利的做法。

《损》卦讲损下益上，受到帮助的是外卦；《益》卦讲损上益下，受到帮助的是内卦。因此，《损》卦的外卦与《益》卦的内卦，都有着相近的处境。而这也在《损》卦六五爻和《益》卦九二爻的爻辞中有所体现。

《损》卦六五爻的爻辞："或益之十朋之龟，弗克违，元吉。"这里的"龟"，指的是上古时期最为值钱的大币，那么"十朋之龟"，指的就是一大笔钱。由于《损》的外卦，本来就是受帮助的对象，因此有人拿来一大笔钱，也并不算奇怪。但问题在于，"弗克违"应该怎样来理解呢？有人认为，指的是六五爻坚守底线，不愿意接受这来路不明的援助，正是由于坚持了原则，才获得了吉祥。也有人认为，"弗克违"指的是，没有办法拒绝，于是得到了这笔丰厚的援助，成就了吉祥的局面。

应该说，这两种理解，各有各的道理。而有趣的是，《益》卦六二爻的爻辞与《损》卦六五爻如出一辙："或益之十朋之龟，弗克违，永贞吉。王用享于帝，吉。"《益》卦六二爻强调"永贞吉"，从这个角度来说，坚守正道才是必须遵循的原则。就像君王祭祀上帝一样，一定要严守礼的规范，才能获得吉祥，而不能因为贪财，丧失掉了原则。这样来看，对于来路不明的大笔财富，还是不可以笑纳的。就像《益》卦上九爻所提到的："立心勿恒，凶。"《益》卦的诸爻，总的来说，断辞都还是比较积极的，只有上九爻是凶象。而上九为凶的原因也非常简单：不能保持一颗安定的恒心。如果不能保有恒心，就无法坚持原则、守护正义，在面对诱惑的时候，也就容易迷失自我。到了陷入凶险的境地之后，就悔之晚矣了。

—— · 本节要点 · ——

1.《损》卦与《益》卦是一对覆卦，分别阐述减损与增益的道理。具体来说，《损》卦所讲的，是"损下益上"的道理，《益》卦所讲的，则是"损上益下"的道理。

2. 由于《损》卦主讲"损下益上"，因此有可能陷入剥削底层人民，让社会陷入动荡的危险，所以卦名为"损"。但在《损》卦的具体论述中，也认为在保障整体结构，以及怀有诚信之心的基础上，也可以进行适度的自我减损。

3.《益》卦的主旨虽然是增益，但在卦爻辞的具体论述中，也强调坚守正道、保有恒心的重要性，认为不能在面对利益诱惑时丢失体统、迷失自我。

第十一节 《既济》与《未济》：物不可穷

䷾既济：亨小，利贞，初吉终乱。

上六：濡其首，厉。

九五：东邻杀牛，不如西邻之禴祭，实受其福。

六四：濡有衣袽，终日戒。

九三：高宗伐鬼方，三年克之，小人勿用。

六二：妇丧其茀，勿逐，七日得。

初九：曳其轮，濡其尾，无咎。

䷿未济：亨，小狐汔济，濡其尾，无攸利。

上九：有孚于饮酒，无咎。濡其首，有孚失是。

六五：贞吉，无悔。君子之光，有孚吉。

九四：贞吉，悔亡。震用伐鬼方，三年有赏于大国。

六三：未济，征凶，利涉大川。

九二：曳其轮，贞吉。

初六：濡其尾，吝。

《既济》卦和《未济》卦是我们在"易卦选读"部分所选取的最后一对卦，这一对卦在《周易》中的位置非常特别。在今本《周易》六十四卦的排列次序中，《既济》卦排在第六十三位，《未济》卦则排在第六十四位。也就是说，《周易》古经以《乾》卦和《坤》卦作为开始，以《既济》卦和《未济》卦作为结束。

《既济》和《未济》两卦确实有一些独特的寓意。首先，根据我们所学习过的当位理论，《既济》卦的初九、六二、九三、六四、九五、上六这六根爻，全都当位，这在六十四卦中，是独一无二的。与之相反，《未济》卦的初六、九二、六三、九四、六五、上九六爻，全都不当位，这在六十四卦中，也是独一无二的。

其次，是这两卦所各自蕴含的意义。"既济"字面上的意思，是说已经渡过了大河，到达了安全的地方。而按照《杂卦传》的说法，则是"既济定也"，也就是象征着事业的发展已经完成。一方面象征着事业完成，另一方面又是六十四卦中唯一的六爻全部当位之卦。因此，在虞翻等很多历史上著名的易学家看来，《既济》卦就是六十四卦中最完美的一卦，其余的所有卦，都应该努力朝着最终成为《既济》卦而变化。相比之下，"未济"的意思也很容易理解，那就是尚未渡过江河，也就是象征着事业尚未完成。

那么，《周易》为什么不把象征着事业已经完成的《既济》卦放

第五章　易卦选读（下）

在最后，而把《未济》卦放在最后呢？《序卦传》中有一句话，是对这个问题的最佳回答："物不可穷也，故受之以未济终焉。"这句话讲得非常精彩，也深刻地解释了《周易》的辩证智慧。在《周易》看来，万事万物，每时每刻都是在发展变化的，不可能有终止，也不会有穷尽。《既济》卦看上去走到了一个完美的终点，但实际上，它也不过是世界变化中的一个节点罢了，到了下一刻，世界仍然会处在运转变化之中。也正是因为这个道理，《周易》并不以象征着事业完成的《既济》卦作为结束，而以象征着尚未完成、需要继续发展变化的《未济》卦作为结束。

《既济》卦虽然在历史上被很多易学家认为是六十四卦中最完满的一卦，但其实在卦辞的表述中，却远没有看上去的那么完满："亨小，利贞，初吉终乱。"应该说，在《既济》卦的卦辞中，并没有什么疑难的词语，都是我们已经非常熟悉的固定搭配了。只不过，"亨小"这种表述比较奇怪，在其余六十三卦中出现过"小亨"，但都没有出现过"亨小"。而且从卦义上来说，《既济》六爻当位，又象征着事业完成，应该是大为亨通之象，也不应该只是小有亨通而已。为此，有些学者，比如清末的俞樾，以及金景芳先生，就都认为这个"小"字是衍文。

相比之下，"初吉终乱"这一断辞，则有着更为深刻的意味。事业发展到圆满的结果，当然是一件好事。但是，从辩证发展的角度来看，事物到达了顶峰，那么接下来，势必将走上下坡路。正如老子所言，"物壮则老"，因此我们必须学习《大象传》所说的"君子以思患而豫防之"。也就是说，一定要时刻具备忧患意识，能够始终保持清醒的头脑，随时考虑到最坏的局面，否则的话，很有可能会在事业的急剧变化中败下阵来。

《未济》卦的卦辞则是："亨，小狐汔济，濡其尾，无攸利。"为什么《未济》象征事情没有完成，却仍然是亨呢？那是因为在《周易》看来，虽然此时尚未成功，但在接下来的发展中，还是有很有希望的。不过，想要成功却也不那么容易，就像小狐狸过河一样，如果不够小心谨慎的话，哪怕是在即将渡过大河的那一刻，只要不小心沾湿了尾巴，也会导致功亏一篑。所以说，事物的发展变化，既有可能朝向好的方向，也有可能朝向坏的方向，一定要既稳重又小心才可以。

《既济》卦六爻全都当位，六二和九五也都是中正之爻，这两条爻辞的表述就都很值得琢磨。我们先来看六二爻："妇丧其茀，勿逐，七日得。"我们在日常生活中，经常受困于一件事，那就是东西找不到了。可以说，我们一生中相当多的时间，都花费在了找东西上。这条爻辞所描述的就是这种景象：一个妇人找不见了她的茀，也就是用来遮蔽马车的门帘、窗纱一类的东西。爻辞给出的对策也很有意思，不要费心去找了，过几天，它自己就会冒出来。这是为什么呢？是因为六二中正，又跟同为中正的九五相互感应，所以会有好运保佑的。

不过，并不是只要位居中正就万事大吉了，如九五爻辞就说："东邻杀牛，不如西邻之禴祭，实受其福。"同样是祭祀，大张旗鼓地杀牛宰羊，并不一定就比简简单单、贡品微薄的祭祀，更能得到先人的喜欢。在事业鼎盛的时候，人们往往热衷于炫富、讲排场，却往往

第五章　易卦选读（下）

会忘记，虔诚的心意比起物质的丰富要重要得多。

在《未济》卦的六爻中，初、上两爻既与卦辞相呼应，又能跟《既济》卦的初、上两爻做对比，因此也非常值得玩味。《未济》卦初六爻辞："濡其尾，吝。"这与卦辞的表述如出一辙。可如果对比一下《既济》卦初九爻辞中的"曳其轮，濡其尾，无咎"，差别就出来了。为什么同样是沾湿了尾巴，《既济》初九就是无咎，《未济》卦就有遗憾呢？这其实也无非就是因为《既济》初九爻当位，能更好地保持平衡，让自己的位置安稳。而《未济》初六爻因为不当位，容易失衡，因此稍有不慎，就会陷入危险之中。

相比之下，《未济》上九爻所说的"濡其首"，也就是被河水淹湿了脑袋，则肯定是寓意着凶险了。如其爻辞所说，"有孚于饮酒，无咎。濡其首，有孚失是"，这里其实以喝酒来作为比喻，在强调一个程度的问题。意思是说跟人喝酒，还是要讲究诚信，不要偷奸耍滑。但是，喝酒也要把握好程度，不要过量，如果过于贪杯，非但会误事，还有可能会对健康和生命安全造成损害，那可就得不偿失了。

———— • 本节要点 • ————

1.《既济》卦与《未济》卦是六十四卦中的最后两卦。《既济》卦六爻全都当位，寓意已经渡过了大河，象征着事业已经完成。《未济》卦六爻皆不当位，寓意尚未渡河，象征着事业尚未完成。

2.《既济》卦卦辞认为，事业到达了巅峰之后，就会走上下坡路。因此，君子必须具备忧患意识，始终保持清醒，才能应对变局。《未济》卦则认为，事物的发展变化，可能向好，也可能向坏。因此，一定要小心谨慎，保有恒心，才不会陷入危险。

3.《周易》认为，万事万物随时都是在发展变化的，没有终止，永不穷尽。因此，《周易》并不以象征着事业完成的《既济》卦作为结束，而以象征着尚未完成、需要继续发展变化的《未济》卦作为六十四卦中的最后一卦。

第五章　易卦选读（下）

拓展阅读与本章习题

拓展阅读

1. 黄寿祺、张善文:《周易译注》，上海古籍出版社，2007年，第73—84页，第138—148页，第160—191页，第237—261页，第285—303页，第351—373页。
2. 金景芳、吕绍纲:《周易全解》，吉林大学出版社，2013年，第92—104页，第163—172页，第183—192页，第205—216页，第256—279页，第301—326页，第351—356页，第371—395页。

本章习题

1. 在八卦之象中，震卦和巽卦分别代表什么？
   A. 长子、少女
   B. 长子、长女
   C. 少子、少女
   D. 少子、长女

2. 《巽》卦爻辞中，表达因为犹豫不决难以与上爻建立起有效联系的是哪一爻？
   A. 初六：进退，利武人之贞
   B. 九三：频巽，吝
   C. 六四：悔亡，田获三品
   D. 上九：巽在床下，丧其资斧

3. 以下哪一项是艮卦在八卦之象中的象征?

   A. 地　　　　　　　　　B. 雷

   C. 水　　　　　　　　　D. 山

4. 《艮》卦爻辞中以身体做比喻,表达"不适合贸然停下来"含义的是哪几爻?(多选)

   A. 初六:艮其趾,无咎,利永贞

   B. 六二:艮其腓,不拯其随,其心不快

   C. 九三:艮其限,列其夤,厉薰心

   D. 六四:艮其身,无咎

5. 以下选项中哪一项是"一阳来复"的《复》卦卦形?

   A. ䷗　　　　　　　　　B. ䷗

   C. ䷗　　　　　　　　　D. ䷗

6. 《剥》卦六三爻"剥,无咎"的原因是以下哪项?

   A. 位居阳位　　　　　　B. 位于天地人三才的人道

   C. 与上九相应　　　　　D. 处于中位

7. 《夬》卦䷪的旁通卦是哪一卦?

   A. 《剥》卦䷖　　　　　B. 《复》卦䷗

   C. 《姤》卦䷫　　　　　D. 《遁》卦䷠

8. 《夬》卦的哪一爻讲的是"决断也不能急躁冒进,需要审慎判断"的道理?

第五章　易卦选读（下）

A. 初九：壮于前趾，往不胜为咎

B. 九三：壮于頄，有凶；君子夬夬独行，遇雨若濡，有愠，无咎

C. 九五：苋陆夬夬，中行无咎

D. 上六：无号，终有凶

9. 以下符合《咸》卦内外卦卦象和象征的是？（多选）

　　A. 内卦为兑卦，象征少子　　B. 内卦为艮卦，象征少子

　　C. 外卦为兑卦，象征少女　　D. 外卦为艮卦，象征少女

10. 以下关于《恒》卦的说法有误的是哪一项？

A.《恒》卦六爻阐发的重点是如何通过坚守正道，获得长久的平安和稳定

B.《恒》卦的初六爻和上六爻追求恒久的力度太过，反而会适得其反，造成凶害

C. 六五爻阴柔居中，因此对于男女来说，都是吉祥的

D. 在《序卦传》中，《咸》卦和《恒》卦之间存在一种逻辑关系

11.《革》卦六爻中，适合变革，达到变革时机的是哪两爻？（多选）

A. 初九：巩用黄牛之革

B. 六二：己日乃革之，征吉，无咎

C. 九五：大人虎变，未占有孚

D. 上六：君子豹变，小人革面。征凶，居贞吉

12. 以下对《鼎》卦的论述中，有误的是哪一项？

A.《鼎》卦可以看作一个象形之象

237

B. 初六爻讲的是"鼎颠趾",虽然看上去鼎足倾倒,但并不会有危险

C. 《鼎》卦除了九四爻以外,其余五爻的断辞都是吉利无咎的

D. 六五爻以"鼎玉铉"为寓意表达六五当位获得刚实之意

13. 《泰》卦初九爻"拔茅茹,以其汇,征吉"描绘出的"拔起茅草发现根都是汇集在一起的"景象在卦象上代表哪几根爻汇集在一起?

    A. 初九、六四、上六   B. 六四、六五、上六

    C. 初九、九二、九三   D. 初九、九三、上六

14. 《泰》卦六五爻"帝乙归妹"中,"帝乙把妹妹嫁了出去"的景象是指嫁给《泰》卦的哪根爻?

    A. 初九爻   B. 九二爻

    C. 九三爻   D. 其他

15. 以下哪几条是《否》卦的卦辞或者《象传》的内容?(多选)

    A. 小往大来   B. 大往小来

    C. 君子道长,小人道消。   D. 小人道长,君子道消。

16. "拔茅茹,以其汇,贞吉,亨"是《泰》《否》哪一卦的爻辞?

    A. 《泰》卦初九爻   B. 《泰》卦上六爻

    C. 《否》卦初六爻   D. 《否》卦上九爻

17. 通过《大过》卦和《小过》卦的学习,《周易》整体上要传达给我们的是什么道理?

A. 阳刚勇猛，宜有所建树，成就大事

B. 阴盛阳衰，力量不足，只能成就小事

C. 不偏不倚，中道为佳

D. 其他

18. 以下关于《大过》卦和《小过》卦的论述有误的是？

    A.《大过》卦九三爻"栋挠，凶"，与卦辞中所讲的"栋挠"相呼应

    B.《大过》卦九四爻跟初六爻相应，会影响自身刚健力量的发挥

    C.《小过》卦初六爻以飞鸟作为象征，表达出飞鸟应该向上高飞的道理

    D.《小过》卦上六爻小鸟飞到穷高之地，会遭遇危险

19.《中孚》卦九二爻的爻辞"鸣鹤在阴，其子和之；我有好爵，吾与尔靡之"中提到的与九二爻相和的是哪一爻？

    A. 九五爻   B. 初九爻
    C. 上九爻   D. 六四爻

20.《颐》卦中有能力颐养天下的是哪一爻？

    A. 六四   B. 六五
    C. 上九   D. 初九

21.《损》卦和《益》卦分别在讲什么道理？（多选）

    A.《损》卦：损下益上   B.《损》卦：损上益下
    C.《益》卦：损上益下   D.《益》卦：损下益上

22. 《损》卦☷和《益》卦☷卦变之前的本卦各自是哪一卦?（多选）
   A.《损》卦:《否》卦☷   B.《益》卦:《泰》卦☷
   C.《益》卦:《否》卦☷   D.《损》卦:《泰》卦☷

23. 六十四卦中作为最后一卦结束的是哪一卦?
   A.《既济》卦   B.《未济》卦
   C.《习坎》卦   D.《离》卦

24. 六十四卦中唯一一个六爻都当位的卦是哪一卦
   A.《既济》卦   B.《未济》卦
   C.《泰》卦   D.《否》卦

25. 董仲舒曰:"有忧而不知忧者凶,有忧而深忧之者吉。"以下所列六十四卦各爻以培养人们的忧患意识为主旨的卦是?
   A.《谦》卦   B.《震》卦
   C.《困》卦   D.《巽》卦

26. 在儒家看来,古代社会中,哪一种关系的建立是组建家庭的基础?
   A. 父子   B. 夫妻
   C. 兄弟   D. 君臣

27. 在《周易》的六十四卦中,以下既是反对卦,又是中心对称的两个卦是?
   A.《泰》卦与《否》卦   B.《中孚》卦与《颐》卦
   C.《既济》卦与《未济》卦   D.《损》卦与《益》卦

第六章　汉代象数易学概览

在前两章中，我们选取了包括《乾》《坤》《屯》《蒙》《泰》《否》《剥》《复》《咸》《恒》《革》《鼎》《既济》《未济》在内的三十余个卦进行了学习。通过这些学习，我们对于卦爻辞的内容表达，卦与卦之间的联系和变化，以及《周易》对宇宙自然、人生价值的阐发，都有了更为深刻的认识。但正如我们在第一章中所学到的那样，无论是利用《易经》进行占筮，还是对卦爻辞的意义进行分析和解读，都没有一个固定的标准答案。在历史上，无论是学者还是术士，根据不同的历史背景、场景需求，在解读易卦的时候，往往都会做出不一样的解释。纪晓岚等四库馆臣，就根据历史上人们解读《周易》的不同方法，将易学流派分为了"两派六宗"。其中，第一派是象数派，包含占卜宗、禨祥宗、造化宗；第二派是义理派，包含老庄宗、儒理宗、史事宗。从本讲开始，我们将分别对象数派易学和义理派易学展开学习。

第一节　象数易学的概念与发展过程

无论是在历史上，还是在现代社会中，看相、算命、风水等学说在民间都非常流行。我们也不能否认，这些学说中的一部分概念、理论和方法，在一定程度上，是从《周易》中演变出来的。但总的来说，它们跟《周易》经传之间，已经没有什么直接的关系了。也就是说，这些在民间流传的术数，严格说来，的确不能算作易学。

所谓的象数易学，其实跟我们前面所学习的"易数"以及"《周易》之象"，是紧密连接的。易数所包含的范围很广，无论是表示老阴、老阳、少阴、少阳的六、九、八、七，表示天地之数的五十五，还是表示大衍之数的五十，都囊括在内。而其中使用范围最广的，就是春秋筮法所采用的大衍之数，通过十八次的演算，将数理的推演变化运用在卜筮之中。

而在卜筮之后的解卦，就又跟对易象的解读分不开了。我们从《左传》所记载的多个筮例中得知，春秋时期的人们解卦，有卦象分析和卦爻辞解读两种方式。不过事实上，卦爻辞的文字内容虽然相比于形形色色的卦象来说，显得有点晦涩难懂。但绝大多数的卦爻辞，比如"飞龙在天""小狐汔济""密云不雨"之类，其实也都是一些对于各种现象的表达。因此，我们在解读易卦的时候，是无论如何都绕不开对各种类型的易象进行分析和解读的。

如果把数的运用和象的解析结合起来，象数易学的基本特点也就呼之欲出了，那就是通过卜筮和推演，来解读易卦与现实之中形形色色的现象。在实际的运用中，象数易学又尤其重视易象与现实的结合，通过构建各种各样的理论体系和方法，利用《周易》所蕴含的道理，来对政治、天文、自然灾害，乃至婚姻、生产、人生命运等各类事情，进行分析和指导。

第六章 汉代象数易学概览

还有一个我们必须加以思考的问题，就是义理易学和象数易学的异同问题。如果说义理易学主要是在学者之间流传，那是没有什么问题的，义理易学的代表人物王弼、程颐和朱熹等人，也都是中国哲学史上赫赫有名的大学者。但象数易学，却并不是只在民间流传的易学，它的流传和运用的空间十分广阔，贯穿了庙堂、学者与民间。

象数易学虽然在民间的流传很广，但如果追寻它的发展脉络，事实上它还是从精英学者中诞生的。根据司马迁在《史记》中的记载，孔子将自己的易学传给了弟子商瞿，在商瞿之后，经过馯臂子弘、矫疵、周竖和光羽等人的代代相传，最终在汉初的时候，传到了齐地，也就是现在山东中部的学者田何手中。根据班固在《汉书》中的记载，田何招收了周王孙、丁宽、服生和项生等多名弟子，其中，最终扬名立万的当属丁宽。事实上，丁宽本来只是项生的随从，但由于天赋过人，被田何相中，招收为弟子，并最终传其衣钵。此后，丁宽又把自己的易学传授给了弟子田王孙。田王孙再把自己的易学，传给了三大弟子施雠、孟喜和梁丘贺。施、孟、梁丘三家的易学，后来都被立为了五经博士中的易学博士，成为朝廷钦定的易学。

在这三家之中，就有一位象数易学的大师级人物，他就是孟喜。根据《汉书·艺文志》的记载，施雠、孟喜和梁丘贺，从田何、丁宽、田王孙那里继承的是一种注解《周易》的章句之学，三个人分别撰有《章句》两篇（《施氏章句》《孟氏章句》《梁丘氏章句》）。但孟喜除了从老师田王孙那里所学的章句之学外，还另外掌握了一套用《周易》的易卦体系与四时、十二月、二十四节气等时间要素相结合的"卦气"学说。要知道，无论是田何、丁宽、田王孙的著作，还是施雠、孟喜、梁丘贺的《章句》，都已经在历史的流传过程中失传了，但孟喜的卦气学说，却保存了一部分下来。因此，这套学说不仅是我们现在所能看到的最早的象数易学学说，也是现存最早的汉代易学理论，可以说非常珍贵。

从《汉书》的记载中来看，孟喜的卦气学说，跟他所得以被立为博士的章句之学，是没有什么关系的，而是来自一本神秘的《易家候阴阳灾变书》。经过对这本颇为神秘之书的学习，孟喜最终创造出了包括四正卦、十二消息、六日七分等学说在内的卦气学说。后来的象数易学名家，包括西汉的焦延寿、京房，东汉的虞翻、郑玄、荀爽等人，他们的学说，在很大程度上，也都是在孟喜所创发的这条道路上的进一步发展。

但也正是因为孟喜这种不同于以往的创新，招来了同门师兄弟施雠和梁丘贺的不满。他们认为，孟喜的这种做法，属于叛变师门的行为，它的那套来源于《易家候阴阳灾变书》的学说，也是异端邪说，并非易学正宗。但孟喜则对外宣称，老师田王孙在临终之际，将衣钵传给了自己，自己才是得田王孙真传的弟子。为了名分，师兄弟之间展开了一轮又一轮的唇枪舌剑，孟喜也受到了打压。受此影响，在汉武帝在位的时候，孟喜的易学没能列为学官，直到汉宣帝的时候，才被列为博士，与施雠和梁丘贺并列。

―――――――― · 本节要点 · ――――――――

1. 四库馆臣将历史上的易学学说分为了"两派六宗"，其中，象数派易学包含占卜宗、禨祥宗、造化宗；义理派易学包含老庄宗、儒理宗、史事宗。

2. 象数易学贯穿于庙堂、学者和民间，尤其重视易象与现实的结合。通过构建各类理论与方法，利用《周易》中所蕴含的道理，来对上到政治、天文、自然灾害，下到婚姻、生产、人生命运在内的各类事情，进行分析和引导。

3. 象数易学在历史上的兴起，从西汉时期的孟喜开始，并以两汉为最盛。汉代象数易学的代表人物还有焦延寿、京房、虞翻、荀爽、郑玄等学者。

第二节　四正卦与十二消息卦

孟喜通过学习《易家候阴阳灾变书》，创造出了包括四正卦、十二消息卦、六日七分等学说在内的卦气学说。在本节中，我们就要通过对四正卦和十二消息卦的学习，揭开卦气学说的神秘面纱。

无论是四正卦、十二消息卦，还是后面将要学习的六日七分、七十二候等学说，说到底，都是汉代的象数易学家把《周易》中的卦，与我们生活中的时间因素，建立起对应关系的一些方法。说到时间要素，大家首先会想到的，大抵应该是年、月、日、时、分、秒这些常用的时间单位。不过，除此之外，由于我们国家在历史上有着发达的农业文明，所以对于农业的种植生产来说，还有一个既不可以被忽略，又是中国文化所特有的时间单位，这就是大家都非常熟悉的"二十四节气"。

卦气说中的"四正卦"，其实就是在八卦中所选取的位于正北方向的坎卦、正南方向的离卦、正东方向的震卦，以及正西方向的兑卦。利用选取出来的这四个卦，与二十四节气之间，建立起一一对应的关系。

八卦对应方位的方法，比四正卦学说的产生要早一些，最早出自《易传》中的《说卦传》。按照《说卦传》的说法，震卦为东方之卦，兑卦为西方之卦，离卦为南方之卦，坎卦为北方之卦，乾卦为西北之卦，艮卦为东北之卦，巽卦为东南之卦，坤卦为西南之卦。如果我们将刚才提到的八卦和方位，按照古代图像的基本坐标，也就是"上南、下北、左东、右西"画出来的话，就可以画出一幅八卦方位图。这幅图在历史上也被叫作"文王八卦方位图"，或者"后天八卦方位图"，这也是宋代以前最常出现的八卦方位图。

了解了八卦的基本方位，可以便于我们继续展开对四正卦学说的学习。不过，在此之前，我们还必须了解一个事实：孟喜虽然是西汉时候的人，但因为年代太过久远，汉代时期记载的孟喜卦气说的相关材料，如今基本都已失传了。我们现在所学习的孟喜卦气说，则来自唐代一位名叫一行的僧人，在其所写的《卦议》一文中对孟喜卦气说的转述。

根据一行的记载，《坎》《离》《震》《兑》四正卦取别卦而非经卦，因此一共有二十四爻，每一爻又分主一年中的一个节气。具体的排列次序，则从《坎》卦的初爻和冬至开始。在《坎》卦的卦象中，阳爻被阴爻包围，没有办法发挥任何作用，象征着阴气极盛的时刻。因此，《坎》卦的初六爻所主的节气，就是一年中黑夜最长的冬至。同样的道理，在《离》卦中，阴爻被阳爻包围，也无法发挥作用，所以，《离》卦的初九爻所主的节气，就是一年中白昼最长的节气，也就是夏至。

以此类推，《震》卦的初爻主春分，这是因为《震》卦的初九爻是一根阳爻，象征着阳气萌动，正是春天万物复苏，生机萌发的景象，就像《说卦传》中所说的"万物出乎震，震东方也"，所讲的也是立于东方的震卦，象征着万物的萌发。而《兑》卦初爻所主的，是秋分，从卦形来看，《兑》卦是一根阴爻在上，正是阴气发挥作用的时候。正如秋分之后，寒气开始催杀万物。《说卦传》中同样也有关于兑卦的记载，"兑，正秋也"，也是将兑卦定位到了秋季，与四正卦的理论是一致的。

确定了四正卦各自初爻的节气之后，我们就可以将二十四节气按照顺序，分别与四正卦的这二十四根爻一一对应。这样一来，在每个节气到来之时，都会有唯一的一根爻，与它相对应起来。

表6-1　四正卦与二十四节气

《震》卦		《离》卦		《兑》卦		《坎》卦	
上六	芒种	上九	白露	上六	大雪	上六	惊蛰
六五	小满	六五	处暑	九五	小雪	九五	雨水
九四	立夏	九四	立秋	九四	立冬	六四	立春
六三	谷雨	九三	大暑	六三	霜降	六三	大寒
六二	清明	六二	小暑	九二	寒露	九二	小寒
初九	春分	初九	夏至	初九	秋分	初六	冬至

相比于四正卦用一根爻来对应一个节气，十二消息卦所采用的方法，则是直接用一个卦来对应一个月。但需要注意的是，十二消息卦

中的"消""息"这两个字，并不是指我们现在常说的新闻、信息等意思，而是出自《象传》的两个概念："君子尚消息盈虚"，"天地盈虚，与时消息"。在卦气学说中，"消息"二字有专门的含义，"消"字专门用来形容阴爻的生长；"息"字则专门用来形容阳爻的生长。消、息二字结合起来看，所传达出来的意思是指在十二消息卦中，阴阳爻生长变化，交替运行的规律。把这种变化对应到一年的十二个月中，也就可以对应于一年之中寒来暑往、春夏秋冬交替的自然规律了。

解释完"消息"这两个字的含义后，大概就能绘制出这十二个消息卦的卦形了。消卦选取的是阴爻自下而上，逐渐增长的六个卦，这六个卦分别是《姤》卦、《遁》卦、《否》卦、《观》卦、《剥》卦和《坤》卦；息卦选取的则是阳爻逐渐增长的六个卦，它们分别是《复》卦、《临》卦、《泰》卦、《大壮》卦、《夬》卦和《乾》卦。

这十二个卦具体如何与十二个月对应，还需从十二消息卦的卦形入手。在阳爻逐渐增长的六个卦中，《复》卦的卦象是一阳生于下，象征着一丝丝的阳气从最冰冷的世界中开始萌发。这就像冬至所在的十一月，此时一年开始，微阳生于地下。在十一月之后，阳气便开始逐渐增加，到了四月就是阳气最盛的时候，那自然对应于六爻纯阳的《乾》卦。再到五月，微阴开始生于地下，此时就像《姤》卦，一阴生于下，阴气开始生长，阳气则逐渐开始消退。到了十月，就是阳爻彻底消退殆尽的时候，也就自然对应于纯阴的《坤》卦了。这样一来，十二消息卦，也就有了各自准确对应的月份了。

表6-2 十二消息卦

息卦	《复》卦 ䷗	《临》卦 ䷒	《泰》卦 ䷊	《大壮》卦 ䷡	《夬》卦 ䷪	《乾》卦 ䷀
对应月份	十一月	十二月	正月	二月	三月	四月
消卦	《姤》卦 ䷫	《遁》卦 ䷠	《否》卦 ䷋	《观》卦 ䷓	《剥》卦 ䷖	《坤》卦 ䷁
对应月份	五月	六月	七月	八月	九月	十月

阳气最盛，并不意味着温度最高；阴气最盛，也不意味着温度最低。从现代的地理知识来说，夏至当天是北半球与太阳直射点距离最近的时候，但实际上，一年中温度最高的月份，往往在夏至之后的一个月。同理，一年中最冷的月份，也往往是在冬至之后的一个月。这一现象背后的原理也并不复杂，地球作为一个体积庞大的星球，它的温度升高或者降低，都需要一个缓冲的时间。从十二消息卦所对应的月份来看，虽然从五月开始，北半球所吸收的热量已经呈现出下降趋势，但从总体上来说，一直到六月份，北半球的温度还处在上升的过程中，要延迟到七月份之后，才会呈现出明显的下降趋势。同样的，气温的提升，也不会在冬至之后立刻来临，也要有一两个月的缓冲期。

十二消息卦在汉代易学家解卦中的应用非常广泛，比如，东汉时期的著名易学家虞翻，就很擅长用"消息"的原理来解卦。在注释《姤》卦时，他就首先表明了《姤》卦是一个以阴消阳的消卦；而到了《遁》卦，他又指出，此时《姤》卦的九二爻被阴爻消为六二，故而变为《遁》卦；再到《否》卦时，内卦的三爻便都已经被阴爻给消了个干净。由此可见，在虞翻解卦的过程中，消息理论已经成为用来阐述卦变中阴阳爻关系变化的重要原理了。

除此之外，其实我们在日常的汉语对话中也能发现十二消息卦的影子，比如"一阳来复""三阳开泰"等成语，也都是从消息理论中发展而来的。

———————— • 本节要点 • ————————

1. 四正卦、十二消息卦，都是汉代易学家将《周易》的卦爻体系与时间线索建立起对应联结的理论方法。

2. 四正卦所选取的，是后天八卦方位中位于正北、正南、正东、正西方位的坎、离、震、兑四个卦。四正卦学说选取别卦而非经卦，共二十四爻，分主一年二十四节气。

3. 十二消息卦以阳长为息，阴长为消，选取的是阳爻逐渐增长的《复》《临》《泰》《大壮》《夬》《乾》和阴爻逐渐增长的《姤》《遁》《否》《观》《剥》《坤》，共十二个卦，分主一年十二个月。

第三节　七十二候与六日七分

在上一讲中，我们学习了卦气说中的两个重要理论：四正卦和十二消息卦。四正卦利用《坎》《离》《震》《兑》这四个在方位上位居正北、正南、正东、正西的卦，分主一年四季，再利用这四个卦里所包含的二十四根爻，分别去对应于一年之中的二十四节气。十二消息卦则是利用十二个在卦象上象征着阴和阳消长的卦，分别对应于一

第六章 汉代象数易学概览

年的十二个月，从而揭示天象与人事的变化。

四正卦和十二消息卦，都是分别利用卦象的变化规律，将之与自然世界的时间变化规律相配合，从而实现宇宙自然和人文社会的交流和沟通，继而利用《周易》中所蕴含的道理，来分析自然变化，指导人类生活。由于这种模式能够把对气温、风雨和灾害等自然现象的解读，转化到对社会生产乃至政治事件的评判上，因此在诞生之后，就很快流行起来。事实上，除了将四正卦与四季和二十四节气对应，将十二消息卦与十二个月对应之外，汉代的学者们还尝试着在更小的时间单位上，实现易卦体系与时间的对应和配合。

在中国古代社会中，在节气和天之间，还有另外一个时间单位，叫作"候"，这个时间单位，是对节气的进一步细分。我们知道，一个节气的长度，大部分是十五天，也有一些是十六天。而"候"则是把一个节气分为三份，这样一来，一年就有了七十二个候，每一候的时间，大约是五天，极少数是六天。

就像每一个节气都有自己的名字一样，每一个候也都有自己的名称。而候的名称，往往是取自在它所处的那五天内，所会发生的一些自然现象，这种现象也被称作"候应"。比如说，在立春这一节气的三个阶段，初候之时，会有东风吹来，冰冻的大地开始融化，因此，立春初候，就叫作"东风解冻"；二候之时，在冬季蛰伏于地下的昆虫开始苏醒，所以叫作"蛰虫始振"；三候之时，水里的鱼儿也开始兴奋，会游到上层的冰面附近，因此叫作"鱼上冰"。再比如，立夏的三个候，分别叫作"蝼蝈鸣""蚯蚓出""王瓜生"；冬至的三个候，分别叫作"蚯蚓结""麋角解""水泉动"。顾名思义，这七十二候的命名，讲的都是一些特定的物候现象。

无论是四正卦对应四季、二十四节气，还是十二消息卦对应十二个月，都是从易卦体系中截取一部分卦爻，来与时间单位相配合。可到了七十二候这里，这种截取的办法就行不通了。因此，必须寻找其他的解决办法。为此，孟喜以及其他的汉代学者，尝试着给六十四卦做了一次分层。首先，《坎》《离》《震》《兑》作为四正卦，分主四季，成为卦气说的定海神针，因此单独处在一档。剩下的六十卦，则按照五等爵位，分为辟、公、侯、卿、大夫五个档次，在每档之中，安置十二个卦。

第一档的十二个卦被称为辟卦，也就是君主之卦的意思。而这一档的十二个卦，也就是《复》《临》《泰》《大壮》《夬》《乾》《姤》《遁》《否》《观》《剥》《坤》这十二消息卦。因此，在有些文献的记载中，十二消息卦也被称作"十二辟卦"。第二档次的十二个卦，则被称为"公卦"，包括《中孚》《升》《渐》等十二个卦。第三档则是十二个侯卦，包括《屯》《小过》《需》等十二个卦。以此类推，下面还有十二个卿卦、十二个大夫卦。

在七十二候与卦的对应中，四正卦作为单独一档的四个卦，是不必参与轮流值班的，具体的对应工作，全部由其余六十卦来完成。只不过，即便给辟、公、侯、卿、大夫这五档、六十卦，每卦分配一候，也只能分配六十个候，还有十二个候是空缺的，汉代学者所采取的办法是，让十二个侯卦每个卦值两次班，每卦轮值两候。这样一来，就实现了六十卦与七十二候的一一对应。

第六章 汉代象数易学概览

表6-3 六十四卦配候

节气	初候 始卦	次候 中卦	末候 终卦
冬至 (十一月中《坎》初六)	蚯蚓结 公《中孚》	麋角解 辟《复》	水泉动 侯《屯》(内)
小寒 (十二月节《坎》九二)	雁北乡 侯《屯》(外)	鹊始巢 大夫《谦》	野雉始 卿《睽》
大寒 (十二月中《坎》六三)	鸡始乳 公《升》	征鸟厉疾 辟《临》	水泽腹坚 侯《小过》(内)
立春 (正月节《坎》六四)	东风解冻 侯《小过》(外)	蛰虫始振 大夫《蒙》	鱼上冰 卿《益》
雨水 (正月中《坎》九五)	獭祭鱼 公《渐》	候雁北 辟《泰》	草木萌动 侯《需》(内)
惊蛰 (二月节《坎》上六)	桃始华 侯《需》(外)	仓庚鸣 大夫《随》	鹰化为鸠 卿《晋》
春分 (二月中《震》初九)	玄鸟至 公《解》	雷乃发声 辟《大壮》	始电 侯《豫》(内)
清明 (三月节《震》六二)	桐始华 侯《豫》(外)	田鼠化为鴽 大夫《讼》	虹始见 卿《蛊》
谷雨 (三月中《震》六三)	萍始生 公《革》	鸣鸠拂其羽 辟《夬》	戴胜降于桑 侯《旅》(内)
立夏 (四月节《震》九四)	蝼蝈鸣 侯《旅》(外)	蚯蚓出 大夫《师》	王瓜生 卿《比》
小满 (四月中《震》六五)	苦菜秀 公《小畜》	靡草死 辟《乾》	小暑至 侯《大有》(内)

续表一

节气	初候 始卦	次候 中卦	末候 终卦
芒种 （五月节《震》上六）	螳螂生 侯《大有》（外）	鹍始鸣 大夫《家人》	反舌无声 卿《井》
夏至 （五月中《离》初九）	鹿角解 公《咸》	蜩始鸣 辟《姤》	半夏生 侯《鼎》（内）
小暑 （六月中《离》六二）	温风至 侯《鼎》（外）	蟋蟀居壁 大夫《丰》	鹰始挚 卿《涣》
大暑 （六月中《离》九三）	腐草为萤 公《履》	土润溽暑 辟《遁》	大雨时行 侯《恒》（内）
立秋 （七月节《离》九四）	凉风至 侯《恒》（外）	白露降 大夫《节》	寒蝉鸣 卿《同人》
处暑 （七月中《离》六五）	鹰乃祭鸟 公《损》	天地始肃 辟《否》	禾乃登 侯《巽》（内）
白露 （八月节《离》上九）	鸿雁来 侯《巽》（外）	玄鸟归 天夫《萃》	群鸟养羞 卿《大畜》
秋分 （八月中《兑》初九）	雷始收声 公《贲》	蛰虫坯户 辟《观》	水始涸 侯《归妹》（内）
寒露 （九月节《兑》九二）	鸿雁来宾 侯《归妹》（外）	雀入大水为蛤 大夫《无妄》	菊有黄水 卿《明夷》
霜降 （九月中《兑》六三）	豺乃祭兽 公《困》	草木黄落 辟《剥》	蛰虫咸俯 侯《艮》（内）
立冬 （十月节《兑》九四）	水始冰 侯《艮》（外）	地始冰 大夫《既济》	雉入水为蜃 卿《噬嗑》

第六章 汉代象数易学概览

续表二

节气	初候	次候	末候
	始卦	中卦	终卦
小雪 (十月中《兑》九五)	虹藏不见 公《大过》	天气上升地气下降 辟《坤》	闭塞而成冬 侯《未济》(内)
大雪 (十一月节《兑》上六)	鸟不鸣 侯《未济》(外)	虎始交 大夫《蹇》	荔挺出 卿《颐》

具体的轮值规则是以每两个节气、六个候为单位，除开四正卦以外的六十卦，分别按照公、辟、侯、侯、大夫、卿的次序，由五个卦轮流值班，其中侯卦轮值两候，其余四个卦各值一候。按照这种方法，六十个卦轮值完七十二候，也就正好结束了一年的周期。

既然季节、月份、节气、候都能与易卦相配，那么作为人类日常生活中最能直接体会到的时间单位——天，其与易卦的配合，肯定也是不可缺少的。只是相比于前面的四季、十二月、二十四节气、七十二候来说，天与易卦的配合存在一个障碍，那就是每年的天数都不是一个整数。

按照我们现代的历法，是将每个正常的年度算作三百六十五天，然后每四年设置一个闰年，算作三百六十六天。实际上，在汉代的时候，人们对于历法的认识，就已经相当精确了。在当时的人看来，一年的天数是三百六十五又四分之一天，这跟我们现在精准计算出的数据相比，差别已经很小了。在三百六十五又四分之一与六十四卦相匹配的过程中，"六日七分法"随即应运而生：首先，由于一年的天数不是整数，所以肯定不能实现卦数与天数的整齐对应了，分数的使用便在所难免；其次，在孟喜等学者的卦气理论中，四正卦既然不参与七十二候的轮值，那么也没有道理参与一年之中每天的值日，所以值日工作，还是只由六十卦来完成。

由六十卦去对应三百六十五又四分之一的基本方法，是把每一天划分为八十"分"，这样，每年三百六十五又四分之一天，总共就有了两万九千二百二十分。我们可以先去计算一下可以整除的部分，那么就是要给六十卦每卦分配六天。这样一来，就分配掉了三百六十天，只剩下了五又四分之一天，也就是四百二十分。再让六十卦去平均分配这四百二十分，每个卦不多不少，刚刚好可以分到七分。这样一来，每年之中一卦的值日时间也就确定了，那就是六日零七分，简称为"六日七分"。

在易学史上，七十二候与易卦相配的理论，以及六日七分法，都被认为是由孟喜所开创的，但由于我们现在所能看到的汉代文献残缺不全，所以，这种说法也不能得到精确的证实。不过，可以肯定的是，这种将易卦与时间相配合，并试图进一步用《周易》中的道理解释现实生活的方法，在汉代的时候，确实已经非常流行了。

———— • 本节要点 • ————

1. 在古代社会中，人们还曾经把一个节气的时间细分为三候，每年共七十二候，每一候持续约五天的时间。七十二候的命名，均是取自该段时间内，所会发生的特定物候现象。

2. 为与七十二候相对应，汉代学者将六十四卦分为了四正卦，以及辟、公、侯、卿、大夫五等，各十二个卦，并按照四正卦不参与轮值，侯卦一卦轮值两候，辟、公、卿、大夫卦每卦轮值一候的方法，实现了六十卦与七十二候的相配。

3. 卦气说将每天设定为八十分，一年共三百六十五又四分之一日，共两万九千二百二十分。以除四正卦以外的六十卦参与一年之中每天的值日，每卦值六日零七分。

第四节 《易林》与焦氏值日法

在上一讲中，我们了解了中国古代社会中所特有的一种时间单位——一年之中的七十二候，以及其所对应的物候现象。除此之外，我们还重点学习了卦气说是如何通过将六十四卦进行层级上的区分，以便让易卦体系能够分别与一年中的七十二候与三百六十五又四分之一天进行配合的方法。不过，我们在学习的时候也可以发现，七十二候说和六日七分法，在理论设计和实践操作中，为了实现易卦和时间的关联，设置了很多弯弯绕绕、曲曲折折的限定，这样一来，就不可避免地会有一些不太合理、不太方便的地方。所以，卦气学说在开始流行之后，也并不是一成不变的，而是在实践的过程中随用随改，正因如此，才诞生了很多新的方法。在这一改造的过程中，出现了孟喜之外的另一位著名易学人物——焦延寿。

焦延寿本名叫焦赣，他来自西汉时期的一个封国梁国，大概地处今天的河南东部、山东南部一带。焦延寿之所以能够在易学史上赫赫有名，其中一个非常重要的原因，就是他招收了一位后来成为大易学家的弟子，也就是京房。关于焦延寿的履历，京房说过这么一句话："延寿易即孟氏学。"也就是说，焦延寿的易学，就是从孟喜那里传下来的。但这一传说，遭到了孟喜的两个嫡传弟子翟牧和白光的反对。翟牧和白光能够成为身为五经博士的孟喜的亲炙弟子，那也是经历了重重考核的。因此，他们坚决否认孟喜还有这么一位散落在民间的弟子。撰写《汉书》的班固也认为，虽然搞不清楚焦延寿的易学究竟是从哪里学来的，可能是传自不知名的隐士，但在班固看来，孟喜的易学和焦延寿的易学，并不是一回事，两者之间没有师承关系，京房的说法可能只是为了给自己的易学找一个更厉害的来源。

事实上，比起孟喜等人从小就在田王孙这些大学者的门下读书治学，焦延寿的命运可就凄苦得多了。他虽然从小好学，但由于家庭极为贫困，根本接触不到好的教育资源。好在当时的梁王是个心地善良的诸侯，在发现了焦延寿的天资和勤奋之后，便资助他完成了学业。而焦延寿也投桃报李，在梁国出仕为官，先是在郡守手下当了一个小官，然后到了小黄，也就是现在的兰考县当了一个县令。焦延寿爱民如子，当地的老百姓都非常爱戴他，屡次上书梁王，祈求不要把他调走。焦延寿也非常乐意在当地连任，为此连升迁的机会都放弃了，最后还是梁王下令，焦延寿加薪留任，让他终老在小黄。

焦延寿写作了一本《易林》，这本书在后世，也经常被称作《焦氏易林》。这本书在《隋书·经籍志》《旧唐书·经籍志》等正史中都有记载，我们现在也能够看到比较完整的十六卷本《易林》。这本书的最大特点，是仿照文王演八卦为六十四卦的方法，将六十四卦再次进行两两重叠。焦延寿以六十四卦中的每一卦为基础，将之称为

第六章　汉代象数易学概览

"林",再在每一林之中,依次重叠六十四卦。这样一来,六十四乘以六十四,就产生了四千零九十六种变化,焦延寿则为这四千零九十六种变化,各自撰写了一条断语。

比如,在《乾》卦的那一林中,焦延寿为《乾》之《坤》撰写的断语是"自招祸殃",意思是会为自己招来灾祸;为《乾》之《蒙》撰写的是"长受嘉福",意思是能够获得长久的恩裳和富贵。可见,《易林》对吉凶的判断,都是非常简洁明了的。

根据焦延寿的这种方法,每次占卦的时候,只需要先确定好当天所在的是哪一林,然后根据卜卦的结果,去找这一林中相应的卦,再翻看焦延寿所写的断辞,最后判断吉凶就可以了。这也意味着,按照焦延寿的方法,就不再需要去使用卦象分析法或者卦爻辞解读法那些复杂而又不容易掌握的方法了。

相比于卦爻辞的佶屈聱牙,《易林》的断辞由于都是四个字的韵语,不但朗朗上口,而且对于吉凶的判断或者描述都非常清楚。比如,在《解》林变《既济》卦的断语"上政摇扰,虫螟并起,害我嘉谷,季岁无稷"中,就描写了严苛的政令所导致的虫灾,以至于颗粒无收的现象。再比如《谦》林变《小畜》卦的断语"江河淮海,天之都市,商人受福,国家富有"中,则描述了一派国泰民安、风调雨顺的景象。

由于《易林》的这种文字极富文学美感,以至于著名的文学家钱锺书先生也称赞说,《易林》堪与《诗经》并立为中国四言诗的两座高峰。

不过,焦延寿又是如何确定每天所在的林是哪一卦的呢?我们之前所学的六日七分法，确实能够将每一天对应于易卦。但是，同时我们也发现了，六日七分法在实践中也存在一些问题。其一，是四正卦不参加值日，导致一年之中轮值的卦不全；其二，以六日零七分的方法进行值日排列，可操作性不强。尤其是在计时工具并不发达的古代，如何去判断那八十分之七日，约合为126分钟的交界点呢？焦延寿有感于这些困扰，于是在六日七分法的基础上，改良出了一套"焦氏值日法"。

焦氏值日法的核心在于，它放弃了六日七分法为了使值日天数能平均分配，而将每天拆碎的做法，而是严格规定每天只由一卦值日。具体的值日规则为：将除《坎》《离》《震》《兑》之外的六十卦，分为十二组，每组五个卦。而这五个卦，则在两个节气的时间内，一个接一个地轮流值日。比如，在立春和雨水两个节气中，就由《小过》《蒙》《益》《渐》《泰》这五个卦轮流值日；在立夏和小满这两个节气中，则由《旅》《师》《比》《小畜》《乾》轮流值日。如果两个节气正好是三十天，那么五个卦就各值六天，如此一来则皆大欢喜。可如果遇到三十一天的情况，就由第一个值日的卦多承担一些，即多值一天。

除此之外，焦氏值日法比起六日七分法来说，一个显著的区别就是让四正卦也参与到了值日中来。不过，四正卦毕竟身份特殊，所以不用值那么多天，只要在一年之中，分别在春分、秋分、夏至、冬至的当天，各自象征性值一天就可以了。

不过，我们还需要了解的一个问题是，虽然《易林》保存得非常完整，焦氏值日法也有着很强的可操作性。但相比于汉代其他易学文献失传的失传、残缺的残缺，《易林》太过于完整，也引起了后世学者们的怀疑。清代大学者顾炎武、近代著名学者胡适，就都曾提出过质疑，认为这本书可能并不是西汉时期的作品，而是东汉甚至更晚时候的人撰写的。

———————— • 本节要点 • ————————

1. 焦延寿是西汉时期的梁国人，也是大易学家京房的老师，撰有《易林》一书。但在顾炎武、胡适等人看来，此书并非焦延寿的作品，而是东汉以后的人所写的著作。

2.《易林》将六十四卦两两重叠，并分别撰写了四字韵语作为断辞。在《易林》的筮法中，只需先行确定当日值日的是哪一林，然后在卜卦之后，去查验相关卦的断辞即可。

3. 焦氏值日法可用来确定每日所主之林。主要方法为，四正卦分主春分、秋分、夏至、冬至，其余六十卦，则按照每五个卦负责两个节气的分配方式，依次轮流值日。

第五节　京房与八宫图

在上一讲中，我们了解了焦延寿、《易林》和焦氏值日法。只是《易林》这本书，究竟是不是西汉时的焦延寿所写的，这在易学研究中也是一个争议很大的问题。再加上焦延寿本人的师承来路不明，因此他的形象也被蒙上了一层神秘的面纱。不过，即便抛开《易林》不算，仅靠另一件事，也足以令焦延寿青史留名了，那就是他培养了一位著名的弟子：京房。

在易学史上，有两个人是既能够登大雅之堂，在易学研究上开宗立派，成为一代宗师，又享誉民间，被江湖术士奉为大神的人物。一个是北宋时期的邵雍，另一个就是西汉的京房。

在西汉的历史上，曾经出现过两个京房，而且都跟易学有关。第一个京房是司马谈的师弟。我们知道，司马谈是司马迁的父亲，因此，司马迁在谈到自己家学的时候，也顺便提到了这位京房。但这位京房并没有留下什么有效的信息。因此，我们所要详细了解的是后一位京房，也就是焦延寿的弟子京房。

京房的易学得到了焦延寿的真传，不但理论水平高，而且能通过天象的变化非常准确地预测出人事。作为一个易学家，具备这种技能不足为奇。焦延寿在小黄做县令的时候，就经常能够预测出哪里会着火、哪里会有灾害，从而提前做好准备和应对。京房也深谙此道，根据班固在《汉书》中所写的《京房传》的记载，他最早在政坛上扬名立万，靠的就是通过日食和大雾不散的天象，准确预言了西羌地区有人造反。

不过，京房在这条道路上，走得比焦延寿更远。要知道，京房本来并不叫这个名字，他姓李，名君明，京房这个名字，是他自己推算后改定的。另一方面，京房极度热衷于政治，自登上政坛起，就不断地给当时的皇帝汉元帝上书，进行各种预测。由于本领高超，京房的预言总是能够准确命中，因此也愈发地得到皇帝的赏识。但是，在一生都留在小黄当县令的焦延寿看来，京房的平步青云并不是什么好事，焦延寿预言说："得我道以亡身者，必京生也。"意思是说，京房确实学到了自己的本领，但最终会因此丧命。

京房得到汉元帝赏识之后，便非常想要在政治上更进一步，于

第六章 汉代象数易学概览

是，他便向汉元帝进献了自己拟定的《考功课吏法》。京房认为，当时之所以会有这么多的灾异现象，不是因为别的原因，而是因为吏治不明。具体来说，当时的官员任用、考评，靠的是口碑，也就是其他人的评价。在京房看来，这种靠口碑评价官员的标准，并不能够提高行政效率。于是，自己提出了一套"考功课吏"的方法，用现在的话说，就是一种绩效考核制度，根据官员们的业绩，来给予评价。

京房的这种行为，其实是想把官员的评价权、任用权抓到自己手里，但这样一来，可就得罪了当时掌握大权的中书令石显，以及石显的好友，尚书令五鹿充宗。于是，石显和五鹿充宗便想要排挤京房，他们跟汉元帝建议，让京房到基层去进行《考功课吏法》的试点，如果效果好的话，再在全国推广。就这样，汉元帝任命了京房为魏郡太守，去进行试点工作。

京房离开长安之后，石显和五鹿充宗就开始想办法除掉他。很快，他们便发现，淮阳宪王刘钦的舅舅张博，曾经发表过一些诽谤政治的言论，还曾经跟淮阳王密谋，让御史大夫郑弘等人取代石显。在汉代的政治中，这种行为可以说是触犯了大忌。这个张博不但曾经跟随京房学习过《周易》，而且还把自己的女儿嫁给了京房，成了京房的岳父。于是，石显等人就借着这个"诽谤政治、诖误诸侯"的罪名，把张博和京房都给抓起来杀掉了。此时的京房，其实也才刚刚四十岁，本来还有着大好的学术和政治前途，但很不幸，还是应验了焦延寿的预言。

传说，京房在临死前的几个月，已经推算出自己将要遭遇杀身之祸，就告诉弟子说，自己死后三十日，天上会有流星划过，证明自已的无辜。就像京房在之前所做的预测一样，这一预言也成真了。后来，汉成帝即位之后，整治了石显集团，还了京房一个清白。

正如我们在前面所说，京房的易学无论是在经学方面，还是在方术方面，都有深远的影响。由于京房的学问颇受汉元帝的赏识，他的易学也一度被汉元帝立为了博士学官，与施雠、孟喜、梁丘贺并列。虽然后来受到政治牵连，京氏易的博士被取消了，但京房易学在经学中的地位，由此也可见一斑。

从《汉书》的《京房传》和《五行志》等篇目的记载中，我们可以发现，京房的起家很大程度上靠的是对天象的解读，以及对灾异的判断。很明显，这种将天象与人事的结合方法，是从孟喜卦气说和焦延寿易学中传承下来的。但除此之外，京房的易学也有着大量自己的创发，其中颇具代表性的，就是京房所画出的八宫卦图。

宫次	本宫卦	一世卦	二世卦	三世卦	四世卦	五世卦	游魂卦	归魂卦
乾宫	乾	姤	遁	否	观	剥	晋	大有
坎宫	坎	节	屯	既济	革	丰	明夷	师
艮宫	艮	贲	大畜	损	睽	履	中孚	渐
震宫	震	豫	解	恒	升	井	大过	随
巽宫	巽	小畜	家人	益	无妄	噬嗑	颐	蛊
离宫	离	旅	鼎	未济	蒙	涣	讼	同人
坤宫	坤	复	临	泰	大壮	夬	需	比
兑宫	兑	困	萃	咸	蹇	谦	小过	归妹

图6-1　八宫卦图

第六章　汉代象数易学概览

　　八宫卦图，事实上是给六十四卦所做的具体分类。顾名思义，京房将六十四卦分为了八个宫。哪八个宫呢？也就是用《乾》《坤》《震》《巽》《坎》《离》《艮》《兑》八个卦，各自领衔一宫，这八个卦，也就被叫作本宫卦。在每一宫中，再各自由包含本宫卦在内的八个卦共同构成。这样一来，总共有八个宫，每宫有八个卦，这一张八宫卦图便涵盖了全部的六十四卦。

　　在八宫卦图中，每一宫另外七卦的排列，也是有固定规律的。其中，第一列叫作一世卦，一世卦的规律，是在本宫卦的基础上，变化初爻而形成的。比如，乾宫一世卦就是将《乾》卦☰初九变为初六后形成的《姤》卦☴。同理，八个宫中的二世卦，就是在本宫卦的基础上，变化初爻和二爻而形成的卦。三世卦、四世卦和五世卦，也可以由此类推，在本宫卦的基础上，分别变化初爻到三爻、初爻到四爻、初爻到五爻。

　　但到了第七层，就不再叫六世卦。因为如果继续按照上述规律变化，乾宫六世卦会变成《坤》卦，那就与《坤》宫的本宫卦重复了。因此，每一宫的第七个卦，是在五世卦的基础上，将第四爻进行阴阳转变，并称之为"游魂卦"。比如《乾》宫的游魂卦，就是在五世卦《剥》卦☶的基础上，变化第四爻而形成的《晋》卦☲。

　　最后一层变化，则是在游魂卦的基础上，将内三爻全部变回本宫卦，这一卦，则被叫作"归魂卦"。仍以《乾》宫为例，在把游魂卦《晋》卦☲的初六、六二和六三这三根阴爻，全部变回本宫卦的初九、九二、九三三根阳爻后，就变成了《乾》宫的归魂卦：《大有》卦☲。总的来说，八宫卦对六十四卦的排列组合，非常具有规律性。

• 本节要点 •

1. 京房本名李君明，是焦延寿的弟子，尤其擅长利用易学来解读灾异现象。在汉元帝时，京氏易学曾一度被立为博士学官。

2. 京房积极投身政治，试图以《考功课吏法》与石显、五鹿充宗等人争权。但在政治斗争中，与学生张博一起被以"诽谤政治、诖误诸侯"的罪名处决。

3. 八宫卦图将六十四卦分为八宫，分别以《乾》《坤》《震》《巽》《坎》《离》《艮》《兑》八卦为本宫卦，再以七种特定的卦爻变化规律，设定一世卦、二世卦、三世卦、四世卦、五世卦、游魂卦和归魂卦。

第六节　世应、纳甲与京氏学说

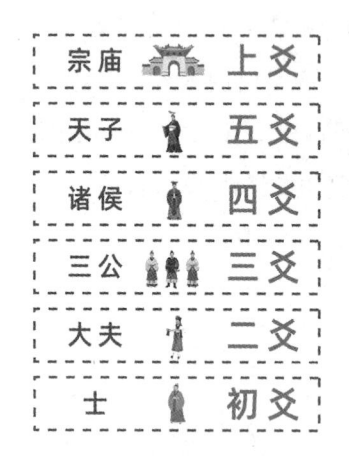

宗庙	上爻
天子	五爻
诸侯	四爻
三公	三爻
大夫	二爻
士	初爻

图6-2　爻位与身份

在上一讲中，我们了解了一代易学大师京房的生平事迹，然后又从八宫卦图入手，学习了京房构建的易学理论。八宫卦原理清晰、层次明了，画成的图形也非常整齐美观。从《汉书》的记载中，我们可以看到，京房易学的核心旨趣，就是通过将《周易》中所蕴含的道理，与各种灾异事件和自然现象的变化相结合，来分析和预测人事，尤其是政治事件的吉凶。

第六章 汉代象数易学概览

用大衍筮法来进行占筮，最终导向的是卦象分析以及卦爻辞的解读。京房的方法则是一种典型的象数易学的方法。他认为，每一个爻位都有各自的身份象征。初爻象征士，二爻象征大夫，三爻象征三公，四爻象征诸侯，五爻象征天子，上爻象征宗庙。

京房认为，判断一件事情的吉凶，确实要分析卦爻象，但在一个卦中，能起到决定性作用的，其实只有一根爻。因此，京房提出了一个叫作"世爻"的概念。在一个卦中，能够成为世爻的那根爻，就能决定这一卦的吉凶。这根爻，也就可以被称为"卦主"。比如在《复》卦之中，唯一一根位于初爻位置上的阳爻，承担着"一阳来复"的重大使命，它也就是《复》卦的世爻和卦主。

但要注意的是，在京房的易学中，哪一爻能够成为世爻并不完全是由它的意义决定的，而是取决于这一卦在八宫卦图中的位置。具体的规则是，一世卦的世爻是初爻，二世卦的世爻是二爻，三世卦、四世卦、五世卦的世爻则分别是三爻、四爻、五爻。游魂卦和归魂卦的世爻，分别是四爻和三爻，而本宫卦的世爻，则是上爻。

确定了每个卦的世爻之后，京房还另外设定了一根"应爻"，也就是与世爻相应的一根爻，应爻能够对世爻的吉凶起到一定的辅佐作用。举例来说，《否》卦䷋是《乾》宫三世卦，因此六三爻为世爻，上九爻为应爻。京房分析认为，在这一卦中，六三爻位置上的三公，居于卦主之位，又有上九爻的宗庙与之相应，那么就意味着六三与上九勾结，导致小人当权，九五爻的天子被架空。因此，《否》卦也就寓意着小人为灾的糟糕局面。

除了上面所说到的八宫、爻位、卦主、世应学说之外，京房创制的易学理论还有很多，如纳甲、纳支、飞伏、五行等等，其中的纳甲理论和纳支理论，在历史上首次将天干、地支与易卦结合了起来，在易学史上具有开创性的意义，并且在民间流传中产生了深远的影响。

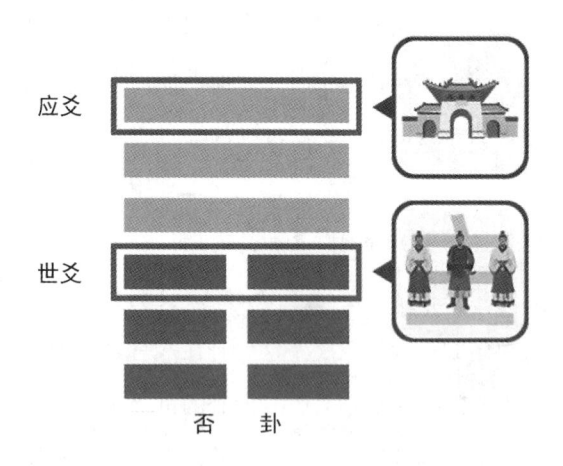

图6-3 《否》卦世爻应爻示意图

我们先来看纳甲理论。纳甲，实际上就是把将历法中的十个天干，也就是甲、乙、丙、丁、戊、己、庚、辛、壬、癸，融入到易卦体系之中。具体的融合方法，其实还是以八宫卦为基础的。京房将《乾》《坤》《震》《巽》《坎》《离》《艮》《兑》八个本宫卦单独列出，并且各自拆解为内外卦，由于这八个本宫卦都是由经卦重叠而成，因此每个卦的内外卦都是一样的。这样一来，就要用八宫卦的十六个内外卦，来配合十个天干。

具体来说,《乾》卦和《坤》卦各自纳两个天干。《乾》卦内卦纳甲,外卦纳壬;《坤》卦内卦纳乙,外卦纳癸。剩下的六个卦每个卦的内卦和外卦所纳的天干,是完全一样的:《震》卦纳庚,《巽》卦纳辛,《坎》卦纳戊,《离》卦纳己,《艮》卦纳丙,《兑》卦纳丁。

表6-4 《乾》《坤》纳天干表

《乾》卦					《坤》卦			
外卦	☰	上九	壬	外卦	☷	上六	癸
^	^	九五	壬	^	^	六五	癸
^	^	九四	壬	^	^	六四	癸
内卦	☰	九三	甲	内卦	☷	六三	乙
^	^	九二	甲	^	^	六二	乙
^	^	初九	甲	^	^	初六	乙

表6-5 八卦纳天干表

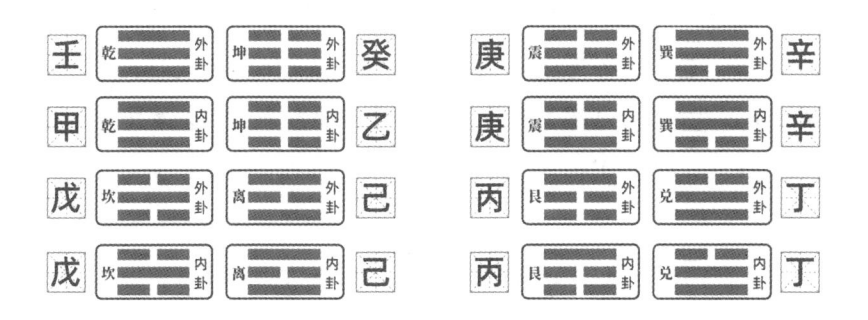

八个本宫卦将十个天干纳完之后,其余的五十六个卦所纳的天干,只要仿照着类推就可以了。首先,我们可以将每一个别卦的内外

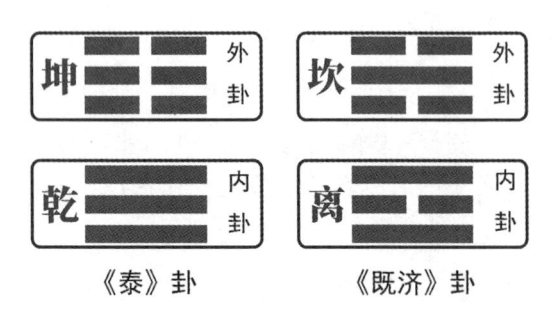

卦，都视为由本宫卦的内外卦拆解组成的，比如《泰》卦就是内乾外坤，《既济》卦就是内离外坎。而每一卦的纳甲，就都从其内外卦所属的本宫卦的纳甲情况照搬就可以了。像是《泰》卦，就是内卦纳甲，与《乾》卦内卦相同；外卦纳癸，与《坤》卦外卦相同。《既济》卦内离外坎，就是内卦纳己，与《离》卦相同，外卦纳戊，与《坎》卦相同。

图6-4 《泰》卦与《既济》卦纳甲图

纳完了天干，自然还可以纳地支。事实上，广义的"纳甲"学说，是包含了纳天干和纳地支的。只是在狭义的定义中，才有纳天干的"纳甲"和纳地支的"纳支"之间的区分。地支因为有十二个，所以易卦纳支的方法与纳甲不太一样。京房仍旧以八宫卦中的八个本宫卦为范例，直接将每一个地支分配到了八个本宫卦的每一根爻上面。具体来说，《乾》卦的初九爻纳子、九二爻纳寅、九三爻纳辰、九四爻纳午、九五爻申、上九爻纳戌。《坤》卦从初六爻到上六爻，则依次纳未、巳、卯、丑、亥、酉。另外六个本宫卦的纳支情况，则可以参照这个表格。

八个本宫卦完成了纳支之后，其余五十六个卦的纳支，仍然是按照纳甲的方法，从各自的内外卦所属本宫卦的纳支中，依次照搬。仍然以《泰》卦和《既济》卦为例，《泰》卦的内卦是乾卦，因此初九、九二、九三三根爻，依次照搬《乾》卦内三爻的纳支，分别纳子、寅、辰；六四、六五、上六，则参照《坤》卦，依次纳丑、亥、酉。《既济》卦的内三爻，参照《离》卦，分别纳卯、丑、亥，外三爻则参照《坎》卦，分别纳申、戌、子。

表6-6 八卦纳支表

乾卦	纳支	震卦	纳支	坎卦	纳支	艮卦	纳支
	戌		戌		子		寅
	申		申		戌		子
	午		午		申		戌
	辰		辰		午		申
	寅		寅		辰		午
	子		子		寅		辰

坤卦	纳支	兑卦	纳支	离卦	纳支	巽卦	纳支
	酉		未		巳		卯
	亥		酉		未		巳
	丑		亥		酉		未
	卯		丑		亥		酉
	巳		卯		丑		亥
	未		巳		卯		丑

这样一来，六十四卦中的全部三百八十四根爻，就都拥有了自己的干支属性。比如《乾》卦的初九、九二、九三三根爻，就分别纳甲子、甲寅、甲辰，《既济》卦的六四、九五、上六三爻，则分别纳戊申、戊戌、戊子。

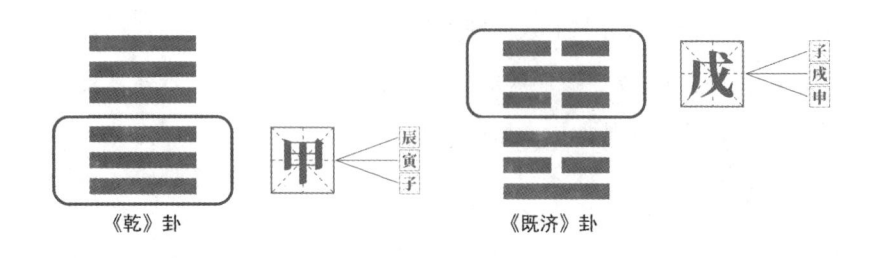

图6-5 《乾》卦与《既济》卦纳甲、纳支图

在纳甲、纳支学说的基础上，京房为了进一步演绎万事万物之间的关系，还在对易卦的诠释中，引入了金、木、水、火、土在内的"五行生克"理论，"旺、相、死、囚、休"的态势理论，"官鬼、妻财、天地、福德、同气"的"六亲"理论，构建了一套错综复杂的象数体系。

根据《汉书·艺文志》的记载，跟京房有关的易学著作有三部：《孟氏京房》《灾异孟氏京房》和《京氏段嘉》。相传是京房所写的《京氏易传》，也有一些残卷被保存了下来的，我们今天也还能看到一部分。但是今存的《京氏易传》与《汉书》中所引的京房易说并不相同。《汉书》中所引的京房学说，主要是卦气和灾异学说。但今存的《京氏易传》，则主要是与纳甲、纳支、五行相关的内容了。由此可见，纳甲、纳支、五行等这些在后来被广泛用于民间占卜的理论，可能并不一定都是由京房发明的，而很有可能是后来的民间术士，托名京房写成的。就像是在《汉书·艺文志》中，与京房有关的著作只有三种，可到了《隋书·经籍志》中，署名京房的著作，就有了《周易错》《周易妖占》《周易飞候》《占梦书》等近二十种，而且从名称来看，基本都是以各类民间术数为主。基本可以肯定，这些书籍，只是挂了一个京房的名字而已，与西汉的京氏易学，可能是没有什么直接关系的。不过，京房在民间易学以及江湖术士之间的影响力，也由此可见一斑。

———————— • 本节要点 • ————————

1. 京房根据八宫卦图的基本结构，为每一卦设定了一根世爻和一根应爻，其中，世爻即为一卦卦主，决定着一卦之吉凶。

2. 纳甲理论包括纳干与纳支，先以八宫卦中的八个本宫卦为基本范例，将十个天干和十二个地支纳于八个本宫卦的卦爻中。再将其余诸卦视为由本宫卦的内外卦拆解组合而成的卦，参照本宫卦的情况排列组合其纳干和纳支。

3. 相传，京房还发明了五行、六亲、态势等多种象数理论，以及若干种象数论著。但这些理论和著述，很有可能只是后代术士托名京房而作，而非西汉时期的京氏易学。

第七节　谶纬学说的兴起

在前面两讲中，我们学习了象数易学宗师京房的生平与学说。提到汉代象数易学的发展，还有一个不得不关注的内容，那就是汉代的"谶纬"学说。看到"谶纬"这两个字，大家最容易想到的就是"一语成谶"这个成语。这个成语经常用来形容大家无意中说的一句话竟然应验了，而且还主要用来指不好的、不吉利的事情的应验。

其实，通过这个成语，我们已经大概能猜到"谶纬"这个词的意思了，简单来说，谶纬就是一些具有神秘性的预言。谶纬一般被认为起源于西汉末年，也就是汉哀帝、汉平帝在位的时期，但需要注意的是，汉代人为了增添这些预言的神秘性和权威性，于是就把谶纬的作者说成是孔子。这样一来，谶纬的真正作者究竟是谁，反倒变成了一个难以破解的问题。

虽然我们现在总把"谶纬"两个字连用，但严格来说，"谶"和"纬"之间还是有明显区别的。《四库全书总目》就认为："谶自谶，纬自纬，非一类也。"那么，谶和纬到底各自指什么呢？

其实，"谶"指的是一些预示吉凶祸福的神秘预言，这些预言，上至帝王的军国大事，下至百姓的日常生活。"纬"的意思，我们可以参照"经"来理解，经是"织纵丝"，也就是布的纵线的意思，与经相对，纬的意思就是布的横丝。谶纬中的"纬"，也就是从经书中衍生出来的，用来补充和解释经书的文字与书籍。我们本节所要学习的谶纬学说，也主要是基于这一类"纬书"。

在汉代，《诗》《书》《礼》《乐》《易》《春秋》六经都有对应的纬书，而且还不止一部。值得注意的是，这些纬书的名字，也都颇具神秘色彩。其中，《周易》类的纬书最多，有《易纬乾凿度》《易纬稽览图》《易纬通卦验》《易纬坤灵图》等数十种；《尚书》类的纬书，有《尚书帝命验》《尚书刑德放》《尚书帝验期》等等；《春秋》的纬书，有《春秋演孔图》《春秋佐助期》等等；《诗经》类的纬书，也有《诗纬含神雾》《诗纬推度灾》等；三礼类的纬书，则有《礼纬含文嘉》《礼纬稽命徵》等；就连已经失传的《乐经》，也有《乐纬动声

第六章　汉代象数易学概览

仪》《乐纬稽耀嘉》等纬书；除了六经之外，《孝经》和《论语》这两部经典，也都产生了各自的纬书。

从汉代至今，易纬距我们太过久远，以至于我们已经看不到这些篇目的全貌了。不过，通过残缺的原文，以及东汉大学者郑玄的注释，我们还是可以了解到易纬的主要内容，其实和托名孟喜、京房的卦气说是有些相似的，都是将《周易》的卦爻体系与自然现象建立联系的方法。

具体而言，《易纬通卦验》的方法是选取《乾》《坤》《震》《巽》《坎》《离》《艮》《兑》这八个卦，去对应一年中的立春、春分、立夏、夏至、立秋、秋分、立冬和冬至这八个节气。如果这八个卦能够按照各自的时间和功效发挥作用，那么就会风调雨顺、五谷丰登、天下太平。反之，如果八卦发挥作用的时间和方位出现差错，那么就意味着纲纪败坏、灾异频发。

我们以《坎》卦为例，了解在《通卦验》中八卦到底是怎么发挥作用的。在八卦方位中，《坎》卦位居北方。按照《通卦验》的记载，《坎》卦对应的节气是冬至，所发挥作用的时间是"夜半"，也就是子时，而《坎》卦对应的颜色是黑色。如果《坎》卦正常发挥作用，对应的现象，应该是黑气在夜半从《坎》卦所在的北方涌出。

除了这种正常情况之外，《通卦验》也记载了《坎》卦不能正常发挥作用，从而导致灾异发生的几种情况。比如，《坎》卦的黑气如果不是出自北方，而是偏右了的话，会发生旱灾；如果偏左，会出现水异。再比如，如果《坎》卦的卦气没能按时到来的话，那么在夏至的时候，就会出现异常的气候；而如果延后到立春的时候才到来，这一年就容易发生水灾。

同样的原理也适用于另外的七个卦,以及它们所各自对应的节气。《通卦验》通过将八卦与时间和自然现象的对应,让人们获取了一种通过分析卦气现象,来预判灾害的方法。

因为《通卦验》的原文保存得相对比较完好,其中的理论体系也比较简明扼要,所以现在看起来才觉得比较完善,但其他几部易纬的内容,比如《易纬稽览图》中的卦气体系,就要更为复杂难懂了。

《通卦验》只是选取了八卦,与二十四节气中的八个节气对应,但在《稽览图》中,六十四卦都有用武之地,不但有卦与月份的配合,还有卦与每一日的配合。这两种配合的方法,就分别采用了我们之前学习过的十二消息卦和六日七分法。除此之外,《稽览图》中更为复杂的理论,是在时间、气候之外,将易卦与灾异现象和政治活动对应了起来。

比如说,在《稽览图》中,十二消息卦除了各自与月份对应之外,还有一个重要应用,那就是基于十二消息卦中阴爻增长和阳爻增长的特殊卦形,将其中所展现出的阴阳爻的关系,对应于自然界中的现象。具体来说,在十二消息卦中,从《夬》卦☱到《剥》卦☶,是阴爻增长,阳爻消退的卦形。《稽览图》认为,这是"阴侵阳"的过程,到《剥》卦为止,初爻到五爻都是阴爻,只剩下上九一爻为阳爻。对应到自然界中,阴侵阳的现象,就是秋天降霜。降霜的时候,自然界的万物都会失去生机,因此,这种现象,就被看作上天降下的惩罚。

降霜这种自然现象,在《稽览图》中被分为三个层次来对应于政治现象。首先,最恶劣的情况,是君主暴虐无度,也就是由无才无德

第六章 汉代象数易学概览

的人来统治百姓,那么,上天就会在不该下霜的时候下霜,用以杀死万物;其次,是臣子假借君主的威势来作恶,这个时候,上天也会在不该下霜的时候降霜警示,但这个时候,君主如果能够及时醒悟,诛杀罪臣,那结果就还有回转的余地。

第三种情况与上面两种都不同,是从反面来说降霜的作用。看上去,降霜好像只是单纯地损害万物的生机,但其实于自然界而言,降霜也有促进万物成熟的作用。因此,《稽览图》也指出,如果霜没有在恰当的时间降下来,其实也是一种灾害。对应到政治上来说,这就是君主的法律和刑罚没有被贯彻执行的表现。

在《稽览图》的卦气说中,易卦的应用和解释是十分复杂且富于变化的。我们所举的这一个《剥》卦与降霜相对应的例子,也只是其中的一个个例。在原书中,还有着很多种其他的变化形态。再加上《稽览图》的内容散失比较严重,所以,想要像《通卦验》一样,还原出一个简洁明了的理论体系,也就并不容易,里面还有很大的研究空间。

• 本节要点 •

1. 从总体上来说,"谶纬"指的是具有神秘性的语言,通常被认为起源于西汉末年的哀、平之际。但四库馆臣指出,谶与纬并不一样。"谶",指的是一些预示吉凶祸福的神秘预言;"纬",指的是一种与"经"相配合,从经书中衍生出来,用来补充和解释经书的书籍。

2. 在《易纬通卦验》中,构建了一种以《乾》《坤》《震》《巽》《坎》《离》《艮》《兑》八卦,对应二至、二分、四立八个节气的卦气理论。

3. 汉代易纬文献中的大部分内容已经残缺不全，但根据残存的《易纬稽览图》等书，我们可以推断，易纬中的学说，主要是一种将易卦与时间、自然现象进行对应，继而用来解释灾异现象，并评价政治活动的理论学说。

第八节　郑玄及其易学

在上一节中，我们了解了谶纬之学的兴起。不过，由于两汉的年代太过久远，再加上谶纬在后代又一直属于被官方禁止的学问，因此，我们现在所能看到的谶纬文献，也只是在历史流传中所遗留下的一些严重残缺的碎片。因此，想要更为详细地了解谶纬学说，就会变得非常困难。不过，正像上一节中所提到的那样，东汉时期的大学者郑玄为谶纬所作的注释是帮助我们学习谶纬尤其是易纬的重要手段。

郑玄是中国经学史上重要的人物，享有"经神"的称号。早在东晋时期，有一位在当时算得上颇有名气的文学家王嘉，就曾在他所编写的志怪小说集《拾遗记》中提到："京师谓康成为经神。""康成"是郑玄的字。也就是说，"经神"这个绰号，并不是个别人封给郑玄的，而是学者们的公认。

如果我们详细了解一下郑玄的经学著述及其影响就能知道，郑玄完全当得起"经神"二字。我们在第一部分的学习中讲到过，在唐宋之际，我国的经典系统就成了十三经的格局，并且逐渐编订成了包含注和疏在内的《十三经注疏》。在《十三经注疏》中，《周礼》《仪礼》《礼记》所选取的《周礼注》《仪礼注》和《礼记注》都是郑玄所

第六章 汉代象数易学概览

写的注；《诗经》所选取的《毛诗传笺》也是由郑玄所作的笺。也就是说，《十三经注疏》所选取的注本，郑玄一个人就占了四部，接近三分之一。而余下的经典，则再没有任何一位学者，可以完成一部以上的注本了。

如此看来，郑玄的经学成就确实已经远远地超过其他学者了，但实际上，他的成就还不止于此。除了三礼和《诗经》外，郑玄注释的《孝经》也一直是广受学者们认可的版本，如果不是唐玄宗李隆基召集了一批学者，完成了一本所谓"皇帝御注"的《孝经注》，那么《孝经》的注本可能也非郑玄莫属。事实上，郑玄注释的《周易》，也堪称一时之典范。在孔颖达编纂《五经正义》的时候，就曾经犹豫过，究竟是选择郑玄的《周易注》，还是选取王弼的《周易注》。虽然郑玄最终惜败，但这也主要是因为在当时的易学分支中，义理易学战胜了象数易学的缘故。郑玄本人的易学水准，也绝对在象数易学中达到了最高级别。

此外，郑玄对《大戴礼记》、易纬等书的注释，也都是历史上最为权威、影响最大的版本，时至今日，都无可取代。

郑玄的易学，可以说是两汉象数易学中的集大成者，他的易学吸收、融合了在他之前的卦气、纳甲、五行等多种象数易学理论。而在郑玄自己的创作中，最具代表性的，则是"爻辰"说，这是一种利用《乾》《坤》两卦的十二爻，与地支及十二时辰相配合来解释《周易》的方法。

具体说来，爻辰说是以十二地支中的六个阳支，也就是子、寅、辰、午、申、戌，分别配以《乾》卦的初爻、二爻、三爻、四爻、五爻、上爻。再以十二地支中的六个阴支，也就是未、酉、亥、丑、卯、巳，分别配以《坤》卦的初爻、二爻、三爻、四爻、五爻、上爻。

在《乾》《坤》十二爻纳辰之后，再将爻的纳辰推广到其他六十二卦。也就是说，《周易》六十四卦中的三百八十四爻，每爻都可以纳辰。凡是阳爻所纳之辰，均同于《乾》卦各爻所纳之辰之例，凡是阴爻所纳之辰，都同于《坤》卦各爻所纳之辰之例。举例来说，如果一个爻是六二，那么它的纳辰就与《坤》卦六二相同，也就是纳酉；如果一个爻是九五，那就与《乾》卦九五一样，纳申。（参见表6-6八卦纳支表。）

爻辰说的理论框架看起来并不复杂，但如果实际操作起来，则非常烦琐。因为郑玄认为每爻所纳的辰，并不仅仅是意味着一个时辰，而是通过十二地支这个中介，包含着与四方方位、四时、二十四节气、十二音律、十二生肖、四兽、二十八星宿等多种元素的对应关系，在每一爻的具体解释中，都要根据爻辞的内容，以及这根爻所可能对应的各种元素，来进行综合的判断和分析。

举个例子，《比》卦初六爻爻辞中有一句："有孚盈缶。"郑玄对这句话是这么注释的："爻辰在未，上值东井。井之水，人所汲用缶。缶，汲器。"这就是一种典型的以爻辰代表星象来注释爻辞的方法。意思是说《比》卦的初爻为阴爻，纳辰便取《坤》卦的初爻，而《坤》的初爻纳未，所以说"爻辰在未"。郑玄认为，十二辰是与天上二十八宿相对应的，而未在天上值东井。东井，是天上的星名。因为井与水相关，所以又称水星，属于二十八宿中的南方七宿，也就是井、鬼、柳、星、张、翼、轸之一。郑玄认为，六月为未，所以

第六章　汉代象数易学概览

《坤》的初爻与东井相对应，从而从东井引申出水井，再从水井引申出缶这种取水的器具。由此可以看出，郑玄在此处的注释，就是以爻辰所代表的星象，来引申解释爻辞中的"缶"的。

郑玄易学的复杂性，还不仅体现在爻辰说中。从现存的郑玄易学论著中，我们还能关注到另外三个特点。

其一，以礼注易。前面讲到，郑玄以一己之力注释了《周礼》《仪礼》《礼记》和《大戴礼记》，后世甚至有"礼是郑学"的评价。而郑玄在他的《周易注》以及《毛诗笺》中，也大量引用了三礼之学的内容。在经典的注释中，将各部经典的内容进行整合和汇通，为此甚至不惜打破今古文经学的壁垒，也是郑玄经学中的一大特色。

其二，融合谶纬。我们在前面提到，郑玄除了注释《周易》经文之外，还亲自下笔写作了多部易纬的注释。郑玄在注释易纬的同时，也将其中的卦气、消息、寒温等理论，吸纳进了自己对《周易》的注解之中。可以说，郑玄易学的成就，也离不开易纬的贡献。

其三，重视《易传》。根据《三国志》的记载，郑玄是第一个把《彖传》和《象传》与卦爻辞合并在一起的人。在此之前，《易经》卦爻辞与《易传》都是分开单行的。虽然由于文本流传的散失，我们如今看不到郑玄《周易注》的原貌，因此无法完全证实这一结论。但在郑玄的易学中，确实有很多针对《易传》内容的颠覆性观点。比如《系辞传》中提出，绘制八卦的上古圣人是伏羲，这也是易学史上最为人所接受的论说，但郑玄却提出，画八卦的人并不应该是伏羲氏，而应是神农氏。再比如说，《系辞传》中提出，大衍之数是五十，天地之数是五十五，这也是《系辞传》中最为重要的两个易数。但郑玄则认为，大衍之数和天地之数，不应该是两个数，而都应该是五十五。

由此可见，虽然郑玄并不完全同意《系辞传》中的观点，但《易传》中所提及的问题意识，已经成为他关注和研究的重点内容。

———— · 本节要点 · ————

1. 郑玄遍注三礼、《毛诗》《周易》《孝经》等多部经典，在历史上享有"经神"的美誉。

2. "爻辰"说是一种利用《乾》《坤》两卦的十二爻，与地支及十二时辰相配合，继而拓展到六十四卦中的三百八十四爻，以及地支十二辰所关联的星宿、生肖、音律、节气等元素，来解释《周易》的体例。

3. 郑玄易学吸纳、融合了西汉以来的卦气、消息、纳甲等象数易学理论，还具有以礼注易、融合谶纬、重视《易传》等突出特色。

第九节　汉易的尾音

在上一讲中，我们了解了东汉时期的经学大师郑玄，以及郑玄易学中的诸多特色。事实上，在郑玄所处的东汉末年，对《周易》的研习也曾经掀起了一轮小高潮，涌现了一批以易学闻名的学者。这些学者中，有一位就是《三国演义》中出现过的荆州牧刘表。刘表除了担任一方诸侯的要职之外，还非常重视文教，网罗了王粲、宋衷等一大批学者，并形成了在历史上影响颇大的荆州学派。其中，刘表以及宋衷都以研习《周易》闻名。时至今日，我们还能看到刘表和宋衷注解《周易》的零星语句。

第六章 汉代象数易学概览

与此同时，在北方和江南，也都诞生了在历史上颇具影响力的易学家，一位是颍阴（许昌）人荀爽；另一位，则是文武双全的江南名士，余姚人虞翻。

荀爽仅比郑玄小一岁，比荀攸和荀彧大三十岁左右。荀氏一族，在当时算得上大族，荀爽的父亲名叫荀淑，号称荀子的后人。荀淑做过郎中、黎阳令、郎陵侯相等职位，他在家教方面非常出众，八个儿子个个有学问，被当时的人们称为"荀氏八龙"。荀爽是其中的老六。荀彧是老二荀绲的儿子，称荀爽为六叔。至于荀攸，他虽然比荀彧大一点，却是荀淑侄子荀昙的孙子，因此，是荀彧的侄子辈，荀爽的孙子辈。

荀爽易学的最大特色就是他提出来的"升降说"，也叫作"乾升坤降说"。升降说的基本内涵，是从《乾》《坤》两卦的基本结构以及当位理论出发，通过爻位上的阳爻上升和阴爻下降来实现卦变。举例来说，《乾》卦的九二爻和《坤》卦的六五爻都不当位，那么，《乾》卦的九二爻，就应当上升，升到《坤》卦六五爻的位置上。相应的，《坤》卦的六五爻，则应当配合着下降，来到《乾》卦的二爻位上。通过这一升一降，两根爻就都当位了。其他的卦，则可以以此类推，凡是二爻位上的阳爻，都参照《乾》卦九二，凡是五爻位上的阴爻，都参照《坤》卦六五。荀爽认为，在其他的卦中，凡是居于二爻位上的阳爻，都宜当升居五爻；同样的，凡是居于五爻位上的阴爻，则皆宜降居二爻。

荀爽的升降说，立足于《乾》与《坤》、阴与阳的对立和平衡。他的关注重点，也已经从解释天象、分析灾异的象数理论中逐步抽象了出来，开始上升到探讨阴阳变化规律的哲学高度，这种变化是极具理论意义的。

东吴名士虞翻的易学也是非常典型的象数易学，根据《三国志》的记载，虞翻曾经在吴蜀交战的焦灼时刻，准确推算出关羽的死期将至。因为这种本领，虞翻也一度颇受孙权的赏识。虽然在晚年因为得罪了孙权，被流放外地，但也因此有了著书立说、传授易学的时间，可谓因祸得福。

虞翻最为关注的易学问题是卦变。在他看来，六十四卦的卦形卦象之间，存在一定的规律，而不是杂乱无序的。他认为，十二消息卦就是规律的源头。比如说，在六十四卦中，所有由两阳四阴构成的卦，比如《明夷》卦䷣、《震》卦䷲、《升》卦䷭、《蹇》卦䷦、《艮》卦䷳、《萃》卦䷬等等，就都可以作是由十二消息卦中的《临》卦䷒和《观》卦䷓变化而成的。两阳四阴，就是他们的共同规律。同理，所有二阴四阳的卦，都可以看作由十二消息卦中的《遁》卦䷠或《大壮》卦䷡变化成的；所有三阴三阳的卦，就都可以看作由《泰》卦䷊或《否》卦䷋变化成的。

这种卦变理论，以六爻中的阴阳爻数量为规律，将六十四卦按照这种规律进行排列组合。但在实际的解释中，虞翻却又不满足于这种清晰的规律，而是提出了很多的特例。比如说，一阳五阴、一阴五阳，就不能像前面三者一样，视作一种标准的规律，而应该分别具体分析；再比如说，《中孚》卦䷽、《颐》卦䷚、《大过》卦䷛、《小过》卦䷽等这些中轴对称的卦，也不能视作十二消息卦的变化。虽然说，虞翻的这些规定，都各有理由。但客观地说，由于特例太多，既削弱

第六章　汉代象数易学概览

了卦变规律的效力，也让他的卦变学说变得太过琐碎。

除了这种基于十二消息卦的卦变理论，虞翻还在解释卦爻辞的过程中，特别关注不同的卦之间的变化关系，并且总结和归纳出了旁通、相错等多种卦变规律。旁通，指的是在每根爻位上阴阳都相反的卦，比如《乾》卦☰与《坤》卦☷，蒙卦☶与《革》卦☱等。相错，则是在一对旁通卦的基础上，相互交换这对旁通卦的内外卦，而形成的两个新卦。比如《乾》卦与《坤》卦旁通，相互交换《乾》与《坤》的内外卦，所形成的《泰》卦☰和《否》卦☷，就是《乾》《坤》相错之卦。这些卦与卦之间的变化规律，都被虞翻用来补充到他的卦变学说之中，构建出了一套复杂的易学理论体系，在历史上被称作"虞氏易"。虽然这些易学理论都非常精妙，但也无形之中，让虞翻的易学变得过于烦琐、复杂，以至于令很多后生望而却步。

象数易学的发展，一方面在理论层面不断地拓展，无论是越来越精细的卦气说，还是此消彼长的纳甲、爻辰、升降、卦变等理论，都让象数易学的理论体系越来越复杂、越来越琐碎。但另一方面，象数易学又有着很强的现实意义，它需要能够准确地解释各种灾异现象，预测人生或者政治的走向。然而，理论的精细化、琐碎化，可并不意味着在解释天象、预测未来上就会更准确。因此，象数易学也不可避免地遇到了冲击。

从东汉末年开始，发源于中国本土的道教开始兴起，而道教本身除了宗教性和哲学性之外，还兼具方技和术数技能。一方面，道士们热衷于炼丹、采药，追求长生；另一方面，也强调对宇宙自然规律的掌握，以及人体内的内丹修炼。因此，在道教理论的建立中，也大量

图6-6 古今易学传授图

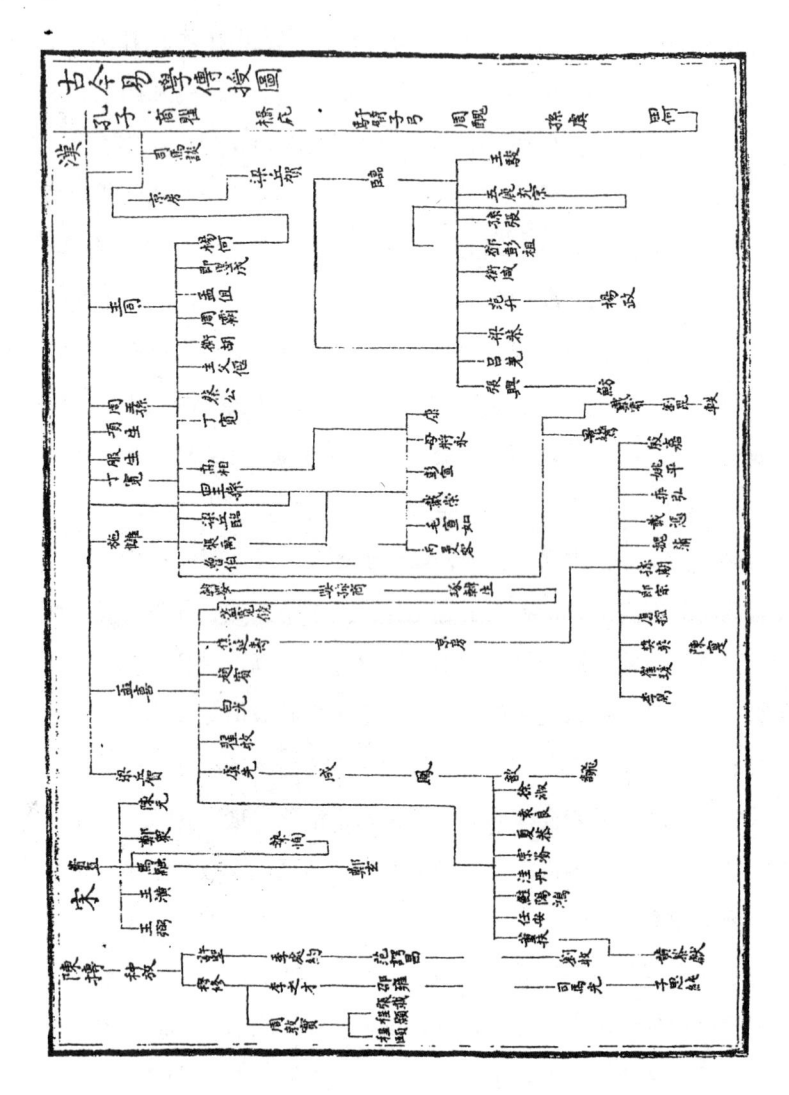

第六章 汉代象数易学概览

吸纳了易学元素。像是被列入了《神仙传》《列仙传》的道人魏伯阳，就写作了一本《周易参同契》，用八卦的卦象来表示月亮的盈虚变化，既用这套理论来解释宇宙中阴阳变化的规律，也用它来指导内丹修炼，用来求得长生。

虽然在从汉末到魏晋的这段时间内，跟《周易》相关的各种象数以及术数之学非常兴盛，除了我们这几节中所学习的象数易学专家外，还诞生了管辂、郭璞等术数大师，在当时的社会中也名气极大。但随着象数易学的愈发烦琐，以及道教的兴起和佛教思想的传入，知识分子们也逐渐地不再满足于象数易学与术数学，而想要追求一种更为纯粹、高深的哲学思想。在这种背景下，另一位易学史上的大人物，也就是王弼，便即将登场了。

—— • 本节要点 • ——

1. 除郑玄外，东汉末年的著名易学家，还有荆州学派的刘表、宋衷，以及颍阴人荀爽、余姚人虞翻、道士魏伯阳等人。

2. 荀爽的代表学说为升降说，立足于《乾》与《坤》、阴与阳的对立，通过阳爻上升与阴爻下降的交换，实现阴与阳之间的当位和平衡。虞翻的代表学说，则是基于十二消息卦的卦变学说，以及旁通、相错、连互等理论。

3. 由于象数易学理论的发展愈发烦琐、僵化，加之道教的兴起，以及佛教思想的传入，从魏晋时期开始，象数易学便逐渐走上了下坡路。

拓展阅读与本章习题

拓展阅读

1. 高怀民:《两汉易学史》,广西师范大学出版社,2007年。
2. 梁韦弦:《汉易卦气学研究》,齐鲁书社,2007年。
3. 余敦康:《汉宋易学解读》,中华书局,2017年,第1—126页。
4. 刘大钧:《周易概论》,巴蜀书社,2010年,第224—244页。
5. 朱伯崑:《易学哲学史》,昆仑出版社,2009年,第113—244页。

本章习题

1. 四库馆臣将易学分为象数易学和义理易学两类,以下哪位不是义理易学的人物?
   A. 程颐　　　　　　　　　　B. 朱熹
   C. 孟喜　　　　　　　　　　D. 周敦颐

2. 汉代的易学博士中,因被怀疑不是易学正宗,没有在汉武帝时期被列为博士,直到汉宣帝时才被列为博士的是汉代哪位易学家?
   A. 京房　　　　　　　　　　B. 施雠
   C. 梁丘贺　　　　　　　　　D. 孟喜

3. 在文王八卦方位图(即后天八卦方位图)中,四正卦是指哪四个卦?
   A. 乾卦、坤卦、坎卦、离卦　　B. 坎卦、离卦、震卦、兑卦
   C. 乾卦、坤卦、震卦、兑卦　　D. 乾卦、坤卦、震卦、巽卦

4. 四正卦理论中,坎卦的初爻所对应的是哪个节气?
   A. 春分   B. 秋分
   C. 冬至   D. 夏至

5. 以下哪个卦在十二消息卦中属于消卦?
   A.《观》卦䷓   B.《复》卦䷗
   C.《临》卦䷒   D.《泰》卦䷊

6. 在六十四卦值日七十二候的过程中,哪一档的卦需要值日两次?
   A. 辟   B. 公
   C. 侯   D. 卿

7. 卦气说的六日七分法中,每日的设定是多少分?
   A. 一百分   B. 八十分
   C. 六十分   D. 其他

8. 以下哪一位不是孟喜的嫡传弟子?(多选)
   A. 翟牧   B. 白光
   C. 焦延寿   D. 京房

9. 焦氏值日法中,四正卦如何值日?
   A. 不参与值日   B. 值十一辰
   C. 于二分二至各值一日 D. 与其他卦一起正常轮值

10. 在京房的八宫卦图中,以下哪个卦不是本宫卦之一?

A.《乾》卦   B.《坤》卦

C.《震》卦   D.《泰》卦

11. 八宫卦中的游魂卦，在八宫卦图中是如何变化形成的？

    A. 在五世卦的基础上变化上爻而成

    B. 在本宫卦的基础上变化上爻而成

    C. 在一世卦的基础上变化上爻而成

    D. 在五世卦的基础上变化四爻而成

12. 在京房的易学中，本宫卦的世爻是哪一爻？

    A. 初爻   B. 五爻

    C. 上爻   D. 二爻

13. 在京房八个本宫卦纳十个天干的方法中，哪两个卦需要纳两个天干？（多选）

    A.《乾》卦   B.《坤》卦

    C.《坎》卦   D.《离》卦

14.《易纬通卦验》的卦气说中，八卦中对应冬至这个节气的是哪个卦？

    A. 震卦   B. 坎卦

    C. 兑卦   D. 坤卦

15. 注解易纬是汉代的哪位学者？

    A. 郑玄   B. 虞翻

    C. 荀爽   D. 王弼

第六章　汉代象数易学概览

16. 历史上有"经神"称号的是哪位易学家？
    A. 郑玄　　　　　　　　　B. 王弼
    C. 虞翻　　　　　　　　　D. 刘向

17. 根据爻辰学说，十二地支中的六个阳支子、寅、辰、午、申、戌，分别配《乾》卦的初爻、二爻、三爻、四爻、五爻、上爻。十二地支中的六个阴支未、酉、亥、丑、卯、巳，分别配《坤》卦的初爻、二爻、三爻、四爻、五爻、上爻。判断《泰》卦九三爻所纳的地支是什么？
    A. 子　　　　　　　　　　B. 寅
    C. 辰　　　　　　　　　　D. 亥

18. 按照荀爽升降学说的基本原理，《乾》《坤》两卦中不当位九二爻和六五爻应该如何通过升降当位？（多选）
    A.《乾》卦九二爻升到《坤》卦上六的位置
    B.《乾》卦九二爻升到《坤》卦六五的位置
    C.《坤》卦六五爻降到《乾》卦初九的位置
    D.《坤》卦六五爻降到《乾》卦九二的位置

19. 根据"旁通"学说的原理，判断以下哪一卦是《复》卦䷗的旁通卦？
    A.《夬》卦䷪　　　　　　B.《姤》卦䷫
    C.《剥》卦䷖　　　　　　D.《否》卦䷋

20. 在六十卦与七十二候的对应中，以下轮值顺序及其"候应"全部正确的是？

A.《震》，侯，草木萌动

B.《蛊》，卿，虹始见

C.《乾》，公，蚯蚓结

D.《节》，大夫，蟋蟀居壁

21. 在虞翻看来，六十四卦的卦形卦象之间，存在着一定的规律，这种变化的源头是？进而《渐》卦䷴、《归妹》卦䷵、《涣》卦䷺、《节》卦䷻，可以看作哪两个卦的变形？

A. 十二消息卦；《临》《观》

B. 四正卦；《乾》《坤》

C. 旁通卦；《蒙》《革》

D. 十二消息卦；《泰》《否》

第七章 魏晋至宋的易学发展

随着象数易学的不断发展，各种各样的事物和理论都被赋予到了易卦系统之中，导致象数易学的理论体系越来越烦琐和复杂，不但操作起来越来越不方便，而且在解释灾异现象和现实生活的时候，变化的空间也越来越小。

自东汉末年开始，天下大势的发展逐渐陷入了接连不断的战争之中，从三国到两晋，再到南北朝时期，国家长期处于分裂的状态之中。无论是王公贵族，还是平民百姓，都难免颠沛流离，无法过上安稳的生活。在这种背景下，已经变得有些僵化、教条，并且纷繁复杂的象数易学，也开始逐渐遭到读书人的质疑。

在这种乱世之中，中国古代的知识分子都非常关心一个大问题，那就是人应该如何安身立命？在社会和平稳定的年代，这个问题并没有显得那么急迫，但到了乱世之中，就变得非常紧要了。比方说，在春秋战国时期，知识分子们就会不断地思考，天下为什么会变得连年战争、四分五裂？在这种社会中，我们应该怎样为人处世？我们又能通过哪些努力，来改变时代的现状？就是在对这些问题的思考和回答中，诞生了孔子、老子、墨子、孟子、庄子、荀子、韩非子等一大批思想家，完成了中国文化的奠基，并指引了中国哲学的前进方向。三国魏晋时期，社会再次进入分裂和混乱之中。此时的读书人们，便要再次面对那个问题：人应当如何安身立命？

第一节　魏晋风度与三玄

不同于先秦诸子的是，魏晋的士人们既能够通过传世的书籍，学习到儒家、道家、墨家和法家的思想体系，也能够通过史书，看到商、周、秦、汉的盛衰规律。因此，他们的关注重点，跟之前的士人们完全不一样了。他们不再像先秦诸子那样，关注于社会制度的建设，或者道德标准的树立，而是把思考的中心，放在了人对自己生命、意义、命运的重新思索和追求上面，开始追求自我、追求自然、追求审美、追求自由。

这样一种极富个性，以追求生命体验、独立人格、快意山水、回归自然为目的思想潮流，往往被称作"魏晋玄学"。比起汉代的经学家们，魏晋时期的玄学家们更富于个性，因此在历史上被专门称作"魏晋名士"。他们夸张的所作所为，则被称为"魏晋风度"。这种名士风度，不但为后世的学子们所津津乐道，而且远播海外。日本江户时代的文人大沼枕山就写过这么一句诗，叫作："一种风流吾最爱，魏晋人物晚唐诗。"

关于名士风度，有这么几个有名的例子，第一个是王子猷雪夜访戴。讲的是王子猷有一天晚上睡到半夜醒来，发现天降大雪，于是就酌酒吟诗，继而想起了朋友戴安道。于是就踏雪前去拜访，可到了戴安道家门口，觉得兴致已尽，便转身回府了。别人问他为什么这样

第七章 魏晋至宋的易学发展

做,他回答道:"吾本乘兴而行,兴尽而返,何必见戴?"

第二个例子是关于嵇康的。嵇康因为被人构陷,被掌权的司马昭判了死刑。在临终之际,嵇康神情自若,毫无惧色,并且要来一把琴,悠扬地弹了一曲《广陵散》,然后留下了遗言:"袁孝尼尝请学此散,吾靳固不与,广陵散于今绝矣!"意思是说,袁孝尼曾经想跟我学这首曲子,但当时我没舍得教给他,如今看来,这《广陵散》就要失传啦!

鲁迅先生指出,魏晋名士尤其喜欢服药和饮酒。服药,指的是服用五石散,也就是用石英、钟乳石、硫黄等矿石磨成的药粉。至于饮酒,阮籍、嵇康、刘伶、山涛等"竹林七贤",便是因为经常在竹林之中肆意畅饮而闻名的。阮籍和刘伶还分别得到了"酒狂"和"酒鬼"的诨号。在那个时代,名士们都以特立独行为风尚。有的人追求外在风貌,喜欢涂脂抹粉,穿着女装;也有人终日躺平,不修边幅。说起个性,那绝对不输给当代的"网红"。

不过,魏晋名士们之所以能在之后的一千多年里为人称道,靠的可不只是这些脱俗的言行。超凡脱俗的言行举止,只是魏晋名士展现出来的风貌,在这些现象背后,玄学所要追求的,其实更是内在的智慧和高超的精神。其中,最为玄学家们所看重的"三玄",实际上就是能为他们提供智慧和精神支撑的三本书:《老子》《庄子》和《周易》。

很显然,三玄就是玄学中最重要的经典,相当于经学中的六经。只不过,经学的底色是儒家,所以能够称得上是圣人的,除了画八卦的伏羲、演六十四卦的文王,还有制礼作乐的周公,以及传述六经的孔子。而玄学的底色很明显是道家，因此，老子和庄子的地位，就得到了显著的提高，能够与伏羲、文王并列为圣人。《老子》和《庄子》也得以与《周易》并列，共同组成三玄。

但最需要为我们所注意的是，唯一一部既出现在儒家底色的六经之中，又位列于道家底色的三玄之中的书，就是《周易》了。只不过，玄学对《周易》的理解，自然不会等同于经学。所以，玄学家们既不可能对寻章摘句的章句之学感兴趣，也不会投身到纷繁复杂的象数易学之中，而是要通过《周易》，去探索宇宙自然之道，继而塑造自己的精神品格。

事实上，正是因为宇宙自然之道的广大和精妙，才会让魏晋时期的名士们想到用"玄"来称呼它，用以表明"道"的深远而不可分别、幽昧而不可探测。虽然说汉代的易学家们，也会探求宇宙、自然，但他们想要探求的，是宇宙的构成、自然的规律。而玄学家们则更进一步，他们想要探求的，是用一种更为思辨的方法，去讨论宇宙存在的原因、天地万物存在的根据。正因如此，玄学对《周易》的解读，也开启了一条完全不同于以往的全新道路。最终完成这一工作的，则是一个惊才绝艳的少年天才，一位易学史上的重要人物。这个人，就是王弼。

—— 本节要点 ——

1. 从汉末三国时起，中国社会陷入分裂，战火不断。在这种背景下，读书人开始了对自己生命、意义、命运的重新思索和追求。追求自我、自然、审美和自由的玄学，由此兴起。

2. 魏晋名士以阮籍、嵇康、刘伶等"竹林七贤"为代表，追求特立独行的风流气度，喜好服药、饮酒、清谈、美容等风气。

3.《老子》《庄子》《周易》并称"三玄"。玄学试图通过思辨的方法，去讨论宇宙存在的原因、天地万物存在的根据，并在探索宇宙自然之道的过程中，塑造个人风貌与精神品格。

第二节 王弼与《周易注》

在魏晋时期，玄学家们除了对三玄加以阅读和体悟之外，还对它们加以注释，并且为我们留下了《周易注》《老子注》《庄子注》这三部在历史上极负盛誉的作品。其中，《庄子注》署名郭象所作，但其中有相当多数的内容，则是由"竹林七贤"之一的向秀完成的。而另外两部《周易注》和《老子注》的作者，则是同一个人，他就是我们本讲所要重点学习的对象：王弼。

年少成名的王弼表字辅嗣，在去世的时候仅有二十四岁。虽然在他离开人世之前，《周易注》还有一小部分的内容没有全部完成，但他对《老子》和《周易》的注释，已经完全成形了。有些人会怀疑，王弼的学问，实际上应该是从家族中继承下来的，因为荆州学派的核心人物刘表，就是王弼的曾外祖父。不过从学理上来说，在荆州学派形成的时候，所流行的还是象数易学，而王弼的易学，则彻底推翻了旧有的象数易学模式。因此，如果说王弼受家学传承的影响，能够从小读到各类易学著作，那是没有问题的。但如果说他的学说都是从家族中传下来的，则也并不符合实际情况。

由于王弼在世的时间太短，因此留给我们可以考察的事迹并不多。陈寿写《三国志》的时候，也并没有为王弼作传记。因此，我们只能从裴松之《三国志注》的零星注文，以及《世说新语》中的几则故事里，了解一点点关于王弼的生平故事。在王弼年少的时候，有另外一位非常著名的大学者，那就是编纂了《论语集解》的何晏。而王弼的成名，就是在一次何晏组织的名士清谈会上，以出众的才华、犀利的语言和高妙的辩论技巧技压群雄，赢得了名士们的一致认可。在那个时候，王弼也只不过十七八岁。

在接下来的几年中，王弼并没有把时间都花费在清谈和论辩上面，而是先后完成了《老子注》《老子指略》《周易注》《周易略例》这四部不朽之作。《周易注》，顾名思义，是王弼对《周易》的注释。我们在前面讲过，在先秦到两汉时期，《易经》只包括上下篇的卦爻辞，《彖传》《象传》《文言传》《系辞传》等《易传》，都是单行的。而在王弼的《周易注》中，则把《彖传》《象传》和《文言传》插入到了卦爻辞的经文里面，编成了一本融合了卦爻辞、《彖传》、《象传》和《文言传》的《周易》版本。尽管有些人认为郑玄也曾经试图把《彖传》和《象传》合于经文，但郑玄《周易注》的原本已经失传，就目前我们所能看到的历史文献来看，王弼版的《周易注》是现存最早的经传合编本。

王弼的另一部力作《周易略例》，则重在阐发他注解《周易》的宗旨，由《明彖》《明象》《辩位》等七篇短文构成。其中，王弼在《明象》这一篇中所提出的"得意忘象"说，堪称他注解《周易》的方法论。

第七章　魏晋至宋的易学发展

王弼认为，我们拿到《周易》的时候，率先看到的，会是卦辞、爻辞等文句，也就是"言"。这些文句，确实可以帮助我们进一步去学习和理解《周易》之象，比如八卦之象、六爻之象，以及象数易学中，喜欢拿易卦去配比的时间、空间、职官、动物等各种各样的象。但是，王弼认为，这些形形色色的象，并不是我们学习《周易》的终极目的。在象的背后，我们最终要去理解的，是其中所蕴含的意义和道理。王弼指出："尽意莫若象，尽象莫若言。"无论是卦爻辞，还是各种易象，都是我们理解《周易》的重要途径。但是，对《周易》的理解，最终还是要落实到哲学层面的"意"上，而不能仅仅停留在"象"和"言"的层面。这也是为什么王弼会不满足于象数易学和章句之学的根本原因。

在王弼看来，如果我们已经求得了最终的"意"，那么作为途径的"象"和"言"，就不再那么重要了。这叫作"得意忘象，得象忘言"。比如说，《乾》卦的意义，在于有刚健之德，而为了表示这种刚健的意义，人们便会以飞龙、金玉等事物，作为《乾》卦的象征。但是，既然这些象征之物，都是为了表现"刚健"的意义。那么，在我们理解了什么是刚健之后，就不必再去纠结飞龙、金玉这些象了。相比之下，汉代的象数易学，过于追逐物象与卦爻的整齐对应，反而忽略了对易卦背后所展现的道理、意义的把握，这属于舍本求末的做法。所以，王弼通过"得意忘象"的理论，把对《周易》的理解，从象数中彻底解放了出来，投入到了对哲学、义理的理解上，从而开启了义理易学的新途径。

不过，我们要注意的是，王弼的得意忘象，并不是要舍弃一切跟易象有关的东西。他只是强调，对《周易》的理解，最终要落到意义层面，而不能拘泥于作为中间阶段的物象。但在解释卦爻的具体方法上，王弼并不排斥六爻之象的基本方法。比如说，在讨论爻与爻之间的关系时，王弼也经常使用当位、乘、承、比、应这些理论，只不过，他会在应用这些理论学说的时候，融合一些新的解释思路，例如提出了初爻和上爻不存在当位与否的观点。再比如，王弼对于"卦主"这一概念，也非常重视，但不同于京房"世爻"学说的是，王弼认为，在一卦中，哪一爻是卦主，要由每一爻的意义来决定，而不能死板地依照它在八宫卦图中的位置来确定。在这些对易象学说的改造中，我们也能看到，王弼对意义的探求远远超过对形式的探求。

由于王弼同时注释了《老子》和《周易》，所以在很多人看来，王弼的易学是道家的易学，就连四库馆臣也把王弼的《周易注》归为"两派六宗"中的"义理派—老庄宗"。但如果我们认真品读一下《周易注》的话，便会发现，王弼的易学虽然追求建立一种哲学意义上的宇宙论和本体论，但在具体的注释中，却并没有非常明显地表露出弘扬老庄思想的倾向。客观地说，王弼的易学确实是受到了老子的影响，从而深入到了哲学的探求之中，但如果说王弼的《周易注》就是老庄易，则也未免有些言过其实了。

由于王弼去世太早，因此，他所留下的《周易注》，只注释了卦爻辞和《彖传》《象传》《文言传》。到了西晋时期，一位名叫韩康伯的学者，遵照王弼易学的宗旨，又补充注释了《系辞传》《说卦传》《序卦传》和《杂卦传》，终于完成了融合卦爻辞与"十翼"的注本。后来，这个版本也逐渐压过了"经神"郑玄的《周易注》，成为最为流行的《周易》注本。到了唐代，孔颖达主持编纂《五经正义》，便以王弼、韩康伯的注本为底本，在吸纳了魏晋南北朝时期各家学说的基础上，对王弼的学说加以疏解，编成了《周易义赞》一书。后来，此书得到了皇帝的认可，下诏更名为《周易正义》。这本《周易正义》，也就是我们现在所看到的《五经正义》和《十三经注疏》中的版本了。

———— • 本节要点 • ————

1. 王弼，字辅嗣，魏晋玄学的代表人物，义理易学的开创者，先后完成了《老子注》《老子指略》《周易注》《周易略例》四部代表性著作。

2. 王弼认为，无论是"言"，还是"象"，都是追逐《周易》中的哲学道理和意义，也就是"意"的中间阶段。因此，研习《周易》要以"求意"为终极目的，做到"得意忘象"。

3. 王弼在《周易注》中完成了对卦爻辞和《彖传》《象传》《文言传》的注释，韩康伯则补充了对其余四篇《易传》的注释。唐人孔颖达在此基础上，编纂成了《周易正义》。

第三节 《周易》与儒学复兴

王弼凭借"得意忘象"等理论，写出了《周易略例》一书，并完成了对卦爻辞和《彖传》《象传》《文言传》的注释，扫除了两汉以来的象数易学传统，开创了以义理解释《周易》的新途径。而在韩康伯完成了对另外四篇《易传》的注释，以及孔颖达以王弼、韩康伯《周易注》为底本，编纂成了《周易正义》之后，王弼易学也就得以独步天下了。甚至连郑玄、虞翻、荀爽这些人的易学，都很少有人去学习和继承了，以至于我们现在看到的两汉时期的易学著作，都是残缺不全的。

然而，在《周易正义》颁布之后，易学的研究却没能更上一个台阶，反而逐渐远离了思想与学术的中心。在《周易正义》之后，整个唐代的易学，只有一部李鼎祚编纂的《周易集解》算得上在历史上有影响的著作。但这部名为"集解"的著作，实际上就是对两汉、魏晋、南北朝、隋唐时期易学的汇编，我们之所以能在汉代易著几乎全都散佚的情况下，还能读到一些京房、马融、郑玄、虞翻等人的易学观点，都是依靠着《周易集解》中保存的资料。这本书虽然在保存史料方面价值连城，但在易学思想的发展上，却没有特别的贡献。

无论是在两汉经学，还是魏晋玄学的时代，《周易》都是最为重要的经典之一，但是到了唐朝，《周易》就不再那么被重视。这跟整个时代的社会思潮是密不可分的，两汉经学的背后，是儒家思想的一家独大，而魏晋玄学的兴起，则是道家思想的抬头。《周易》因为既是儒家的六经之一，又位列于道家的三玄之中，是儒家和道家共同认可的经典，所以在这两个时期，便都被看作最为重要的经典之一。但到了隋唐时期，最为流行的学问，却变成了佛学。

不同于在中国起源的儒家和道家，佛教是发源于印度的宗教文化。关于佛教传入中国的时间，学术界有一些争议，比较为人所公认

第七章 魏晋至宋的易学发展

的说法，是在东汉的时候。而到了魏晋时期，随着社会的动荡，以及玄学思潮的兴起，佛学也开始逐渐流行了起来，并且在东晋之后，产生了佛教与玄学合流的思想倾向，还分化出来了包括本无宗、幻化宗、心无宗在内的多个流派。再到了南北朝和隋唐时期，佛教的影响就越来越大了，不但形成了天台宗、唯识宗、三论宗等大型宗派，而且把世家大族和知识分子都吸引到了佛学的研习中来。比如说，南朝的梁武帝萧衍，就多次想要出家为僧，隋朝的开国之君隋文帝杨坚，则是从小在寺院里被比丘尼（尼姑）抚养长大的。

此外，根据《续高僧传》的记载，隋唐时期的大多数著名僧侣，并不是因为家里贫穷才出家的，相反，他们中的很多人出身都非常显赫，像是"家世衣冠，乡间望族""祖宗仕族""家世望门"等等。除了佛法的兴盛之外，因为唐朝皇帝姓李的缘故，号称与老子沾亲带故，因此，道教在唐朝的发展也相当可观，就连我们耳熟能详的诗仙李白，也曾痴迷于修道。然而，佛道的兴盛，也就意味着儒家的没落，无论是对儒家经典的研读和解析，还是对儒家思想的传承和发展，都陷入到了低谷之中。看到这种情况，大文学家韩愈就不禁感叹，从上古时期的尧、舜、禹开始，经过商汤、周文王、周武王、周公的代代相传，建立起了儒家的道统，后来的孔子和孟子虽然遭遇乱世，但还是艰难地承担着道统的传承。再到后来，儒家道统就慢慢中断了。再看到当时佛道大行于世，而儒学步履维艰的局面，韩愈最想要做的，就是再一次弘扬仁义精神，重新构建儒家的道统。

客观地说，佛学的传入与流行，为中国文化的发展注入了活水。佛教哲学在宇宙论、人生论、价值论、认识论中的观点，都与传统的儒学有着极大的差别。因此，在汉代经学的发展越来越僵化之后，佛学所展现出来的生命力，以及在从名门望族到普罗大众等的各个阶层中的接受度，就远远超过了儒学。因此，韩愈虽然怀有一腔热血，甚至为了反对长安城中迎奉佛骨的风气，还专门写了一篇《论佛骨表》，但最终却落得被贬谪岭南的下场。再加上中唐以后，时局又再一次陷入割据与战乱，因此，儒学的复兴终究没能在唐代完成。

其实，儒学的真正复兴，靠的并不是对佛教、道教的打压，而是在自己的思想中，重新焕发出生命力。《周易》这部古老的经典，无疑可以成为儒家思想复兴的源头活水。果然，到了北宋初年的时候，就有一批儒生从对《周易》的解读和体悟中，拉开了儒学复兴的帷幕。其中，首当其冲的，便是有"宋初三先生"之称的胡瑗、孙复和石介。在他们看来，《周易》这部书，讲的是古代圣王治理天下的道理。因此，对《周易》的理解，应该从两个方面展开，其一，是如何治理国家，建立安定有序的社会；其二，是个人的德性修养，怎样培养自己的道德品行。

胡瑗虽然怀揣着一身的学问与抱负，却一直只是吴中地区的一名普通教师，从教四十多年，却依旧籍籍无名。幸运的是，在其晚年的时候得到一位贵人的推荐，才得以展露才华，成为太学的主管，弘扬自己的学说。这位贵人就是《岳阳楼记》的作者，谥号文正公的范仲淹。

范仲淹堪称中国历代文人和官员中的楷模。事实上，由于他在文坛和政坛的影响太大，导致很多人并不清楚他在易学方面的成就，其实，他对《周易》也有很深的思考。在他所写的《易义》一书中就

第七章 魏晋至宋的易学发展

强调：学习《周易》，最要紧的就是从中体悟圣人之道，并且根据各种不同的实际情况，加以化用，而不能拘泥凝滞，不加变通。由此可见，范仲淹之所以能成为兼具高尚品格与出众才情的千古名士，与他的易学修养，也是密不可分的。

除了范仲淹外，很多北宋文人、名士，如欧阳修、司马光、苏轼等，都有着很深的易学造诣。欧阳修的《易童子问》、司马光的《温公易说》，以及苏轼的《东坡易传》，也都是颇有影响的易学著作。随着它们的流传，北宋的思想阵地，很自然地又一次回归到了儒学。而在这股儒学复兴的浪潮中，真正掀起了思想高潮的，则又非"北宋五子"莫属。

—— • 本节要点 • ——

1. 在隋唐时期，儒学式微，佛教和道教迎来了大发展，成为时代思潮的主流。虽然韩愈等人呼吁重振儒家自尧舜禹汤、文武周公、孔子孟子以来的道统，但唐朝的思想文化，一直是佛道的天下。

2. 胡瑗、孙复、石介被称为"宋初三先生"，他们认为，对《周易》的理解应该集中在两个方面。其一，是如何治理国家；其二，是如何提高个人的道德品行。他们认为，象数易学和道家易学都不是易学的正道。

3. 范仲淹、欧阳修、司马光、苏轼等北宋时期著名的政治家、文学家，都对《周易》有着深刻的体悟，并各自撰有《易义》《易童子问》《温公易说》《东坡易传》等易学著作。

第四节　北宋五子及其易学

虽然易学在隋唐时期逐渐衰落，但到了宋代之后，胡瑗、范仲淹等人通过重新阐释《周易》，逐渐推动了儒学的复兴。从北宋时起，儒家学者们开始建立起来了一套以传承孔子、孟子以来的"圣人之道"为目的的学问，这种学问，在当时被称作"道学"，而到了南宋之后，也被称为"理学"。

虽然范仲淹、王安石、司马光、苏轼等人在政治和文学上的影响很大，但真正在思想上取得了突破性贡献的儒家学者则另有其人，那就是有着"北宋五子"之称的周敦颐、邵雍、张载、程颢和程颐。他们的学说，也都跟《周易》有着密切的关系。

被朱熹尊奉为"北宋五子"之首的是周敦颐，他不但写出了脍炙人口的《爱莲说》，还凭借所写的《通书》和《太极图说》，成为朱熹口中的道学传人，以及湖湘学的鼻祖。关于他的学说，我们将在后面的《周易》图像专题中展开详细的学习。

邵雍这个名字，我们在前面学习京房易学的时候曾经提到过。邵雍和京房是两位既够登大雅之堂，在易学研究上开宗立派，成为一代宗师，又享誉民间，在江湖术士之间被奉为大神的人物。以至于后来在民间广为流传的《梅花易数》《邵子易数》，都托名在了邵雍的身上，用来扩展自己的影响力。但实际上，邵雍还真不是一个执着于术数和命理的江湖中人，他自己就写过这么一句诗："买卜稽疑是买疑，病深何药可能医。"意思是说，如果真的病入膏肓，那么并没有什么办法可以挽回。有的人想通过求签算卦来解决问题，可那只不过是迷

第七章 魏晋至宋的易学发展

惑自己罢了。

既然如此,那为什么后来的人会把被理学家尊称为"邵子"的邵雍,跟《梅花易数》这种术数联系到一块呢?这是因为,邵雍的学问非常深奥,尤其以他所写的《皇极经世》为代表,在精研《周易》的基础上,邵雍试图通过易数的推衍和变化,以构建出一套融合宇宙生成、自然变化、历史演进、社会结构和人生价值于一体的哲学体系。比如说,邵雍既会通过《系辞传》的记载,着力从宇宙生成的角度解释"太极—两仪—四象—八卦"的生成过程,也会利用从尧、舜、禹开始,直到五代时的后周显德六年(959)这三千年间的历史,构建自己"元会运世"的时间体系。

由此可见,邵雍的思想体系,可以说是既庞大,又复杂。然而,这种学说虽然复杂,但其内在的逻辑条理却是清楚的,并不会导向宿命论或者不可知论。用程颢的话说,邵雍的学问对于易数的推求和变化非常精深,但从本质上来说,他所研究的是数理,而不是命运。所以说,邵雍是一位相当纯粹的哲学家。

邵雍是河南衡漳人,不过在他人生的后三十年间,则一直居住在洛阳。在这段时间中,有一对比他小二十来岁的兄弟一直跟他保持着密切的交往,这对兄弟就是"北宋五子"中的另外两位:"大程子"程颢和"小程子"程颐。

正是因为二程兄弟在北宋理学建立和发展的过程中,占据着极为重要的地位,所以人们才把二程与朱熹一起视作理学的代表人物。程颢说:"吾学虽有所受,'天理'二字却是自家体贴出来。"意思是说,他们的学问是跟着周敦颐、邵雍他们学习过之后,才慢慢获得的。但是，对于"天理"两个字的体会，却是兄弟俩自己钻研出来的。二程认为，宇宙天地之间，万事万物的道理都是相通的。因此，只要体会到了什么是"天理"，那么这个天理，是可以作用到任何一件事、任何一个东西上的。

不过，程颢和程颐虽然都关注于理学，但兄弟二人的学问还是有一些区别的。二程学问的区别，主要在于我们应该通过怎样的途径去体会"天理"。有些学者就认为，程颢主张"识仁"与"定性"，更注重的是主观与客观合一的存养工夫，这是一种以"诚"和"敬"为核心，偏重于内在体悟和修炼的功夫，对后来的陆九渊、王阳明心学一脉影响较大。而程颐则看重格物致知，对于读书学习更为看重，对朱熹的影响更大。兄弟二人，可以说开启了宋明理学中最为重要的两条思想脉络。

二程兄弟虽然只差了一岁，但弟弟程颐却比哥哥多活了二十九年。因此，程颐的弟子以及著作的数量，远远超过了程颢。比如说"程门立雪"这个成语，说的就是杨时和游酢这两位学者，在大雪中等候老师程颐的故事。而二程兄弟注解《周易》的代表作《周易程氏传》，也是成书于程颐的手中。

《周易程氏传》又被称为《易程传》《伊川易传》，程颐撰写这本书的主旨，是要以纯粹的儒学之理，来完成对《周易》的注释。在他看来，汉代的象数易学完全无法阐发《周易》"洁静精微"之理；王弼的易注，则或多或少地吸纳了道家的思想以及世界观，也不是儒学正统。因此，程颐便从他自己与哥哥程颢毕生所研习的理学视角，对六十四卦卦爻辞及《易传》中的道理，给予了系统的解释。因此，这

第七章 魏晋至宋的易学发展

本书也是"义理派—儒理宗"易学的扛鼎之作。

在"北宋五子"中，邵雍和二程都是河南人，而张载则是陕西人，不过他们相互之间也有过比较密切的交往，曾多次切磋学问。后来人们也把居住在洛阳的邵雍和二程的学问，称为"洛学"，而把关中人张载的学问，称为"关学"。

可以说，张载的学问有着关中人特有的气魄。最为著名的，就是他所提出的"横渠四句教"："为天地立心，为生民立命，为往圣继绝学，为万世开太平。"不但要以一己之身沟通天道、地道与人道，还要继往开来，开万世太平。张载之所以能有这种宏大的气魄，当然也离不开他对《周易》，尤其是《易传》的理解。

事实上，张载的学说，与邵雍和二程也有明显的差异，相比于邵雍重视"数"，二程阐发"理"，张载则更重视"气"。他在所撰的《正蒙》一书中，就提出了"太和所谓道"以及"太虚无形，气之本体"的观点，并构建了一套以"气"的聚散为核心的哲学思想体系。在这套学说中，无论是"正蒙"中的"蒙"，还是"太和所谓道"中的"太和"，都是从《周易》经传中化用的概念。

为了更好地理解和解释《周易》，张载撰写了三卷的《横渠易说》，既解释《周易》古经中的卦爻辞，也阐发《易传》中的哲学道理。他立天地之心、生民之命的思想，很显然就是从对《系辞传》中所讲的"立天之道曰阴与阳，立地之道曰柔与刚，立人之道曰仁与义"的三才之道中体悟出来的。

总而言之，"北宋五子"的学说虽然各有差异，有的关注于"道"，有的关注于"数"，有的关注于"气"，有的关注于"理"，但都与《周易》有着不可分割的密切关系。如果他们没有对《周易》的深切体会，那么也就无法在哲学上达到最终的思想高度。

--- • 本节要点 • ---

1. 北宋五子，指的是北宋时期的五位著名思想家：湖南人周敦颐、陕西人张载，以及河南人邵雍、程颢和程颐。

2. 北宋五子均以研习理学闻名于世，但他们各自的学说，都极大地受到了《周易》的影响，并且都撰有阐发《周易》的论著，比如，周敦颐的《太极图说》、邵雍的《皇极经世》、张载的《横渠易说》，以及程颐的《周易程氏传》等。

3. 在对《周易》的阐发中，邵雍旨在研究"数"，张载最为看重"气"，程颐主要关注"理"。

第五节　朱熹及其易学

有了以北宋五子为代表的一大批哲学家，理学在宋代的发展也越来越兴盛，其中精于易学的学者也为数不少。到了南宋时期，朱震、吕祖谦、张栻、陆九渊、杨简等人都是研习《易》理的代表人物。在这一时期，还诞生了一位宗主级的大学者，他不是别人，正是我们在学习大衍筮法时，所讲到的撰写了《周易本义》和《筮仪》的朱熹。

朱熹在中国历史上究竟是个什么地位呢？我们可以举个例子来说明这个问题。在山东曲阜以及一些比较大的城市，都设有孔庙或者文庙，用来祭祀儒家的创始人，也就是传说中《易传》的作者——孔

第七章 魏晋至宋的易学发展

子。除了孔子之外，孔子的弟子，以及历朝历代的著名儒家学者，也都有机会从祀孔庙，像是我们前面学过的郑玄、胡瑗、周敦颐、张载、邵雍、程颢、程颐等人，就都进入了这一序列，与孔子一起享受后人的香火。在从祀的这些学者中，也分为不同的等级，其中最高的两个级别，分别叫作"四配"和"十二哲"。

所谓的四配，指的是颜回、曾子、子思和孟子。在孔子以下，这四个人享有独特的地位。其中，颜回和曾子是孔子的弟子，子思是孔子的孙子，孟子则是战国时期儒家学者的代表，堪称儒学史上仅次于孔子的二号人物。在明朝嘉靖九年之后，这四位学者也都有了各自的封号，颜回为"复圣"，曾子为"宗圣"，子思为"述圣"，孟子为"亚圣"。

在四配之下的一档，叫作十二哲。事实上，十二哲本来在唐朝的时候是十哲，指的是颜回、闵子骞、冉伯牛、仲弓、宰我、子贡、冉有、季路、子游、子夏这十位孔子门下的重要弟子。后来随着颜回升格为了"四配"之一，"十哲"的名单也因此发生了几次变动，最终增补为了"十二哲"。增补的三位中的两位还是孔子的弟子，也就是子张和有若，剩下的一位，便是朱熹了。

也就是说，在孔庙从祀的四配、十二哲这十六人名单中，有十五个都是春秋战国时的人，而在此之后的，就只有一位一千多年以后才出生的朱熹了。在朱熹跟陆九渊曾经会讲过的江西鹅湖，后来建设了一座传授儒学的鹅湖书院，在里面纪念朱子的牌坊上，所刻的四个大字便是"斯文宗主"。由此可见，最起码在孟子之后的两千多年时间里，朱熹成了儒学第一人。

近几十年来，朱熹的理学学说遭受了一些质疑，尤其是以他所提出"存天理，灭人欲"之说受到的批评最多。其实，现代人对朱子著名的"存天理，灭人欲"学说，多数时候是有些误解的。朱熹的意思并不是说人不能有任何的欲望。举例而言，人冷了要穿衣，饿了要吃饭，还要谈恋爱、结婚和生小孩，这些就都属于天理，并不需要禁止。但是，如果把欲望放大，非要山珍海味、锦衣玉食、妻妾成群，那就属于"人欲"了。要知道，无论是孔子、孟子，还是朱熹、王阳明，儒家学者从来不主张禁欲，而是认为要对欲望加以适当的节制。

朱熹之所以要把"天理"和"人欲"相对而言，主要还是因为在哲学上对二程"理"的学说的继承。一方面，朱子最重要的两位老师李侗和胡宏，分别是程门弟子杨时、谢良佐的弟子；另一方面，朱子本人也认为，"理"是宇宙中最为根本的存在，万事万物虽然表现出来的样子是千差万别的，但如果往根源处去追寻的话，一切事物的终极依据都是"理"，没有任何例外。因此，对于人来说，所要做的就是想尽办法去体会这终极的"理"究竟是什么。在朱熹看来，苦思冥想、瞎琢磨是不行的，而应该好好读书学习，研究事事物物的道理和规律，通过这种办法来达到"格物致知"。朱子本人也是这样做的，他不但通读了各种经典，还留下了《周易本义》《易学启蒙》《仪礼经传通解》《诗集传》等几十种著作，超过1 400万字，如今的精装本《朱子全书》也足足有二十七册。除此之外，朱熹在易学上也有极为重要的贡献。首先，大衍筮法的筮仪用的就是朱子编订的程序，这篇《筮仪》也被收进了他的易学专著《周易本义》之中。由此我们可

第七章 魏晋至宋的易学发展

以看出，不同于王弼和程颐，朱子认为"《易》本卜筮之书"，算卦这层作用是不能被忽视的。卜筮，也是一种格物致知、体认天理的方式。

朱熹虽然是程颐的三传弟子，但对于《周易程氏传》在政治、哲学等层面进行的大范围发挥，朱熹是不太满意的。在他看来，《易》历三圣，伏羲创作八卦，周文王演六十四卦，并写作了卦爻辞，而孔子则完成了《易传》，这代表了三个不同的维度，不能混淆。在王弼和程颐的易学中，都把《彖传》《象传》等《易传》的文字插进了卦爻辞之中，他们在解释卦爻辞的时候，也总是喜欢从《易传》的说法出发，阐释其中的道理。朱子认为，这是不对的，卦爻辞和《易传》，二者之间有着明确的界限，不能混为一谈。因此，他又把《彖传》《象传》《文言传》单独摘出来，放在了所有卦爻辞的后面，重新排定了《周易》的顺序。此外，朱熹还认为在《系辞传》的文本中，有些文句的次序是颠倒的，于是按照自己的理解，重新排了一个新的版本。如果我们对读宋代刊刻的《周易本义》和王弼或程颐的版本，就会发现这些文本不一样的地方。

朱熹的《周易本义》还有另外一个重要的特殊之处，那就是在他之前，《周易》的内容包括两项，即《周易》古经的卦爻辞，以及"十翼"，也就是《易传》。朱子除了更改了这两者的排列方式之外，还做了一项创造性的工作，那就是往《周易》中塞入了包括《河图》、《洛书》、先天图、后天图、《卦变图》在内的九幅图像。也就是说，从《周易本义》开始，易图也开始成为《周易》的一个组成部分了。这一易学史上的重要改变，也是在朱熹手中完成的。

• 本节要点 •

1. 朱熹与十一位孔子的嫡传弟子共同位列从祀孔庙的"十二哲"之中,也是"四配"和"十二哲"之中唯一一位春秋战国之后的人物。在战国以后的儒学史上,享有首屈一指的重要地位。

2. 朱熹是二程的三传弟子,也是理学的集大成者。他认为"理"是万事万物的终极根据,人应当通过格物致知、读书穷理的方式,来体会天理、认识天理。

3. 朱熹认为,八卦、卦爻辞、《易传》是易学发展中的三个重要阶段,不能混淆。因此,他在《周易本义》中将经传分离,重新排定了文本的次序。还把包括《河图》、《洛书》、先天图在内的九种《周易》图像增加进了《周易本义》之中,改造了《周易》的结构。

第七章 魏晋至宋的易学发展

拓展阅读与本章习题

拓展阅读

1. 朱伯崑:《易学哲学史》,昆仑出版社,2009年,第245—348页。
2. 余敦康:《汉宋易学解读》,中华书局,2017年,第127—518页。
3. 谷继明:《周易导读》,四川人民出版社,2019年,第114—165页。

本章习题

1. 以下哪一部书不是魏晋名士所看重的"三玄"?
   A.《周易》   B.《老子》
   C.《庄子》   D.《论语》

2. 以下哪位不是"竹林七贤"之一?
   A. 阮籍   B. 王弼
   C. 山涛   D. 嵇康

3. 目前,我们所能看到的易学类最早的经传合编本是?
   A. 王弼;《周易注》   B. 郑玄;《周易注》
   C. 王弼;《周易略例》   D. 孔颖达;《周易正义》

4. 王弼认为,每一卦的"卦主"应由哪种因素来确定,并与谁的学说产生了差异?

A. 卦中每一爻的意义；京房

B. 卦中的阳爻；京房

C. 卦中的阴爻；虞翻

D. 卦中每一爻的位置；荀爽

5. 以下属于王弼《周易略例》七篇之一的是？
   A.《周易大衍论》　　　　B.《易辩》
   C.《周易穷微论》　　　　D.《辩位》

6. 在王弼之后，西晋学者韩康伯遵照王弼易学的主旨，补充注释了哪几篇注本？
   A.《彖传》《系辞传》《象传》《杂卦传》
   B.《系辞传》《说卦传》《序卦传》《杂卦传》
   C.《彖传》《说卦传》《文言传》《杂卦传》
   D.《文言传》《说卦传》《杂卦传》《序卦传》

7. 按照目前公认的说法，佛教是什么时候传入中国的？
   A. 汉代　　　　　　　　B. 魏晋
   C. 隋朝　　　　　　　　D. 唐朝

8. 以下哪一位不是"宋初三先生"之一？
   A. 胡瑗　　　　　　　　B. 石介
   C. 孙复　　　　　　　　D. 范仲淹

9. 以下哪位不是"北宋五子"中的人物？

第七章 魏晋至宋的易学发展

　　A. 苏轼　　　　　　　　　B. 程颐
　　C. 周敦颐　　　　　　　　D. 张载

10. 在对《周易》的阐发中，注重从"气"的角度做出阐发的是谁？
　　A. 程颢　　　　　　　　　B. 程颐
　　C. 张载　　　　　　　　　D. 邵雍

11. 孔庙的"四配"和"十二哲"中，唯一一位春秋战国之后的是哪位学者？
　　A. 周敦颐　　　　　　　　B. 张载
　　C. 朱熹　　　　　　　　　D. 程颐

12. 以下哪项不属于朱熹在《周易本义》中的创新之处？
　　A. 将《易经》与《易传》分离
　　B. 调整《系辞传》中的文本顺序
　　C. 将《周易》的图像加入在内
　　D. 重新排列六十四卦顺序

13. "关学"指的是哪位古代哲学家的学说？
　　A. 朱熹　　　　　　　　　B. 张载
　　C. 邵雍　　　　　　　　　D. 周敦颐

14. 朱熹的哪一本著作收录了他的《筮仪》？
　　A.《伊川易传》　　　　　　B.《筮卦考误》
　　C.《周易本义》　　　　　　D.《参同契考异》

15. 朱熹做了一项创造性工作，就是将九幅图像加入了《周易》之中，以下不属于九幅图之一的是？

A.《河图》　　　　　　　　B.《洛书》

C.《卦变图》　　　　　　　D.《太极图》

第八章　宋代的图书易学

在上一章中，我们学习了义理易学的建立和发展、演变的过程，并且分别以王弼、胡瑗、程颐、朱熹等人为代表，交叉学习了易学与玄学、易学与儒学、易学与理学之间的关系。在上一节的最后，我们提到了在朱熹对《周易》的改造中，有一项重要的内容，那就是在《易经》与《易传》之外，额外增加了九幅易图。事实上，从宋代开始，围绕《河图》、《洛书》、先天图、《太极图》等《周易》图像，兴起了一种全新的易学研习范式，史称"图书易学"或"易图学"。

第一节　神秘的《河图》与《洛书》

在朱熹列入《周易本义》的九幅易图中，首当其冲的便是《河图》与《洛书》。"河图"的"河"，专指黄河；"洛书"的"洛"，专指洛水。"河图"和"洛书"这两个名字，并没有出现在卦爻辞中，而是出自《系辞传》："河出图，洛出书，圣人则之。"按照《系辞传》的记载，在伏羲氏创作八卦之前，从黄河中出现了"河图"，从洛水中出现了"洛书"，伏羲受此启发，从而画出了八卦。

除了《系辞传》之外，"河图"与"洛书"还在《尚书》

《论语》《礼记》等很多种其他的先秦时期的古文献中出现过。比如《尚书·顾命》篇中就有"大玉、夷玉、天球、河图在东序"之说,根据这种记载,"河图"在被人发现之后,就被作为重要的物品进贡给了帝王,并且被当作珍宝,与大玉、夷玉、天球这样一些奇珍异宝一起被收藏了起来。

从《尚书》的记载中,我们虽然可以确信,"河图"是一个非常珍贵、重要的东西。但《尚书》的记载却有一个跟《系辞传》一样的问题,那就是没有明说"河图""洛书"究竟是什么?比如说多高、多长、多宽,长什么样子,上面有没有文字或者图画?这些问题的答案,就现有的文献来说,我们一无所知。

正是因为在这些记载中,"河图""洛书"显得又重要、又神秘,因此,关于它们的传说,也就越来越多。比如在《礼记》的《礼运》篇中,就产生了"河出马图"的说法。这显然就是在《系辞传》"河出图"的基础上,所衍生出来的传说。那"马图"又是什么呢?对于这个问题,《礼记》也并没有给出明确的回答,只是将它与凤凰、麒麟等神兽,一并视作祥瑞。而"经神"郑玄在注释《礼记》的时候,则将"河出马图"解释为"龙马负图而出也"。如果这里的马指的是普通的马匹,那么马从黄河中走出,并不是一件符合常理的事情,我们只能将之理解为一种带有神话色彩的故事。而如果按照郑玄的解释,将马理解为"龙马",那么便与凤凰、麒麟一样,是一种在客观世界并不真实存在的生物,也成了一种神话性的传说,便更进一步增加了"河图"和"洛书"的神秘性。

被朱子放到《周易本义》中的《河图》和《洛书》,是两幅以黑

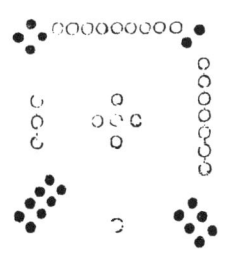

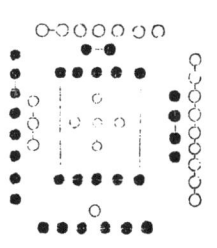

图8-1 朱熹《周易本义》中的《洛书》《河图》

白点为主要元素,以数字和方位为主要内容的图像。

在《河图》中,从一到十的十个"天地之数",被以两两一组的形式,安置到了东、西、南、北、中这五个方位。我们之前学过,在《系辞传》中,一、三、五、七、九是"天数",二、四、六、八、十是"地数"。按照朱熹的解释,在天地之数中,一、二、三、四、五是"生数",各自按照所属的方位,生成金、木、水、火、土五行;而六、七、八、九、十则是"成数",一一与"生数"相配。具体来说,天一生水,位居北方,地数六与之相配,共同居于正北方;地二生火,位居正南,天数七与它相配,同居正南;同理,天三生木,与地八共居正东;地四生金,与天九共居正西;天五则生土,与地十共同居于正中。这样一来,《河图》就实现了天数、地数与五行、五方的整齐对应。

而在《洛书》中，则引入了九宫的形式。坐镇中央的是五，位居正东、正西、正南、正北的，分别是三、七、九、一，位居东南、东北、西南、西北的，则依次是四、八、二、六。《洛书》最为巧妙的地方就在于，不论是横着、竖着、斜着，只要把任意三个数连成一条直线，那么这三个数的和，就一定是十五。

不过，这两幅图虽然都非常精妙，但从《系辞传》《尚书》《礼记》等文献的记载中，我们完全看不出这两幅图跟"河图""洛书"之间有什么关系。那么，为什么朱熹要把这两幅图，当成《河图》《洛书》，放到《周易本义》中呢？这是因为，在宋代学者看来，既然《系辞传》说《河图》《洛书》是伏羲创作八卦的灵感来源。那么，在《河图》和《洛书》之中，一定蕴含了一些精深高妙的道理，只有这样，才能匹配它们作为《周易》理论来源的地位。

带着这样一种问题意识，北宋时期的学者们，就开始尝试着绘制《河图》和《洛书》。在这一过程中，数理变化和方位坐标，这两个既有易学维度的理论意义，又跟现实生活密不可分的元素，就成为重点。我们现在所看到的这两幅图，也就这样被画出来了。至于说这两幅图的作者是谁，历史上是有争议的。有人认为是"希夷先生"陈抟，有人认为是宋初学者种放，但根据现存的历史文献来看，这两幅图最早出现在北宋时刘牧所写的《易数钩隐图》中。只不过，在刘牧的学说中，《河图》《洛书》的内容与朱熹的版本却是相反的。"天地之数"五十五点图是《洛书》，"九宫"范式的四十五点图才是《河图》。

虽然《系辞传》中把《河图》和《洛书》都作为八卦创作的来

第八章 宋代的图书易学

源，但历史上也有一些说法认为《河图》跟《周易》的原理更密切，《洛书》则跟《尚书》的理论更接近。比如刘勰在《文心雕龙》里就说："河图孕乎八卦，洛书韫乎九畴。"意思是说，伏羲看了《河图》，然后画出了八卦；大禹看了《洛书》，创作出了《尚书·洪范》篇里面治理天下的"九畴"之法。

朱熹之所以对调了刘牧的《河图》与《洛书》，也是受了这种说法的影响。在他看来，五十五点图，由从一到十的十个自然数构成，这与《系辞传》中的"天地之数"完全一致。所以，五十五点图应该是"天地之数"的理论来源，与《周易》更加契合，应当是《河图》。而四十五点图，按照九宫格的形式，由从一到九的九个数构成，与《尚书·洪范》篇的"九畴"正好对应，所以应当是《洛书》。由于朱熹在历史上的影响太大，在南宋之后，我们所看到的《河图》和《洛书》，就基本都是朱子对调后的版本了。

对于《河图》和《洛书》的认识，我们还是要按照时间顺序，划分为宋代之前和宋代之后。在宋代之前，"河图"和"洛书"，是一种形象不清、内容不明的历史传说，具有祥瑞的性质。就像《论语》中所记载的孔子对于《河图》的慨叹一样："凤鸟不至，河不出图，吾已矣夫!"很显然，无论是凤凰的具体样貌，还是《河图》的具体形态，孔子都不曾见过，他在这里所期待的，已经不是具体的凤凰与《河图》，而是两种颇为神秘的，承载了祥瑞功能的政治和文化象征。

由于"河图""洛书"在历史记载中的神秘感，也就留给了后人重新绘制《河图》与《洛书》的理论空间。所以在宋代之后，《河图》《洛书》所承载的，就是八卦和《周易》创作之前的理论原理了。以四十五点图和五十五点图为代表，刘牧、朱熹等宋代学者所要探讨的，并不是《易传》《尚书》中所记载的"河图""洛书"究竟长什么样，而是《周易》经传中易卦和易数的理论原理。也就是要通过《河图》和《洛书》的绘制，来阐发自己对《周易》中数理推演和空间方位变化的理解。

随着朱熹把黑白点范式的《河图》《洛书》放进了《周易本义》之中，《河图》《洛书》从一种颇具神秘性的祥瑞，变成了两幅以"天地之数"和"九宫之数"为主要内容的黑白点图像，我们必须认识到，在此之后，"河洛"对于易学的意义，也发生了根本性的变化。

———— • 本节要点 • ————

1. "河图""洛书"在《系辞传》《尚书》《论语》等先秦时期的文献中都有记载，被认为是伏羲创作八卦的来源。但在这些记载中，"河图""洛书"的形象不清、内容不明，只是具有祥瑞性质的历史传说。

2. 至迟在北宋时期，学者们开始从数理和空间方位推演变化的视角理解《河图》《洛书》，并由刘牧在《易数钩隐图》中绘制出了四十五点的《河图》，以及五十五点的《洛书》。

3. 朱熹在《周易本义》中对调了刘牧版《河图》与《洛书》的内容，以五十五点图为《河图》，四十五点图为《洛书》，形成了在历史上影响最大的《河图》《洛书》版本。

第八章　宋代的图书易学

第二节　先天图与后天图

在《河图》《洛书》之外，朱子另外列进《周易本义》的七种易图中，有六种都属于"先后天图"系列。其中，先天图有四幅，分别是《伏羲八卦次序图》《伏羲八卦方位图》《伏羲六十四卦次序图》《伏羲六十四卦方位图》。

后天图有两幅，分别是《文王八卦次序图》和《文王八卦方位图》。

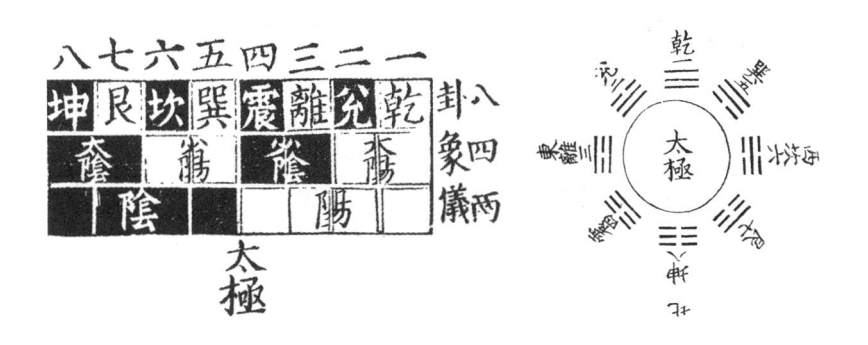

图8-2　伏羲八卦次序图　　　　图8-3　伏羲八卦方位图

图8-4　伏羲六十四卦次序图

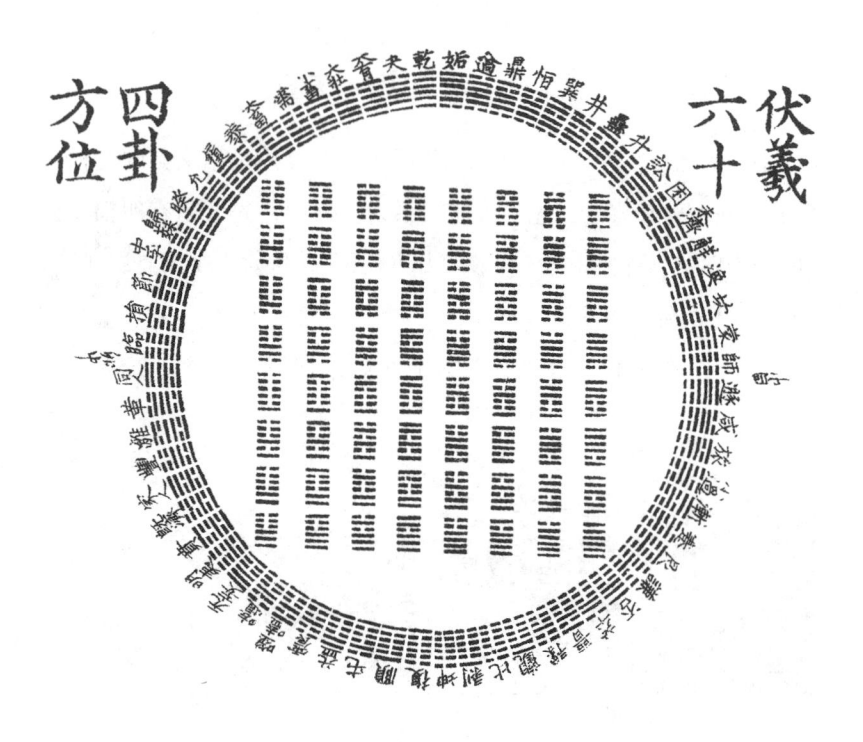

图8-5 伏羲六十四卦方位图

这些图虽然看上去很复杂,但实际上是有规律可循的。先来看两幅托名于文王的后天图。第一幅《文王八卦次序图》里面的内容,是《说卦传》中里面的八卦次序。在"乾坤生六子"说中,乾为父,坤为母,震、坎、艮分别为长子、中子、少子,巽、离、兑分别为长女、中女、少女,八个卦按照先长后幼、先男后女的次序,也就排出了乾、坤、震、巽、坎、离、艮、兑的次序。

第二幅《文王八卦方位图》中所讲的八卦方位,我们也已经在学习"方位之象"和"四正卦"的时候提到过了。依据《说卦传》的记

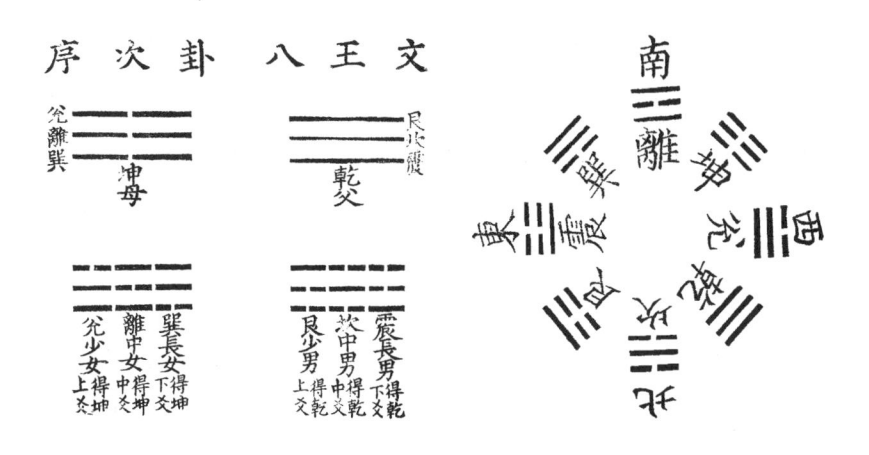

图8-6　文王八卦次序图　　图8-7　文王八卦方位图

载，从正东的震卦开始，八卦按照顺时针的次序，依次坐落在八个方位上，震在正东，巽在东南，离在正南，坤在西南，兑在正西，乾在西北，坎在正北，艮在东北。

这两幅图，分别按照《说卦传》的记载，画出了八卦的次序和方位。因此，它们产生的时间是比较早的，在汉唐时期的影响也比较大，无论是在汉唐时期的易学著作里面，还是唐代的石塔、铜镜、香炉等建筑和器物上，我们经常能看得到这两幅图像的相关内容。到了宋代之后，人们渐渐地开始把这两幅图叫作"后天图"或者"文王图"。因为在宋人看来，这两幅图的内容，是记载在《易传》里面的，是在伏羲创作八卦之后，由周文王所总结出来的，所以，从逻辑上来说是后出的，因此，就应当称之为"后天图"。

先天和后天这两个概念，都出自《易传》中的《文言传》："先天而天弗违，后天而奉天时。"在宋代学者的理解中，出自《说传卦》

的两幅八卦图，都是在伏羲画卦之后才确定的，是用来解释八卦的，所以只能叫后天。但他们所更为关注的问题，是八卦是如何被画出来的，八卦能被画出来的原理究竟是什么？要探究这几个问题，其实就是要去还原伏羲创作八卦时的想法了。所以，他们就把新画出来的几幅图，叫作"先天图"和"伏羲图"了。换言之，画这几幅先天图的目的，就是为了探究八卦最初的原理。

以《伏羲八卦次序图》为例，朱熹就认为，伏羲画八卦的过程并不是一蹴而就的，而是有一个累积渐进的过程。他一开始画出来的，是一阴一阳两仪，那个时候可能还没有后来的阴爻--和阳爻—的符号，可以用黑白块来代替。在画出了一阴一阳之后，伏羲就发现了"太极生两仪"的道理，也就是从混沌的太极之中，画出了一阴一阳。而在一阴一阳的基础上，又可以进一步地累加一层阴阳，这样一来，从右到左，就形成了阳阳、阳阴、阴阳、阴阴四个两根爻的符号，在朱熹看来，这四个符号，就是"四象"，也就是太阳、少阴、少阳和太阴。在这四象的基础上再累加一层阴阳，那么就可以形成八个三画卦了，而按照从右往左的次序，分别是乾、兑、离、震、巽、坎、艮、坤，这也就是"四象生八卦"了。这样一来，就形成了一个不同于《说卦传》中乾、坤、震、巽、坎、离、艮、兑的全新八卦次序了。朱熹认为，这种次序展现的才是伏羲创作八卦时的思路和想法，因此，这幅图就应该叫作"伏羲八卦次序图"，或者"先天八卦次序图"。

如果在这幅图的基础上，继续累加三层的话，我们就可以从一个六层的图像中，从右到左得出从《乾》卦开始、《坤》卦结束的

第八章 宋代的图书易学

六十四卦次序了。这幅新图，也就是先天图中的《伏羲六十四卦次序图》了。

除了八卦次序外，宋代学者还通过《伏羲八卦方位图》，重新画出了一套八卦方位。在他们看来，虽然《说卦传》对八卦的方位交代得很清楚，但《说卦传》中也有"天地定位"的说法。《说卦传》中的天地指的是什么？在八卦中指的就是乾、坤。正因如此，伏羲在创制八卦的时候，肯定会尤为突出乾、坤两卦的意义，从而把乾、坤放在正位，而不会放在西北和西南这两个犄角旮旯的地方。所以，宋代学者认为，以坎、离、震、兑居于四正的八卦方位，肯定是后来的人画出来的，所以只能是后天八卦。而伏羲画八卦的时候，肯定是以乾、坤居于正位的，基于这种想法，便画出了以乾、坤、坎、离居于四正的《伏羲八卦方位图》。

这幅图一画出来，就受到了人们的广泛追捧。因为到了宋代，随着儒学的复兴，人们对于儒家伦理也更为看重，以象征天地、父母的乾、坤两卦居于正南、正北的先天八卦方位图，无疑是更符合人们的认知的。我们在宋代之后的各种易学书籍、历史建筑、摩崖石刻上面见到的八卦方位图，也就基本都是先天图了。

由于这几幅先天图的历史影响太大，里面所讲的道理也确实具有开创性的哲学意义。因此，历代学者也都很关心这几幅图究竟是谁画出来的。甚至连元朝人在编《宋史》的时候，也关注到了这个问题。根据《宋史》的记载，先天图的作者是陈抟。陈抟也是一个五代到宋初时期的传奇人物，曾多次被皇帝召见，并赐号"白云先生""希夷先生"。在道教中，还把他奉为"陈抟老祖"。不过，陈抟的身世太过神秘,也并没有太多可供参考的著作留下来。因此,在朱熹看来,这几幅先天图的作者并不是陈抟,而是北宋五子之一的邵雍。他自己也强调,收录进《周易本义》中的各种先天图,就都是从邵雍那里传承而来的。

朱熹的这一说法,影响很大,在后来的各种易学著作中,大多数都默认先天图是邵雍的作品了。但是,如果我们去考察一下现存的邵雍著作,便会发现,里面并没有这几幅先天图的身影。而如果我们进一步研究一下邵雍的易学思想的话,则会发现,他也没有明确交代过先天八卦的方位和次序,只是留下了一些比较宏观的论述而已。所以说,从现存的文献来看,更有可能的情况,是朱熹受到了邵雍相关论述的启发,继而把这些想法进行了细化和改造,从而画出了这几幅先天图。因为不掠人之美的缘故,他还是把先天图的署名留给了邵雍。但如果没有朱子,这几幅先天图恐怕未必能顺利地被画出来,更不可能产生这么大的历史影响了。

总而言之,通过绘制托名伏羲的先天图,以朱熹为代表的宋代学者,重新构建了一套八卦、六十四卦的次序和方位体系,并产生了深远的影响,甚至一度成为易学的主流。直到今天,我们都经常能在各种名胜古迹、报刊书籍、文创产品上面,看到先天图的身影。

• **本节要点** •

---

1. 托名文王的两幅后天图,均来源于《易传》中的《说卦传》。托名伏羲的四幅先天图,则均是宋代学者的创作。

2. 在四幅先天图中，最为重要的两幅是《伏羲八卦次序图》和《伏羲八卦方位图》，前者通过"逐爻渐生"的原理，重新排定了乾、兑、离、震、巽、坎、艮、坤的先天八卦次序；后者则排定了以乾、坤、坎、离居于四正位的先天八卦方位。

3.《周易本义》中的四幅先天图，是朱熹在对邵雍的思想加以理解、细化和改造的基础上，所最终画定成图的。

第三节 《太极图》的前世今生

除了《河图》《洛书》和先后天图，另外一种在历史上产生了重大影响的《周易》图像，则非《太极图》莫属了。事实上，在历史上被称作《太极图》的图像有很多种，其中最为人们所熟知的一种，当属"阴阳鱼太极图"，受到各种电影电视、武侠小说等文学、艺术作品的影响，我们现在提起《太极图》，大多数人第一时间想到的，可能都是"阴阳鱼太极图"。

但是，如果我们从中国哲学史发展的历程来看，最为重要的一幅《太极图》并不是"阴阳鱼太极图"，而是我们在之前所学过的，位居"北宋五子"之首的濂溪先生周敦颐所画出的一幅《太极图》。

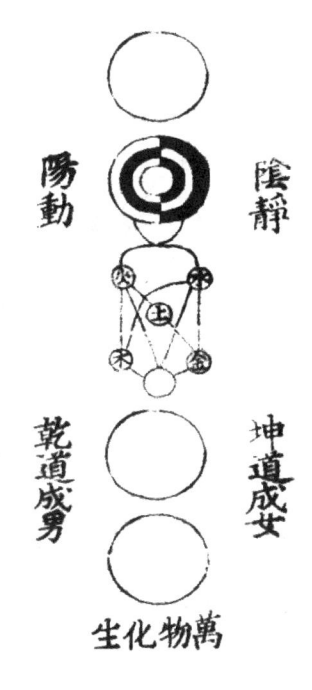

图8-8 周敦颐《太极图》

图8-9 《天地自然河图》(又名"阴阳鱼太极图")

为什么说周敦颐的这幅《太极图》,在中国哲学史上要比"阴阳鱼太极图"的影响还要大呢?其实最为主要的原因,还是因为"阴阳鱼太极图"产生的年代太晚了。依据现在我们所能掌握的历史文献来看,"阴阳鱼太极图"要晚至明代,出现在一个叫赵撝谦的学者所撰写的《六书本义》之中。

根据赵撝谦的说法,这幅图是南宋时期一位叫蔡元定的学者,受朱熹的委托,到蜀地访求散落在民间的易图时购买到的。但是,赵撝谦的这种说法并没有什么依据,因为即便我们遍览宋元时期的各种历史文献,也找不到"阴阳鱼太极图"的身影。其次,在《六书本义》

第八章 宋代的图书易学

中,这幅图也不叫《太极图》,而是叫作《天地自然河图》。虽然在有一些人看来,"阴阳鱼太极图"不可能晚到明代才产生,而应该是如赵㧑谦所说,在宋代时就有了,甚至可以追溯到汉唐时期。但从讲证据的角度来说,我们可以肯定,"阴阳鱼太极图"开始产生比较大的影响,至少也是明代以后的事情了。

周敦颐《太极图》主要讲的,是我们所处的宇宙世界是如何从最初的混沌中,一步步化生出万物的。为了解释图中所描述的内容,周敦颐还特意撰写了一篇《太极图说》。在《太极图说》中,周敦颐开宗明义,认为《太极图》第一个圆圈所讲的内容,叫作"无极而太极"。按照朱熹的理解,这句话所要表达的意思,说的是太极是世界的本源。而最初的太极,是无形无状的"无极"状态。也就是说,"无极"是用来形容太极的。

在《太极图》的第二部分,说的则是太极开始化生出阴阳两仪了。周敦颐认为,太极有一动一静两种状态,两种状态是相互交替、相互转化的。通过动和静的交替,就能够分化出阴阳两仪来了。落到图中,就是一半坎卦、一半离卦的圆圈。

到了图中的第三部分,则又在阴阳两仪的基础上,产生了进一步的变化,随着阴阳两仪的成形,他们之间也开始结合,产生出多种变化。在阴和阳的交织变化中,最终可以产生出五种要素,分别是图中相互交织在一起的五个小圆圈——金、木、水、火、土,也就是我们所熟知的五行。

周敦颐认为,从太极到两仪再到五行,其实是一个整体性的演化过程,无论是阴阳,还是五行,都是太极在不同层次的展现形态,并不是独立存在于太极之外的。在这种太极演化的大背景下，从《太极图》的第四部分开始，就开始真的化生世间万物了。周敦颐说："乾道成男，坤道成女。"阴阳五行的变化，分别在理论上衍生出《周易》中的乾、坤两卦所讲的道理，到了人类世界中，则表现为男人和女人。

由此类推，乾道和坤道，也可以演化出自然界的种种阳性和阴性的事物。在此基础上，以男人和女人的结合和生育为代表，万事万物也就可以从此开始繁衍后代，生生不息。这也就是《太极图》最后一部分所描述的"万物化生"了。

周敦颐之所以能位居"北宋五子"之首，当然离不开他对《太极图》和宇宙生成论的阐发。但事实上，周敦颐的学说，在北宋时期的影响力并不算大，远远赶不上程颢、程颐、邵雍、张载。直到南宋的时候，因为朱熹特别推崇《太极图说》，特别写了一篇《太极图说解》来重新解释《太极图》的理论，周敦颐的历史地位才得到了迅速的提高。

为什么要经过朱熹的重新解释，《太极图》的地位才得以确立呢？那是因为在很多人看来，周敦颐的《太极图说》是有问题的，里面融合了太多佛家和道家的思想。就比如说《太极图说》的第一句"无极而太极"，在著名的心学家陆九渊看来，这显然就是一种道家"以无为本"的学说，而"无极"这个概念，从来不会出现在任何儒家经典中，反而是在道家的《老子》、佛教的《肇论》等书中多有涉及。再比如说，清代学者毛奇龄等人指出，周敦颐的《太极图》，讲

第八章 宋代的图书易学

的根本不是儒家哲学的宇宙论,而是道家的内丹修炼术,在很多道教的书籍里面,都把这幅图当成内丹修炼的方法来看待。并且,从理论上来说,周敦颐所创立的"太极生两仪,两仪生五行"的理论,跟《系辞传》里面"太极生两仪,两仪生四象,四象生八卦"的理论,也是冲突的。所以说,《太极图》虽然借鉴了儒家经典《周易》,但融合了太多道家、佛家的思想,根本不应该被归入儒学之中。

从这些质疑的声音中也可以发现,《太极图》确实或多或少地融合了道家和佛家的思想,是一种儒、释、道的结合。就像毛奇龄所说的,《太极图》对于道家思想,尤其是内丹修炼的学说,也确实产生了非常大的影响。不过,朱熹认为,"无极"在《太极图》中并不是一个实际的概念,而只是用来形容"太极"的状态。周敦颐通过《太极图》和《太极图说》,成功地构建了一种新的儒家宇宙生成论。虽然这种新的宇宙论跟《系辞传》的记载有所不同,但儒家哲学想要发展,也势必要有一些理论创新。所以说,在朱熹亲自下笔写了《太极图说解》之后,周敦颐和《太极图》在理学中的重要性,也就得以确立了。

总而言之,无论是《河图》、《洛书》、先天图,还是《太极图》,它们能在后世产生这么大的影响,都离不开朱熹的解释。通过朱子的努力,易图开始成为易学中的重要内容。而基于这些易图的图书易学,也成了几乎可以与象数易学、义理易学三足鼎立的学问,甚至在很大程度上改变了《周易》这本古书的传播形态和传播方式,在易学的历史和理论上,都具有不可替代的重要意义。

• 本节要点 •

1. 在历史上比较有影响的《太极图》，有"阴阳鱼太极图"和周敦颐《太极图》。其中，周敦颐《太极图》创作于北宋时期，而"阴阳鱼太极图"开始产生影响，要晚至明代以后。

2. 周敦颐《太极图》由五个部分构成，描绘了从"太极—两仪—五行"到"乾道成男，坤道成女"再到"万物化生"的宇宙世界生成过程。

3. 陆九渊、毛奇龄等学者认为，周敦颐《太极图》融合了道家、佛家思想，以"无极"立论，并非儒学正宗。朱熹则认为，《太极图》仍然以"太极"为本，是对儒家宇宙论的发展。

第八章　宋代的图书易学

拓展阅读与本章习题

———— • 拓展阅读 • ————

1. 徐芹庭：《易图源流》，中国书店，2008年，第204—362页。
2. 朱熹：《周易本义》，中华书局，2009年，第11—28页。
3. 陈岘：《佐书之不尽：另辟蹊径的图书易学》，《中国社会科学报》2023年6月20日A06版。

———— • 本章习题 • ————

1. 按照《系辞传》的记载，以下属于"天数"的是哪个数？
   A. 二　　　　B. 四　　　　C. 五　　　　D. 六

2. 在《河图》的天数、五行与方位的匹配中，"天一生水"属于哪个方位？
   A. 北方　　　B. 南方　　　C. 西方　　　D. 东方

3. 在《洛书》九宫格的形式中，坐镇中央的是哪个数字？
   A. 一　　　　B. 五　　　　C. 九　　　　D. 六

4. 在《文王八卦次序图》中，象征"长子"的是哪一卦？
   A. 震卦　　　B. 兑卦　　　C. 巽卦　　　D. 坎卦

5. 在《文王八卦方位图》中，位于正北方向的是哪个卦？
   A. 乾卦　　　　B. 坤卦　　　　C. 离卦　　　　D. 坎卦

6. "阴阳鱼太极图"产生较大影响是在什么时候？
   A. 汉　　　　　B. 唐　　　　　C. 宋　　　　　D. 明

7. 在易学史上影响较大的宋代的《太极图》是哪位学者所作？
   A. 邵雍　　　　B. 周敦颐　　　C. 朱熹　　　　D. 张载

8. 刘牧《易数钩隐图》中绘制的《河图》《洛书》分别为多少点？
   A. 45，55　　　　　　　　　　B. 55，45
   C. 45，50　　　　　　　　　　D. 50，45

9. 在《文王八卦方位图》中，依据《说卦传》的记载，八卦分别对应着不同的方位和次序，下列对应正确的是？
   A. 离——正北　　　　　　　　B. 震——正西
   C. 坤——西南　　　　　　　　D. 艮——东南

10. 《太极图》的第二部分，表示太极开始化生出阴阳两仪，在实际的图式中，从左到右分别表现为哪两个卦形？
    A. 兑、震　　　　　　　　　　B. 坎、离
    C. 震、兑　　　　　　　　　　D. 离、坎

第九章 《周易》的传播与影响

在对易学基本概念、《周易》之"数"与"象"、卦爻辞、象数易学、义理易学、图书易学都有了一些了解之后,我们在最后一章中所要学习的内容是《周易》的传播与影响。在学习《易经》卦爻辞和《周易》图像的时候,我们就能深切体会到,《周易》这本书虽然看上去非常神秘,但在我们的生活中,又好像处处能看到它的影子。在本章中,我们将从《周易》对古典建筑、文学艺术作品的影响,以及《周易》在中国周边与海外的传播等多个角度展开学习。

第一节 古典建筑的《周易》之维

说起《周易》在学术界之外的影响,除了方技术数之外,中国的古典建筑可以说是颇为典型的代表。具体来说,《周易》对中国建筑的影响,主要表现在两个方面。第一个方面,是《周易》图像对建筑排布和外形设计的影响;第二个方面,则是易数对建筑中结构、装饰的数量的影响。

提到《周易》图像对建筑排布的影响,就不得不提到世界上最大、最完整的一座"八卦城",即新疆的特克斯城。据传,早在南宋时期,道教全真七子之一的长春真人丘处机，应成吉思汗的邀请前往西域传道，在经过特克斯河谷时，看见这里背靠着连绵起伏的乌孙山，面对着回环曲折的特克斯河，顿时觉得这是一处藏风聚气的风水宝地。于是，丘处机就以《周易》中的文王后天八卦方位图为模型，确定了离南、坎北、震东、兑西这四个方位，并在此基础上修建出了一座精妙的八卦城。当然，这只是一个民间的传说，丘处机究竟修建了一座什么样的八卦城，甚至有没有修建出来这座城，已经无从考证了。直到数百年之后的1936年，精通《易》理的伊犁屯垦使邱宗浚来到特克斯考察，再次发现了这处风水宝地，于是亲自操刀，设计了八卦城的模型图，而我们现在看到的特克斯城，也就是从那个时候开始修建的。

从八卦城的俯瞰图上我们可以看出，特克斯全城以八卦广场为

图9-1　特克斯八卦城示意图

第九章 《周易》的传播与影响

中心，按照后天八卦方位，向外辐射出八条主干街，也就是南向的离街、北向的坎街、东向的震街、西向的兑街、西南的坤街、西北的乾街、东南的巽街和东北的艮街。这八条主街各有1 200米长，每隔360米设立一条环街，共设四条。在整个城市的布局中，四条环街与八条主街环环相连，条条相通，车辆和行人无论沿哪条路走，都能通向最终的目的地。因此，当地的交管部门甚至一度取消了红绿灯，神奇的八卦城凭借着巧妙的城市规划，成为一座罕见的没有红绿灯的城市。

除了特克斯八卦城，中国还有很多地方，拥有像八卦城一样布局的城市或村庄，比如天津蓟州的黄崖关八卦城、辽宁省的桓仁县城、浙江兰溪的八卦村等等。除此之外，在河南、陕西一带颇为流行的地坑院，也是一种化用了《周易》图像原理的巧妙建筑。

从建筑外形上来看，地坑院就像是修建在地下的四合院，是一个整整齐齐、方方正正的造型。地坑院所蕴涵的《周易》元素，就在于它东、西、南、北四个方向的房间，是按照后天八卦方位图来命名的，分别叫作东震宅、南离宅、西兑宅、北坎宅。这是易图在古典建筑设计中的另一个重要应用了。

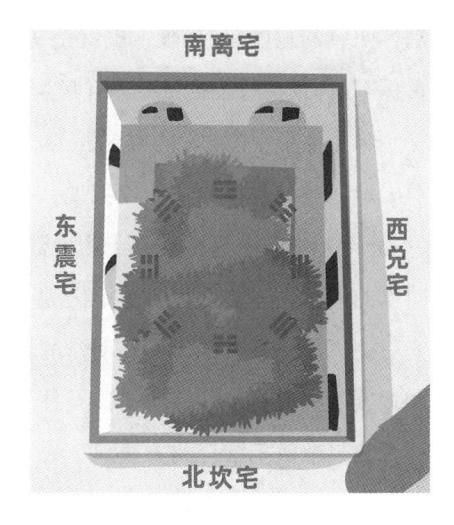

图9-2 地坑院示意图

除了这些借鉴《周易》图像的建筑布局之外，中国古典建筑还非常注重在易数中寻找建筑灵感。在中国古代，有一种叫作"明堂"的建筑，这是天子祭祀天地、制定政令、推行教化的场所。历朝历代的明堂形制和规模，都存在一定的差异，但其中的相当多数，都是在借鉴了易数之后设计出来的。比如，唐高宗就曾经下过一道名叫《定明堂规制诏》的诏书，其中提到："按《周易》乾之策二百一十有六，坤之策一百四十有四，总成三百六十，故方三百六十步。"《乾》卦和《坤》卦的策数，都在《系辞传》中出现过：在大衍筮法中，要得出一根老阳之爻，那么过揲数势必为36，而要得出一个《乾》卦，需要六根老阳，因此其策数为36乘以6，也就是216；同理，要得出一根老阴之爻，过揲数为24，而要得出《坤》卦的六根老阴，则需要用24乘以6，才能得出《坤》卦的策数，也就是144了。按照唐高宗设定的规制，明堂的宽度有360步，也就是《乾》《坤》策数之和；明堂柱头的重楣有216条，所依据的则是《乾》卦的策数。

除了《乾》《坤》两卦的策数，《定明堂规制诏》中还特别注重对天地之数的具体应用。比如说，明堂的门高一丈七尺，这是因为在《系辞传》中，七为天数，十为地数，两者组合起来，便是一丈七尺；明堂的门宽为一丈三尺，也是因为五为天数，八为地数，两者之和便为一丈三尺。类似的例子在明堂的规制中屡见不鲜，像是窗户的高度和宽度、栋梁离地的高度，以及柱子的数量，等等，采用的也都是这种天数与地数相结合的方法。

既然有对天地之数的应用，那么自然也有对大衍之数的应用。按照《定明堂规制诏》的规定，明堂中间的柱子长五十五尺，明堂的

第九章 《周易》的传播与影响

堂檐离地的距离则为五十五尺，这就都是依据大衍之数五十五而设定的。

虽然当时的明堂我们现在已经见不到了，但是在同样用于祭祀的北京天坛和地坛中，我们仍然能见到对易数的丰富运用。天坛是中国现存规模最大、结构最完整的一座古代皇家祭天建筑，由圜丘坛、皇穹宇、祈年殿等部分组成。其中，多次用到了代表天数的一、三、五、七、九。以圜丘坛为例，共分为三层；每层的东、西、南、北，各有九级台阶；每层的栏杆数，也都为九的倍数。再比如祈年殿，也就是皇帝祈求五谷丰登的大殿，其基座有三层，每层有九级台阶，殿高则为九丈九尺，用的也都是《系辞传》中的天数。

与天坛相对应的地坛，则是明清两代皇帝祭祀地神的地方。因此，地坛所采用的规制，便多为二、四、六、八、十，也就是《系辞传》中的地数。举例来说，地坛的中心建筑，就是一个二层的正方形祭台，上层长为六丈，下层长为十丈，两层之间有八级台阶，而在祭坛外的围墙，也设有两层，这都是地坛的建筑中应用地数的体现。

在承担祭祀功能的天坛和地坛中，都有这么多对易数的应用，那么在皇帝住所中的讲究，也就可想而知了。由于紫禁城是天子的居所，因此前朝的宫殿数量和形制，大多都是按照阳数来设计的，其中尤其注重对"九"这一老阳之数的应用，比如太和殿、中和殿、保和殿这"外朝三大殿"，它们的高度就都是九丈九尺。再比如，紫禁城中佛堂里的佛像，其重则为九九八十一斤。此外，故宫中许多器物的命名，像是九龙壁、九龙杯、九龙柱、九鼎等等，也都是对老阳之数的化用。

除了以上这些对易图和易数的应用之外，在我们所见的很多古典建筑的命名中，也都彰显着《周易》的精神，甚至有相当多数都是直接对《易经》或《易传》的运用。仍然以故宫为例，三大殿中的太和殿，其"太和"二字就是取自《乾》卦的《象传》；乾清宫、坤宁宫、交泰殿，则是对《乾》卦、《坤》卦和《泰》卦的化用；在内廷中，东西二门分别叫作日精门和月华门，这也是根据八卦的方位和取象，取自《离》卦和《习坎》卦寓意的命名。

———— • 本节要点 • ————

1.《周易》对中国古典建筑的影响，主要展现在三个方面：其一，是易图对建筑排布和外形设计的影响；其二，是易数对古典建筑规制的影响；其三，是卦爻辞与《易传》在建筑命名上的应用。

2. 位于新疆特克斯县的八卦城，完全按照后天八卦方位排布城中的建筑和街道，使其环环相连、四通八达。

3. 出自《系辞传》的天地之数和大衍之数，都是中国古典建筑设计中的常用数字，如用于祭天的天坛，多采用天数一、三、五、七、九；用于祭地的地坛，多采用地数二、四、六、八、十。

第二节 《周易》对中国文学的影响

《周易》对中国民间文化的影响，展现在另外一个重要的领域，那就是文学。中国文学的发展，可以说是源远流长，灿烂辉煌。从先秦时期的《诗经》《楚辞》，到两汉的文、赋，再到我们耳熟能详的唐

第九章 《周易》的传播与影响

诗、宋词、元曲、明清小说,每个时代都有着自己独特的文学形式。而在这些文学作品中,有相当一部分都受到了《周易》的影响。

其实,在我们学习《周易》的过程中,就能够产生这种感觉:有很多《周易》卦爻辞的表达,本身就文采斐然。比方说我们在讲《中孚》卦的时候,就一起解读过九二爻的爻辞"鸣鹤在阴,其子和之,我有好爵,吾与尔靡之"。这句爻辞,就颇有《诗经》的风采。再比如说,无论是《易经》还是《易传》,都为我们贡献了大量文辞简洁而又优美的成语,比如说"突如其来""义结金兰""否极泰来""卑以自牧""匪夷所思""触类旁通"等等。这些成语不但大大地丰富了汉语的素材库,而且也已经成为后人在进行文学创作,甚至日常交流时,所必须用到的语词内容了。可以说,《周易》本身就是我国先秦时期的一部优秀文学作品。

《周易》不但本身就是一部优秀的文学作品,还极大地影响了其他优秀文学作品的创作。从时间上说,这种影响也是非常早的。我们在讲解大衍筮法筮例时,所多次引用的《左传》,就是最好的例证了。曾经为《春秋穀梁传》做过注释(《春秋穀梁传集解》)的东晋经学家范甯,就评价《左传》为"艳而富",对《左传》的文采和故事性给予了充分的认可。从我们所讲过的崔杼卜娶棠姜、周史卜陈敬仲等事例中,就可以充分感受到,将大衍筮法与易卦解读融入到历史书写中,不但能让叙事更加生动、直观,还能通过这种颇具神秘性色彩的表述,在历史叙事中增加价值导向。可以说,《周易》的引入,让《左传》的文学性得到了进一步提升。

到了汉代之后,《周易》经传更是成为学者们在进行文学创作时必备的素材库。比方说，《史记》一书虽然是一部纪传体的史书，在二十四史中位列第一。但在鲁迅先生看来，此书不仅具有史学价值，其文学价值也堪称"史家之绝唱，无韵之《离骚》"。除了不能唱出来外，其文学价值是堪与《楚辞》相媲美的。而司马迁在创作《史记》的过程中，就经常性地化用《易经》和《易传》。例如，司马迁在为屈原作传的时候，为了书写楚怀王的昏庸，就引用了《周易》中井卦九三爻的爻辞："井渫不食，为我心恻，可以汲。王明，并受其福。"意思是说，有屈原这样"众人皆醉我独醒"的人才在身边，如果加以任用，则可以使国家受益。但昏聩的楚怀王却视而不见，反而亲近上官大夫、令尹子兰等小人，导致兵败地失，最后死于异国他乡，成为全天下的笑柄。

除了《史记》外，在我们现在所能看到的一些汉代名臣的论著，比如，贾谊的《新书》和陆贾的《新语》之中，也都有很多对于《周易》经传的引用或者化用。更有甚者，曾经写出过《甘泉赋》《羽猎赋》《长杨赋》等汉赋中脍炙人口之作品的大文学家扬雄，还曾经仿照《周易》的体例，写出了一本名为《太玄》的书。扬雄认为，在六经之中，《周易》是最为重要的一部经典，而《周易》的基本结构，是太极生两仪，两仪生四象，四象生八卦，八卦再演化为六十四卦。也就是一生二、二生四、四生八、八生六十四的结构。而在《太玄》的创作中，则以一玄生三方，三方生九州，九州生二十七部，二十七部生八十一家，八十一家又生七百二十九赞。也就是说，《周易》的发展变化是以二为基数，而《太玄》的发展变化，则是以三为基数完成的。

第九章 《周易》的传播与影响

除此之外，像我们之前提到的《焦氏易林》，本来是一本阐释《周易》的著作，却也因为其文采，被钱锺书先生称赞为可与《诗经》媲美的中国四言诗高峰。以上种种，都足以证明，在汉代文学的发展中，《周易》已经成为重要的素材宝库和思想源泉了。

化用《周易》来作诗，这在历史上可以说是屡见不鲜的事情。在西晋时期，就有一位叫傅咸的文学家，写了一首四言的《周易诗》："卑以自牧，谦尊而光。进德修业，既有典常。辉光日新，照于四方。小人勿用，君子道长。"这首诗，就是傅咸在化用《乾》卦、《师》卦、《谦》卦等多个卦的卦爻辞，以及《系辞传》《象传》《彖传》中的很多语句的基础上而写成的。大诗人陶渊明也写出过这样的诗句："山川一何旷，巽坎难与期。"这里就是借用《巽》卦和《习坎》卦所分别象征的顺利、坎坷，以及刮风、下雨之意，来表达前路漫漫，不可预期的意思。

在南北朝时期，《周易》对文学的影响已经不只停留在文学作品的创作上，而且影响到了文学理论之中。刘勰在《文心雕龙》中也经常化用《周易》经传甚至易纬的内容，来对文学理论和艺术思维加以阐发。

再到了唐宋时期，《周易》中各个卦的意涵，或者《易传》中对宇宙世界的描绘，也常常会出现在诗、词、赋等各种体裁的文学作品创作中。比如，唐朝的大诗人杜甫、张九龄、元稹，宋代大文豪范仲淹、苏轼，等等，时时在自己的作品中引用《周易》，或用来说理，或用来言志，不一而足。

在宋朝以后，《周易》已经是中国文化的基本底色了。可以想象，在明清之后兴起的各种小说里面,也会出现大量与《周易》相关的内容。由于小说的创作需要大量架空的世界,而架空的世界又需要有一些基本的文化要素,因此,《周易》就经常为这些作品提供理论资源。就比方说在《西游记》中,太上老君的炼丹炉,就叫作八卦炉,孙悟空就从这八卦炉中,炼出了火眼金睛。而在孙悟空借到了芭蕉扇,师徒四人终于渡过了火焰山的第六十一回,收尾的诗句也写作:"坎离既济真元合,水火均平大道成。"而类似的设定或者表述,在《三国演义》《水浒传》等作品中,也随处可见。

到了"五四"之后,白话文开始兴起,小说作品的形式和主题也在不断发生着变化。到了20世纪后半叶,另外一类化用《周易》的作品开始铺天盖地地流行起来,那就是以金庸的系列作品为代表的武侠小说。我们在讲解《乾》卦的时候提到过,在《射雕英雄传》中,郭靖从洪七公处所学到的降龙十八掌,其中的"飞龙在天""亢龙有悔"等招式,就都是引用的《乾》卦爻辞。其余像是雪山飞狐胡斐所使用过的"四象步",《倚天屠龙记》中昆仑派使用过的"两仪剑法"等,就不胜枚举了。其实,金庸对于《周易》的化用,并不仅仅展现在武功招式的名称上,更是能够将《周易》的学说和思想,展现在人物塑造、情节构思,甚至中心思想等各个方面上,这也称得上是一种对《周易》文化的创新发展了。

通过从中国古典建筑和中国文学发展的视角,我们可以深切地感受到《周易》对中国文化的深刻影响。作为长期处在"群经之首"位置的经典之作,《周易》对于中国文化来说,可以说是凝结了古典智慧的精神内核,有着无可取代的历史地位。

第九章 《周易》的传播与影响

---— • 本节要点 • ———

1. 《周易》本身就是一部优秀的文学作品,并且影响了《左传》《史记》等众多先秦两汉时期文史经典的创作。

2. 在两汉到唐宋时期,扬雄仿照《周易》创作了《太玄》。陶渊明、杜甫、张九龄、元稹、范仲淹、苏轼等人,也都曾在自己的作品中引用或化用《周易》。

3. 明清时期,《西游记》《三国演义》《水浒传》等脍炙人口的小说作品,都利用《周易》中的两仪、四象、八卦等元素进行设计与创作。金庸的武侠小说,则是现当代武侠小说中化用《周易》的代表。

第三节 《周易》的传播:从中原到周边

《周易》虽然是一部用汉语写成的经典,但它的文化影响,却绝不仅仅停留在中原地区的汉语文化圈,最迟从汉代开始,逐渐成熟的《周易》文化,也开始逐步向周边的少数民族地区以及朝鲜半岛、日本、越南等地区扩散和传播了。

第一个具有象征性意义的例子是北凉。北凉政权是在十六国时期,由匈奴族人沮渠蒙逊在今天的甘肃、宁夏一带所建立的政权,存在的时间只有四十年左右。但就在这么一个平时并不会为我们所注意的小政权中,却发现了迄今为止最早出现在石塔上的八卦图像。在北凉时期所建的若干石塔上面,都按照每个面的不同方向,雕刻了《说卦传》中"离南坎北,震东兑西"的八卦方位,也就是后天八卦方位,用来表示空间方位。而且,在这些石塔上面,除了八卦方位这一

图9-3 北凉石塔示意图

文化要素之外，也同时出现了从印度传入的佛教造像，实现了印度的佛教文化与中原地区《周易》文化的结合，具有标志性的意义。

第九章 《周易》的传播与影响

图9-4 唐卡及斯巴霍示意图

另外一个标志性的例子则是西藏地区。在唐朝时期，中原与吐蕃开始产生了比较多的政治和文化交流，文成公主远嫁松赞干布，就是其中最为人所熟知的大事件。在这种文化交流中，后天八卦方位图也被带到了藏区，并且逐渐扎根，与藏传佛教相融合，成为当地重要的文化和宗教象征。我们在西藏地区最具代表性的绘画艺术形式"唐卡"上面，就经常能够看到后天八卦方位图的身影，在这些唐卡作品中，后天八卦已经成为了他们用来表示方位观念的图腾，与各种佛像和抽象符号一起，构成了一幅幅融合了历史、政治、文化和社会生活的宗教艺术作品。而在日常生活中，作为方位图腾的后天八卦图像，也会出现在藏族人民的护身符"斯巴霍"上面，用来保佑他们的健康平安。

无独有偶，将后天八卦作为一种标志性的方位图腾，并不仅仅发生在西藏地区。在契丹族建立的辽朝，也是如此。在辽上京地区，也就是现在的内蒙古巴林左旗和巴林右旗一带，就出土过一批辽代贵族的墓葬碑刻，从这些碑刻中，我们就发现，在许多王公贵胄的墓志盖上，都雕刻有后天八卦方位图。而这些八卦图像，大多数也被用来表示方位坐标，与星宿图、生肖图，以及契丹文字、汉字搭配在一起，组合成了墓志盖的内容。

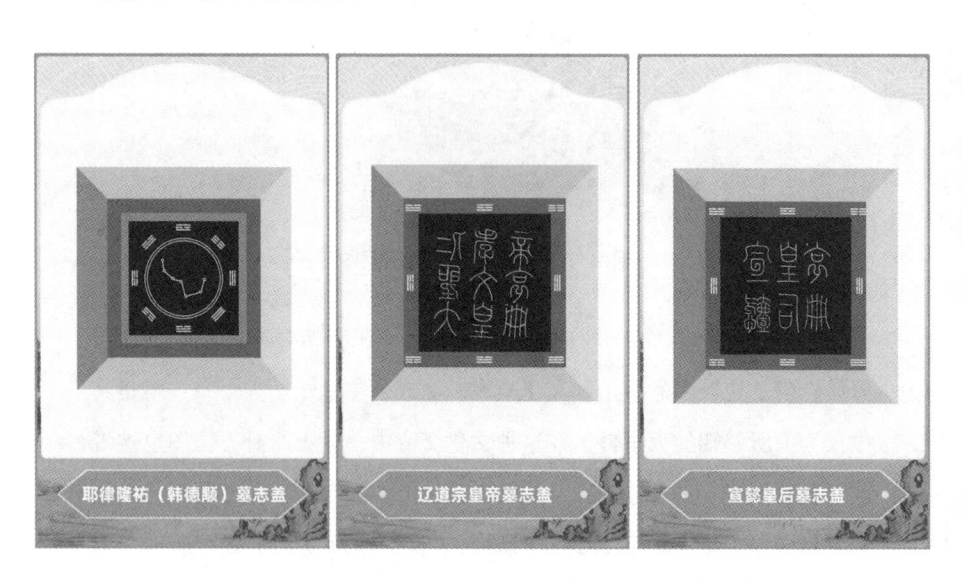

图9-5　部分辽代贵族的墓葬碑刻示意图

第九章 《周易》的传播与影响

从这些例子可以看出,《周易》文化向周边少数民族的传播,以八卦图像,尤其是后天八卦方位的图像影响最大。在这一过程中,八卦图像作为一种可以表示方位坐标的图示,也会被用来跟佛教文化,或者每个民族自己的文化特色相结合,在融合中促进文化的交流和发展。

由于《周易》在中国文化中拥有无可取代的地位,因此在中国文化对外传播的过程中,它也成了首先被其他国家引进的中国经典之一。《周易》对周边的传播,大致分为两条路线,第一条是北路,从中原地区经东北,传至朝鲜半岛和日本。

由于朝鲜半岛与中国领土接壤,因此在文化上深受中国的影响,在世宗大王之前,朝鲜半岛使用的文字也是汉字。《周易》传入朝鲜半岛的时间也非常之早,甚至有韩国学者认为,在大批中原人士因为躲避秦朝的战乱而迁居朝鲜半岛的时候,《周易》就已经被带过去了。到了3—4世纪,百济的儒学家王仁,甚至已经开始尝试将《易经》《论语》等儒家经籍传到日本。可见,《周易》在朝鲜半岛的传入,确实是非常早的。到了唐朝的时候,还有许多其他地区的官派留学生来到中国进行学习,《周易》也是他们所学的重要内容。

在世宗大王创制韩文之后,《周易》的经典地位也并没有降低,因为世宗下了专门的指示,要用韩文来翻译《易经》等儒家经籍,这对《周易》和儒学在韩国的推广,也产生了深远的影响。在此之后的韩国儒学发展历史中,便诞生了李退溪、丁茶山等精于易学的著名儒学家。李退溪有着"韩国朱夫子"之称,在精研朱熹易学的基础上,撰写了《周易疑义》《启蒙传疑》等著作,对朱子易学做出了回应与发展。无独有偶，丁茶山也深受朱子的影响，撰写了《周易四笺》《易学绪言》，认为应当折中义理与象数，不能偏废。

直到今天，《周易》对韩国文化的影响仍然随处可见，比如在韩国的世界文化遗产陶山书院中，"幽贞门""直方斋"等名称，就均取自《周易》。再比如韩国国旗上的乾、坤、坎、离四卦，也是源自宋以后的先天八卦图像。

《周易》在日本的传播，也是以朝鲜半岛为跳板的。根据《日本书纪》的记载，在公元513年，百济派遣了五经博士到日本，日本人也从此开始学习《周易》等儒学经典了。不过，在《周易》传入日本之后的一千年间，易学的传播却并不广泛。直到德川幕府时期（1603—1868），其影响才开始扩大。在这段时间内，日本刊刻的易学书籍达到了上千部，许多天皇和幕府将军，也都想要通过《易经》研讨会等形式，从《易经》中寻求精神和实践指导。

江户时代的伊藤仁斋、伊藤东涯父子，则是日本易学家的代表，他们曾将程颐的《伊川易传》与朱熹的《周易本义》合刻为《周易经传》，还留下了《易经古义》《周易乾坤古义》《大象解》《周易经翼通解》等多种易学著作。

第二条传播路线则是南路，也就是从中原传到岭南，再传到东南亚地区。其中，最具代表性的传播地，则非越南莫属。越南跟日本、朝鲜相似，都是中国的近邻，在历史上也曾长期使用汉字，深受中国文化的影响。由于与中国接壤，《周易》最初传入越南的时间也应该不会晚于汉代。但易学真正在越南生根发芽，则要到11世纪之后。尤其是到了后黎朝、阮朝确立了尊奉儒学的方针，并逐渐完善了科举制

第九章 《周易》的传播与影响

度之后，易学才逐渐产生了比较大的文化影响。

《周易》在越南的传播，有两个重要的契机，其一是朱子学的传播和影响，其二则是明朝对越南的统治。在政治和文化的双重影响下，越南的儒学也在15世纪之后迎来了发展，也相继诞生了黎贵惇、黎文敔等易学家，并留下了《易肤丛说》《周易究原》等易学著作，在越南颇有影响。

除了越南之外，在新加坡、马来西亚、印度尼西亚等其他的东南亚国家，由于不断地有大批次的华人迁入，也带去了包括《周易》在内的儒家经典、教育制度和价值观。随着华人移民逐渐在当地落地生根，中国文化也随之传播到了海外，并进一步传向了更为遥远的欧美地区。

———— • 本节要点 • ————

1. 后天八卦方位是《周易》向少数民族地区传播，以及与佛教文化和当地民族文化相结合的重要元素，在北凉时期的石塔、西藏地区的唐卡，以及辽代贵族的墓志盖上都有体现。

2. 《周易》经北线传播，先后在朝鲜半岛和日本产生了巨大的文化影响，不但推动了朝鲜和日本地区的儒学发展，还造就了李退溪、丁茶山、伊藤仁斋、伊藤东涯等著名易学家。

3. 在政治与文化的双重作用下，易学与儒学在越南历史上起到了巨大的文化影响。伴随着华人的移民，包括《周易》在内的儒家经典、教育制度和价值观，也逐渐被传播到了新加坡、马来西亚、印度尼西亚等东南亚国家。

第四节　西方世界的《周易》

朝鲜、日本、越南这些中国的邻国，在历史上都曾长期使用过汉字，在社会发展的过程中，也一直深受中国文化的影响。因此，《周易》能够在当地产生比较深厚的文化影响，也不足为奇。但是，在与中国相隔万里、语言不通、文化迥异的西方世界，《周易》也有着广泛的传播和深远的影响。

众所周知，从汉代开始，就有了连接中国与西域、印度、西亚，直至欧洲大陆的丝绸之路。但作为文化载体的《周易》开始向西方世界传播，则是在大航海时代到来之后，而其中的标志性事件，就是从16世纪开始的欧洲传教士入华，意大利人利玛窦就是其中的典型代表。除此之外，还有大批来自西班牙、葡萄牙、法国、德国、英国等地的传教士陆续来到中国。

虽然这些传教士来华的目的是传教，但他们对于中国本土文化的兴趣往往也非常浓厚，利玛窦刚刚来华的时候，就曾经穿着僧袍学习佛学，后来又改穿儒服，学习《周易》等儒家经典，为的就是更深入地理解中国文化。后来，随着传教士对中国文化的了解逐渐加深，他们又反过头来，将中国的经典、思想和文化，带回到了欧洲。在《周易》这部经典西传的过程中，以柏应理（Philippe Couplet）、白晋（Joachim Bouvet）为代表的一批比利时、法国传教士，就做出了重要的贡献。

比利时人柏应理是在顺治年间来到中国的，他在回到欧洲之后，与另外一些也曾到访过中国的传教士，一起用拉丁文写成了一本名为

第九章　《周易》的传播与影响

《中国哲学家孔子》（拉丁文书名：*Confucius Sinarum Philosophus*）的著作，其中就收录了柏应理用拉丁文所翻译的《易经》六十四卦和每一卦大致的意义。后来，这本书还曾被多次转译成法文、英文出版，在欧洲掀起了一轮"中国热"。

另一位痴迷于《周易》智慧的西方人，则是在中国待了长达三十六年的法国人白晋。在1684年，也就是清康熙二十三年，白晋与另外五名法国传教士一起受"太阳王"路易十四的选派出使中国。在到达北京后，白晋颇受康熙皇帝赏识，并在康熙的旨意下，开始钻研《周易》。随着研究的不断深入，白晋发觉这本古老的中国典籍中所蕴含的智慧，丝毫不逊色于柏拉图和亚里士多德的哲学，其中蕴含着可以解释整个世界的真理。受白晋的影响，傅圣泽（Jean-François Foucquet）、马若瑟（Joseph de Prémare）等一批法国传教士，都醉心于研读《周易》，并用中文、法文、拉丁文等各种语言，撰写了很多研究《易经》的文章和书籍。他们甚至认为，《周易》中所讲的"道"和"太极"，与基督教信仰中的真神别无二致。当然，这种对《周易》和中国文化的追捧，也引起了罗马教廷和法国教会的不满，批评他们"着了《易经》的魔"。

柏应理、白晋等人返回欧洲后，便致力于通过各种途径在欧洲传播《周易》。他们的受众就包括德国的数学家和哲学家莱布尼茨（Gottfried Wilhelm Leibniz）。由于白晋对《周易》的痴迷，因此他经常在与莱布尼茨的通信中讨论八卦与六十四卦的原理，还曾经把《周易本义》中的《伏羲六十四卦方位图》和《伏羲六十四卦次序图》寄给过莱布尼茨。英国学者阿瑟·韦利（Arthur Waley）等人就认为，莱布尼茨发现二进制，就是受了《周易》的影响。虽然这一观点在学术界存争议，但莱布尼茨对《周易》有着浓厚兴趣与深入研究，则是不争的事实。

在《周易》传到欧洲的过程中，最早尝试着将《周易》进行全本翻译的是两位英国人。一位是麦丽芝（Thomas McClatchie），由他翻译并加以了注释的英文全译本《周易》，从1876年开始，相继在上海和伦敦出版。麦丽芝将《易经》翻译为 Classic of Changes 或者 Book of Changes，这两个译名直到今天仍在使用，堪称首创之功。不过，虽然麦丽芝的译本出版最早，但由于他执着于将阴阳与生殖崇拜相联系，做了很多的个人发挥和演绎。因此，其译文并不太可靠，招致了许多批评。

相比之下，理雅各（James Legge）的译本可以称得上是所有英译本中最具有典范意义的权威版本了。事实上，从1854年理雅各最初开始尝试翻译《周易》，到1882年最终完成，并由牛津克拉来登公司出版，其间几易其稿，整个过程足足用了近三十年的时间。不同于麦丽芝的是，理雅各的翻译大量参考了像李光地《周易折中》这样的清代学者的易学著作，并且得到了王韬等中国学者的帮助。在翻译过程中，理雅各将含义复杂、带有强烈中国文化特征的词语，都采用了音译法进行处理（如《易经》：The Yi-king），态度非常严谨，并且尽力保存《周易》本身独特的思维方式，因此虽然在一定程度上存在一定的理解困难问题，但仍旧深受好评。除了《周易》外，理雅各还翻译了《大学》《中庸》《论语》《孟子》《尚书》《诗经》《左传》等多部中国经典，堪称用英文翻译中国经典的殿堂级学者。

第九章 《周易》的传播与影响

在理雅各之后，另一位在《周易》的翻译上取得了殿堂级成就的，则是德国人卫礼贤（Richard Wilhelm）。卫礼贤虽然自己本身也是传教士，但在到了中国之后，反倒认为中国文化可以补救西方文化的不足，于是，他拜中国学者劳乃宣为师，一起研读和翻译《周易》。为了实现翻译的准确性，卫礼贤会在完成德文翻译后，再将翻译好的德译本回译成中文，交由劳乃宣把关、审定。经过多年的精雕细琢，卫礼贤的德文译本《周易》，终于在1924年出版发行。到1990年为止，这一版本已发行十余万册。

在卫礼贤德译本的追捧者中，就包括了著名的瑞士心理学家荣格（Carl Gustav Jung）。为了让卫礼贤译本在西方更广泛地传播，荣格还让自己的美国学生贝恩斯夫人（Cary Fink Baynes）将卫礼贤的德译本转译为英文。贝恩斯夫人在1950年完成了这一工作，并在1967年与卫礼贤的儿子卫德明合作，编纂了修订后的英译本。荣格还亲自下笔，为英译本作了序。这一版本问世之后，在很长一段时间内，成为了全世界最为通行的英译本。在此之后，卫礼贤的译本又相继被转译成了法语、意大利语、荷兰语、西班牙语、丹麦语、葡萄牙语、瑞典语等多种语言，足见其影响之大。

在贝恩斯夫人将卫礼贤译本转译成英文之后，西方世界研究《周易》的重心，也逐渐转移到了美国，并相继诞生了孔士特（Richard Alan Kunst）、林理彰（Richard John Lynn）、夏含夷（Edward L. Shaughnessy）、司马富（Richard J. Smith）等一批翻译、研究《周易》的学者。他们的研究和翻译，既能够充分借鉴现代的史学、语言学和哲学理论，又能够充分利用商周时期的青铜器，以及近些年来出土的简帛文献，因此取得了不菲的成绩，成为了现当代易学研究中一股不容忽视的重要力量。

到了21世纪之后，西方学者对《周易》的关注有增无减，在短短的二十年间，就新增了闵福德（John Minford）、范多思（Paul G. Fendos）、艾周思（Joseph Adler）、郝仁敦（L. Micheal Harrington）等学者的十几种译本，翻译范围还包括了朱熹《周易本义》、程颐《伊川易传》等在中国易学史上非常重要的《周易》注本。

对西方人来说，《周易》是一种外来文化，充满了神秘性。因此，在西方人的文学作品中，我们经常可以看到《周易》作为一种东方智慧的象征而出现。比如说，一位给自己取名为李道（Richard Berengarten）的英国诗人，就以《周易》为主题，创作了一本名为《变易》（Changing）的英文诗集。在这本诗集中，李道按照六十四卦的结构，一共创作了六十四组诗，而每一组诗又围绕着一个卦为主题展开。结构之完整，主题之丰富，令人叹为观止。

有很多西方人认为，《周易》这本书代表了神秘的东方占卜文化，这跟很多中国人对《周易》的认识其实是很接近的。据说，闵福德教授在犹豫要不要翻译《周易》的时候，还特地为此事卜了一卦。正是基于这种背景，罗森菲尔德女士（Lulia Rosenfeld）创作了一本小说：《死与〈易经〉》（Death and I Ching）。在这本小说中，罗森菲尔德通过情节的转换推进，让小说中的人物逐渐意识到，再准确的预测，也只能作用于一时之间，没有什么东西是永恒不变的。所以说，《易经》不仅仅是一本预测吉凶的占卜书，更是一本能够指引人的生活方向，充满了无穷变化道理的哲学书籍。

第九章 《周易》的传播与影响

另外一本以《周易》为核心要素的经典小说，则是美国科幻小说家迪克（Philip K. Dick）的《高堡奇人》（*The Man in the High Castle*）。这部科幻小说，设定了一个同盟国在"二战"中战败的架空历史背景，而《周易》则成为推动小说情节发展的结构枢纽。在各种扣人心弦的关键性时刻，小说中的人物们都会在面临选择时求助于《周易》，而《周易》的启示，又会为接下来的情节转向贡献不确定因素。

由此可见，《周易》作为一本产生于中国先秦时期的作品，不仅在中国文化背景下的儒、道、释各家中意义重大，还远播海外，产生了深切的影响。可以说，《周易》已经不仅是一本中国经典，而早已成为了世界文化和人类文明中的重要精神源泉。

------• 本节要点 •------

1.《周易》在西方世界的传播，始于欧洲来华传教士对中国经典的学习和引介。比利时人柏应理、法国人白晋是17世纪向欧洲传播《周易》的代表人物。

2. 最早的外文全译本《周易》是英国人麦丽芝的译本。而在西方拥有典范性地位的权威译本，则有英国人理雅各翻译的英译本，德国人卫礼贤翻译的德译本，以及贝恩斯夫人基于卫礼贤德译本转译的英译本。

3. 20世纪50年代以来，《周易》在美国也产生了广泛的影响，不但产生了孔士特、夏含夷、司马富等一批易学研究专家，还有《死与〈易经〉》《高堡奇人》等以《周易》为核心要素的文学艺术作品问世。

拓展阅读与本章习题

拓展阅读

1. 刘保贞：《〈周易〉与中国建筑》，生活·读书·新知三联书店，2018年。
2. 刘保贞：《〈周易〉与中国文学》，生活·读书·新知三联书店，2018年。
3. 李伟荣：《英语世界的〈易经〉研究》，中国社会科学出版社，2018年。

本章习题

1. 按照《系辞传》的记载，"乾之策"是多少？
   A. 144　　　　B. 216　　　　C. 360　　　　D. 36

2. 以下哪一项是用于祭天的天坛常用的易数？（多选）
   A. 3　　　　　B. 9　　　　　C. 8　　　　　D. 10

3. 仿照《周易》写出《太玄》一书的是汉代哪位学者？
   A. 贾谊　　　　B. 陆贾　　　　C. 扬雄　　　　D. 焦延寿

4. 仿照《周易》而作的《太玄》是以哪个数字为基数而作？
   A. 2　　　　　B. 3　　　　　C. 6　　　　　D. 9

5. 以下哪项属于《周易》从中原向周围少数民族传播的例子？（多选）
   A. 北凉石塔　　　　　　　　B. 西藏护身符
   C. 西藏唐卡　　　　　　　　D. 辽代贵族的墓葬碑刻

第九章 《周易》的传播与影响

6. 以下人物中,属于朝鲜半岛儒家代表人物的是?(多选)
   A. 丁茶山   B. 李退溪
   C. 伊藤仁斋   D. 黎贵惇

7. 《周易》最早的外文译本是以下哪一位翻译的?
   A. 白晋   B. 麦丽芝
   C. 理雅各   D. 柏应理

8. 《易经》的英译本中具有权威性的、参考了清代易学家著作的是谁的译本?
   A. 白晋   B. 麦丽芝
   C. 理雅各   D. 柏应理

9. 哪位诗人在创作"山川一何旷,巽坎难与期"一句诗时,运用了《周易》的元素?
   A. 傅咸   B. 张九龄
   C. 陶渊明   D. 杜甫

10. "韩国朱夫子"李退溪撰写的易学著作中,不包括以下哪一部?
    A.《周易疑义》   B.《启蒙传疑》
    C.《圣学十图》   D.《周易四笺》

六十四卦及其卦爻辞

☰乾：元亨利贞。
　用九：见群龙无首，吉。
　上九：亢龙有悔。
　九五：飞龙在天，利见大人。
　九四：或跃在渊，无咎。
　九三：君子终日乾乾，夕惕若厉，无咎。
　九二：见龙在田，利见大人。
　初九：潜龙勿用。

☷坤：元亨，利牝马之贞。君子有攸往，先迷后得，主利。西南得朋，东北丧朋。安贞吉。
　用六：利永贞。
　上六：龙战于野，其血玄黄。
　六五：黄裳，元吉。
　六四：括囊，无咎无誉。
　六三：含章可贞。或从王事，无成有终。
　六二：直方大，不习无不利。
　初六：履霜，坚冰至。

䷂屯：元亨利贞。勿用有攸往，利建侯。
上六：乘马班如，泣血涟如。
九五：屯其膏。小贞吉，大贞凶。
六四：乘马班如，求婚媾；往吉，无不利。
六三：即鹿无虞，惟入于林中。君子几，不如舍，往吝。
六二：屯如邅如，乘马班如，匪寇婚媾；女子贞不字，十年乃字。
初九：磐桓，利居贞，利建侯。

䷃蒙：亨。匪我求童蒙，童蒙求我；初筮告，再三渎，渎则不告。利贞。
上九：击蒙，不利为寇，利御寇。
六五：童蒙，吉。
六四：困蒙，吝。
六三：勿用取女，见金夫，不有躬，无攸利。
九二：包蒙，吉。纳妇吉，子克家。
初六：发蒙，利用刑人，用说桎梏；以往吝。

䷄需：有孚，光亨，贞吉，利涉大川。
上六：入于穴，有不速之客三人来，敬之，终吉。
九五：需于酒食，贞吉。
六四：需于血，出自穴。
九三：需于泥，致寇至。
九二：需于沙，小有言，终吉。
初九：需于郊，利用恒，无咎。

䷅讼：有孚窒惕，中吉，终凶。利见大人，不利涉大川。
上九：或锡之鞶带，终朝三褫之。
九五：讼，元吉。
九四：不克讼。复即命，渝，安贞吉。
六三：食旧德，贞厉，终吉。或从王事，无成。

九二：不克讼，归而逋，其邑人三百户，无眚。

初六：不永所事，小有言，终吉。

☷师：贞，丈人吉，无咎。

上六：大君有命，开国承家，小人勿用。

六五：田有禽，利执言，无咎。长子帅师，弟子舆尸，贞凶。

六四：师左次，无咎。

六三：师或舆尸，凶。

九二：在师中吉，无咎。王三锡命。

初六：师出以律，否臧凶。

☷比：吉。原筮元永贞，无咎。不宁方来，后夫凶。

上六：比之无首，凶。

九五：显比，王用三驱，失前禽，邑人不诫，吉。

六四：外比之，贞吉。

六三：比之匪人。

六二：比之自内，贞吉。

初六：有孚比之，无咎。有孚盈缶，终来有它，吉。

☰小畜：亨。密云不雨，自我西郊。

上九：既雨既处，尚德载，妇贞厉。月几望，君子征凶。

九五：有孚挛如，富以其邻。

六四：有孚，血去惕出，无咎。

九三：舆说辐，夫妻反目。

九二：牵复，吉。

初九：复自道，何其咎？吉。

☰履：履虎尾，不咥人，亨。

上九：视履考祥，其旋元吉。

375

九五：夬履，贞厉。

九四：履虎尾，愬愬，终吉。

六三：眇能视，跛能履。履虎尾，咥人，凶。武人为于大君。

九二：履道坦坦，幽人贞吉。

初九：素履，往无咎。

☷☰ 泰：小往大来，吉，亨。

上六：城复于隍，勿用师，自邑告命，贞吝。

六五：帝乙归妹，以祉元吉。

六四：翩翩，不富以其邻，不戒以孚。

九三：无平不陂，无往不复。艰贞无咎，勿恤其孚，于食有福。

九二：包荒，用冯河，不遐遗，朋亡，得尚于中行。

初九：拔茅茹，以其汇，征吉。

☰☷ 否：否之匪人，不利君子贞，大往小来。

上九：倾否，先否后喜。

九五：休否，大人吉。其亡其亡，系于苞桑。

九四：有命无咎，畴离祉。

六三：包羞。

六二：包承，小人吉，大人否亨。

初六：拔茅茹，以其汇，贞吉，亨。

☰☲ 同人：同人于野，亨，利涉大川，利君子贞。

上九：同人于郊，无悔。

九五：同人，先号咷，而后笑，大师克相遇。

九四：乘其墉，弗克攻，吉。

九三：伏戎于莽，升其高陵，三岁不兴。

六二：同人于宗，吝。

初九：同人于门，无咎。

376

☲大有：元亨。
上九：自天佑之，吉无不利。
六五：厥孚交如，威如，吉。
九四：匪其彭，无咎。
九三：公用亨于天子，小人弗克。
九二：大车以载，有攸往，无咎。
初九：无交害，匪咎，艰则无咎。

☷谦：亨，君子有终。
上六：鸣谦，利用行师，征邑国。
六五：不富以其邻，利用侵伐，无不利。
六四：无不利，㧑谦。
九三：劳谦，君子有终，吉。
六二：鸣谦，贞吉。
初六：谦谦君子，用涉大川，吉。

☷豫：利建侯行师。
上六：冥豫，成有渝，无咎。
六五：贞疾，恒不死。
九四：由豫，大有得。勿疑，朋盍簪。
六三：盱豫，悔。迟有悔。
六二：介于石，不终日，贞吉。
初六：鸣豫，凶。

☱随：元亨利贞，无咎。
上六：拘系之，乃从维之，王用亨于西山。
九五：孚于嘉，吉。
九四：随有获，贞凶。有孚在道，以明何咎？
六三：系丈夫，失小子。随有求得，利居贞。

六二：系小子，失丈夫。

初九：官有渝，贞吉。出门交有功。

☷☴蛊：元亨，利涉大川。先甲三日，后甲三日。

上九：不事王侯，高尚其事。

六五：干父之蛊，用誉。

六四：裕父之蛊，往见吝。

九三：干父之蛊，小有悔，无大咎。

九二：干母之蛊，不可贞。

初六：干父之蛊，有子考无咎，厉终吉。

☷☱临：元亨利贞，至于八月有凶。

上六：敦临，吉，无咎。

六五：知临，大君之宜，吉。

六四：至临，无咎。

六三：甘临，无攸利，既忧之，无咎。

九二：咸临，吉，无不利。

初九：咸临，贞吉。

☴☷观：盥而不荐，有孚颙若。

上九：观其生，君子无咎。

九五：观我生，君子无咎。

六四：观国之光，利用宾于王。

六三：观我生，进退。

六二：阚观，利女贞。

初六：童观，小人无咎，君子吝。

☲☳噬嗑：亨，利用狱。

上九：何校灭耳，凶。

六五：噬干肉，得黄金，贞厉，无咎。

九四：噬干胏，得金矢，利艰贞，吉。

六三：噬腊肉，遇毒，小吝，无咎。

六二：噬肤，灭鼻，无咎。

初九：屦校灭趾，无咎。

☶☲ 贲：亨，小利有攸往。

上九：白贲，无咎。

六五：贲于丘园，束帛戋戋，吝，终吉。

六四：贲如皤如，白马翰如，匪寇婚媾。

九三：贲如濡如，永贞吉。

六二：贲其须。

初九：贲其趾，舍车而徒。

☶☷ 剥：不利有攸往。

上九：硕果不食，君子得舆，小人剥庐。

六五：贯鱼以宫人宠，无不利。

六四：剥床以肤，凶。

六三：剥，无咎。

六二：剥床以辨，蔑，贞凶。

初六：剥床以足，蔑，贞凶。

☷☳ 复：亨。出入无疾。朋来无咎。反复其道，七日来复。利有攸往。

上六：迷复，凶，有灾眚。用行师，终有大败；以其国，君凶。至于十年不克征。

六五：敦复，无悔。

六四：中行独复。

六三：频复，厉无咎。

六二：休复，吉。

初九：不远复，无祗悔，元吉。

☱ 无妄：元亨利贞。其匪正有眚，不利有攸往。
上九：无妄，行有眚，无攸利。
九五：无妄之疾，勿药有喜。
九四：可贞，无咎。
六三：无妄之灾，或系之牛，行人之得，邑人之灾。
六二：不耕获，不菑畬，则利有攸往。
初九：无妄，往吉。

☶ 大畜：利贞，不家食吉，利涉大川。
上九：何天之衢，亨。
六五：豮豕之牙，吉。
六四：童牛之牿，元吉。
九三：良马逐，利艰贞。曰闲舆卫，利有攸往。
九二：舆说輹。
初九：有厉，利已。

☶ 颐：贞吉；观颐，自求口实。
上九：由颐，厉吉，利涉大川。
六五：拂经，居贞吉，不可涉大川。
六四：颠颐，吉。虎视眈眈，其欲逐逐，无咎。
六三：拂颐，贞凶，十年勿用，无攸利。
六二：颠颐，拂经于丘颐，征凶。
初九：舍尔灵龟，观我朵颐，凶。

☱ 大过：栋桡，利有攸往，亨。
上六：过涉灭顶，凶，无咎。
九五：枯杨生华，老妇得其士夫，无咎无誉。

九四：栋隆，吉。有它，吝。

九三：栋桡，凶。

九二：枯杨生稊，老夫得其女妻，无不利。

初六：藉用白茅，无咎。

䷜习坎：有孚，维心亨，行有尚。

上六：系用徽纆，寘于丛棘，三岁不得，凶。

九五：坎不盈，祗既平，无咎。

六四：樽酒，簋贰，用缶，纳约自牖，终无咎。

六三：来之坎坎，险且枕，入于坎窞，勿用。

九二：坎有险，求小得。

初六：习坎，入于坎窞，凶。

䷝离：利贞，亨。畜牝牛吉。

上九：王用出征，有嘉折首，获匪其丑，无咎。

六五：出涕沱若，戚嗟若，吉。

九四：突如其来如，焚如，死如，弃如。

九三：日昃之离，不鼓缶而歌，则大耋之嗟，凶。

六二：黄离，元吉。

初九：履错然，敬之，无咎。

䷞咸：亨，利贞，取女吉。

上六：咸其辅、颊、舌。

九五：咸其脢，无悔。

九四：贞吉，悔亡，憧憧往来，朋从尔思。

九三：咸其股，执其随，往吝。

六二：咸其腓，凶，居吉。

初六：咸其拇。

☷☴ 恒：亨，无咎，利贞，利有攸往。
上六：振恒，凶。
六五：恒其德，贞。妇人吉，夫子凶。
九四：田无禽。
九三：不恒其德，或承之羞，贞吝。
九二：悔亡。
初六：浚恒，贞凶，无攸利。

☰☶ 遯：亨，小利贞。
上九：肥遯，无不利。
九五：嘉遯，贞吉。
九四：好遯，君子吉，小人否。
九三：系遯，有疾厉，畜臣妾吉。
六二：执之用黄牛之革，莫之胜说。
初六：遯尾，厉，勿用有攸往。

☳☰ 大壮：利贞。
上六：羝羊触藩，不能退，不能遂，无攸利。艰贞吉。
六五：丧羊于易，无悔。
九四：贞吉，悔亡。藩决不羸，壮于大舆之輹。
九三：小人用壮，君子用罔，贞厉，羝羊触藩，羸其角。
九二：贞吉。
初九：壮于趾，征凶，有孚。

☲☷ 晋：康侯用锡马蕃庶，昼日三接。
上九：晋其角，维用伐邑，厉吉，无咎，贞吝。
六五：悔亡，失得勿恤，往吉，无不利。
九四：晋如鼫鼠，贞厉。
六三：众允，悔亡。

六二：晋如愁如，贞吉，受兹介福，于其王母。
初六：晋如摧如，贞吉，罔孚，裕无咎。

䷣明夷：利艰贞。
上六：不明晦，初登于天，后入于地。
六五：箕子之明夷，利贞。
六四：入于左腹，获明夷之心，于出门庭。
九三：明夷于南狩，得其大首，不可疾贞。
六二：明夷，夷于左股，用拯马壮吉。
初九：明夷于飞，垂其翼。君子于行，三日不食。有攸往，主人有言。

䷤家人：利女贞。
上九：有孚，威如，终吉。
九五：王假有家，勿恤，吉。
六四：富家，大吉。
九三：家人嗃嗃，悔厉，吉。妇子嘻嘻，终吝。
六二：无攸遂，在中馈，贞吉。
初九：闲有家，悔亡。

䷥睽：小事吉。
上九：睽孤，见豕负涂，载鬼一车，先张之弧，后说之弧。匪寇婚媾，往遇雨则吉。
六五：悔亡，厥宗噬肤，往何咎？
九四：睽孤，遇元夫，交孚，厉无咎。
六三：见舆曳，其牛掣，其人天且劓，无初有终。
九二：遇主于巷，无咎。
初九：悔亡，丧马，勿逐自复，见恶人无咎。

䷦蹇：利西南，不利东北。利见大人，贞吉。

上六：往蹇，来硕，吉。利见大人。
九五：大蹇，朋来。
六四：往蹇，来连。
九三：往蹇，来反。
六二：王臣蹇蹇，匪躬之故。
初六：往蹇，来誉。

☷☵ 解：利西南。无所往，其来复吉。有攸往，夙吉。
上六：公用射隼于高墉之上，获之，无不利。
六五：君子维有解，吉，有孚于小人。
九四：解而拇，朋至斯孚。
六三：负且乘，致寇至，贞吝。
九二：田获三狐，得黄矢，贞吉。
初六：无咎。

☶☱ 损：有孚，元吉，无咎，可贞，利有攸往。曷之用？二簋可用享。
上九：弗损益之，无咎，贞吉，利有攸往，得臣无家。
六五：或益之十朋之龟，弗克违，元吉。
六四：损其疾，使遄有喜，无咎。
六三：三人行，则损一人；一人行，则得其友。
九二：利贞，征凶。弗损益之。
初九：已事遄往，无咎，酌损之。

☴☳ 益：利有攸往，利涉大川。
上九：莫益之，或击之，立心勿恒，凶。
九五：有孚惠心，勿问元吉，有孚惠我德。
六四：中行告公从，利用为依迁国。
六三：益之用凶事，无咎。有孚中行，告公用圭。
六二：或益之十朋之龟，弗克违，永贞吉。王用享于帝，吉。

初九：利用为大作，元吉，无咎。

䷪夬：扬于王庭，孚号有厉。告自邑，不利即戎。利有攸往。
上六：无号，终有凶。
九五：苋陆夬夬，中行无咎。
九四：臀无肤，其行次且。牵羊悔亡，闻言不信。
九三：壮于頄，有凶。君子夬夬独行，遇雨若濡，有愠，无咎。
九二：惕号，莫夜有戎，勿恤。
初九：壮于前趾，往不胜为咎。

䷫姤：女壮，勿用取女。
上九：姤其角，吝，无咎。
九五：以杞包瓜，含章，有陨自天。
九四：包无鱼，起凶。
九三：臀无肤，其行次且，厉，无大咎。
九二：包有鱼，无咎，不利宾。
初六：系于金柅，贞吉。有攸往，见凶，羸豕孚蹢躅。

䷬萃：亨，王假有庙，利见大人，亨，利贞。用大牲吉，利有攸往。
上六：赍咨涕洟，无咎。
九五：萃有位，无咎，匪孚。元永贞，悔亡。
九四：大吉，无咎。
六三：萃如嗟如，无攸利。往无咎，小吝。
六二：引吉，无咎。孚乃利用禴。
初六：有孚不终，乃乱乃萃，若号，一握为笑，勿恤，往无咎。

䷭升：元亨，用见大人，勿恤，南征吉。
上六：冥升，利于不息之贞。
六五：贞吉，升阶。

六四：王用亨于岐山，吉，无咎。

九三：升虚邑。

九二：孚乃利用禴，无咎。

初六：允升，大吉。

䷮困：亨，贞，大人吉，无咎。有言不信。

上六：困于葛藟，于臲卼，曰动悔有悔，征吉。

九五：劓刖，困于赤绂，乃徐有说，利用祭祀。

九四：来徐徐，困于金车，吝，有终。

六三：困于石，据于蒺藜，入于其宫，不见其妻，凶

九二：困于酒食，朱绂方来，利用享祀，征凶，无咎。

初六：臀困于株木，入于幽谷，三岁不觌。

䷯井：改邑不改井，无丧无得，往来井井。汔至，亦未繘井，羸其瓶，凶。

上六：井收勿幕，有孚元吉。

九五：井洌，寒泉食。

六四：井甃，无咎。

九三：井渫不食，为我心恻，可用汲，王明并受其福。

九二：井谷射鲋，瓮敝漏。

初六：井泥不食，旧井无禽。

䷰革：己日乃孚，元亨利贞，悔亡。

上六：君子豹变，小人革面。征凶，居贞吉。

九五：大人虎变，未占有孚。

九四：悔亡，有孚改命，吉。

九三：征凶，贞厉。革言三就，有孚。

六二：己日乃革之，征吉，无咎。

初九：巩用黄牛之革。

☷鼎：元吉，亨。
上九：鼎玉铉，大吉，无不利。
六五：鼎黄耳金铉，利贞。
九四：鼎折足，覆公餗，其形渥，凶。
九三：鼎耳革，其行塞，雉膏不食，方雨亏悔，终吉。
九二：鼎有实，我仇有疾，不我能即，吉。
初六：鼎颠趾，利出否。得妾以其子，无咎。

☳震：亨。震来虩虩，笑言哑哑。震惊百里，不丧匕鬯。
上六：震索索，视矍矍，征凶。震不于其躬，于其邻，无咎。婚媾有言。
六五：震往来，厉。亿无丧，有事。
九四：震遂泥。
六三：震苏苏，震行无眚。
六二：震来，厉。亿丧贝，跻于九陵，勿逐，七日得。
初九：震来虩虩，后笑言哑哑，吉。

☶艮：艮其背，不获其身，行其庭，不见其人，无咎。
上九：敦艮，吉。
六五：艮其辅，言有序，悔亡。
六四：艮其身，无咎。
九三：艮其限，列其夤，厉薰心。
六二：艮其腓，不拯其随，其心不快。
初六：艮其趾，无咎，利永贞。

☴渐：女归吉，利贞。
上九：鸿渐于陆，其羽可用为仪，吉。
九五：鸿渐于陵，妇三岁不孕，终莫之胜，吉。
六四：鸿渐于木，或得其桷，无咎。

九三：鸿渐于陆，夫征不复，妇孕不育，凶。利御寇。
六二：鸿渐于磐，饮食衎衎，吉。
初六：鸿渐于干，小子厉，有言，无咎。

䷵归妹：征凶，无攸利。
上六：女承筐无实，士刲羊无血，无攸利。
六五：帝乙归妹，其君之袂，不如其娣之袂良。月几望，吉。
九四：归妹愆期，迟归有时。
六三：归妹以须，反归以娣。
九二：眇能视，利幽人之贞。
初九：归妹以娣，跛能履，征吉。

䷶丰：亨，王假之，勿忧，宜日中。
上六：丰其屋，蔀其家，窥其户，阒其无人，三岁不觌，凶。
六五：来章，有庆誉，吉。
九四：丰其蔀，日中见斗，遇其夷主，吉。
九三：丰其沛，日中见沫，折其右肱，无咎。
六二：丰其蔀，日中见斗，往得疑疾，有孚发若，吉。
初九：遇其配主，虽旬无咎，往有尚。

䷷旅：小亨，旅贞吉。
上九：鸟焚其巢，旅人先笑后号咷。丧牛于易，凶。
六五：射雉，一矢亡，终以誉命。
九四：旅于处，得其资斧，我心不快。
九三：旅焚其次，丧其童仆，贞厉。
六二：旅即次，怀其资，得童仆贞。
初六：旅琐琐，斯其所取灾。

䷸巽：小亨，利有攸往，利见大人。

上九：巽在床下，丧其资斧，贞凶。
九五：贞吉，悔亡，无不利，无初有终。先庚三日，后庚三日，吉。
六四：悔亡，田获三品。
九三：频巽，吝。
九二：巽在床下，用史巫纷若，吉，无咎。
初六：进退，利武人之贞。

☱兑：亨，利贞。
上六：引兑。
九五：孚于剥，有厉。
九四：商兑未宁，介疾有喜。
六三：来兑，凶。
九二：孚兑，吉，悔亡。
初九：和兑，吉。

☴涣：亨，王假有庙，利涉大川，利贞。
上九：涣其血，去逖出，无咎。
九五：涣汗其大号，涣王居，无咎。
六四：涣其群，元吉。涣有丘，匪夷所思。
六三：涣其躬，无悔。
九二：涣奔其机，悔亡。
初六：用拯马壮吉。

☵节：亨，苦节不可贞。
上六：苦节，贞凶，悔亡。
九五：甘节，吉，往有尚。
六四：安节，亨。
六三：不节若，则嗟若，无咎。
九二：不出门庭，凶。

初九：不出户庭，无咎。

☵ 中孚：豚鱼吉，利涉大川，利贞。
上九：翰音登于天，贞凶。
九五：有孚挛如，无咎。
六四：月几望，马匹亡，无咎。
六三：得敌，或鼓或罢，或泣或歌。
九二：鸣鹤在阴，其子和之；我有好爵，吾与尔靡之。
初九：虞吉，有它不燕。

☷ 小过：亨，利贞。可小事，不可大事。飞鸟遗之音，不宜上，宜下，大吉。
上六：弗遇过之，飞鸟离之，凶，是谓灾眚。
六五：密云不雨，自我西郊。公弋取彼在穴。
九四：无咎，弗过遇之，往厉必戒，勿用永贞。
九三：弗过防之，从或戕之，凶。
六二：过其祖，遇其妣，不及其君，遇其臣，无咎。
初六：飞鸟以凶。

☲ 既济：亨小，利贞，初吉终乱。
上六：濡其首，厉。
九五：东邻杀牛，不如西邻之禴祭，实受其福。
六四：濡有衣袽，终日戒。
九三：高宗伐鬼方，三年克之，小人勿用。
六二：妇丧其茀，勿逐，七日得。
初九：曳其轮，濡其尾，无咎。

☲ 未济：亨，小狐汔济，濡其尾，无攸利。
上九：有孚于饮酒，无咎。濡其首，有孚失是。

六五：贞吉，无悔。君子之光，有孚吉。
九四：贞吉，悔亡。震用伐鬼方，三年有赏于大国。
六三：未济，征凶，利涉大川。
九二：曳其轮，贞吉。
初六：濡其尾，吝。

参考答案

第一章

1. 答案：C

解析：《周易》为群经之首。

2. 答案：C

解析：离卦卦形：☲。

3. 答案：B

解析：《易》历三圣，伏羲创作八卦，文王将八卦重叠为六十四卦，孔子写作《易传》，即"十翼"。

4. 答案：D

解析：《易传》中，《彖传》《象传》《系辞传》分上下篇；《文言传》解说乾、坤两卦的象征旨意；《说卦传》阐述八卦象例；《序卦传》旨在解说六十四卦编排次序；《杂卦传》将六十四卦两两对举，概述卦旨。共十篇，故为"十翼"。

5. 答案：C

解析：《易传》为孔子所作，即"十翼"。

6. 答案：C

解析：《七略》分为六艺、诸子、诗赋、兵书、术数、方技六类。

7. 答案：C

解析：《六艺略》著录了《易》、《诗》、《书》、《礼》、《乐》、《春秋》、《论语》、《孝经》、小学九类图书；《诸子略》著录了儒、道、阴阳、法、名、墨、纵横、杂、农、小说十家著作；《诗赋略》著录了屈原赋之属、陆贾赋之属、孙卿赋之属、杂赋、歌诗五类文学作品；《兵书略》著录了兵权谋、兵形势、兵阴阳、兵技巧四类军事文献；《术数略》著录了天文、历谱、五行、蓍龟、杂占、形法六类图书；《方技略》著录了医经、经方、房中、神仙四类著作。

8. 答案：D

解析：清代学者段玉裁对《说文解字》的注释中，经字的含义就从织布的纵线，被扩展到了三纲、五常、六艺。三纲，指的是君为臣纲、父为子纲、夫为妇纲；五常，指的是仁义礼智信。三纲五常讲的都是儒家伦理的规范。而六艺，指的是《诗》《书》《礼》《乐》《易》《春秋》这六部儒家经典。

9. 答案：B

解析：无论是《庄子》中的记载，还是西汉早期对六经的排序，都是以《诗经》排在首位。采用《诗》《书》《礼》《乐》《易》《春秋》的方式排序。到了刘歆编纂《七略》时，则特地把《周易》放在六经排序中的首位，采用《易》《书》《诗》《礼》《乐》《春秋》的方式排序。

10. 答案：D

解析：汉武帝时的五经，是《诗经》《尚书》《周易》《仪礼》和《春秋经》，后又逐渐扩展为七经、九经、十经、十二经、十三经。

11. 答案：BCD

解析：秦始皇的焚书政策中，儒家经典、诸子著作均要被烧掉，医药、卜筮、种树这三类技术性较强的书可以保留，法律规定类的书籍只准口耳相传。

12. 答案：B

解析：通过伏胜的背诵以及伏胜女儿的翻译，《尚书》以今文经的形式被保留下来。

13. 答案：A

参考答案

解析：西汉人认为，今文经的可靠性要高于古文经，因此更信任今文经，五经博士也均研习今文经。

14. 答案：B

解析：除了六十四卦总共包含的六十四条卦辞和三百八十四条爻辞外，在《乾》卦和《坤》卦中，还各有一条"用九"和"用六"，这是为纯阳的《乾》卦和纯阴的《坤》卦单独准备的两根特殊的爻辞。把这些卦辞和爻辞全部加起来，一共有四百五十条，这些就是易经部分的全部内容。

15. 答案：D

解析：《易传》作为解释《易经》的文字，是由十篇文章共同组成的，分别包括《象传》上下、《彖传》上下、《系辞传》上下、《文言传》、《说卦传》、《序卦传》、《杂卦传》。《二三子》《衷》等篇目并未出现在"十翼"当中。

第二章

1. 答案：D

解析：《系辞传》曰："天一地二，天三地四，天五地六，天七地八，天九地十。天数五，地数五，五位相得而各有合。天数二十有五，地数三十，凡天地之数，五十有五，此所以成变化而行鬼神也。""大衍之数五十，其用四十有九。"

2. 答案：A

解析：天数二十五，地数三十，天地之数共五十五；《系辞传》曰："大衍之数五十，其用四十有九。"

3. 答案：BCD

解析："三"象征《周易》中的"三才之道"，即天、地、人三才。

4. 答案：C

解析：A选项取出不用的一根象征宇宙的本原；B选项挂在小指与无名指之间的一根象征三才；过揲数是手中蓍草以四整除后的余数。

395

5. 答案：C

解析：拇指与食指之间为一分为二之后的蓍草；食指与中指之间为第二扐之后的过揲数；无名指与小指之间是"挂一"的一根蓍草。

6. 答案：ABCD

解析：如果扐1是1，那么扐2肯定是3；如果扐1是2，那么扐2肯定也是2；如果扐1是3，那么扐2肯定是1；而如果扐1是4，那么扐2肯定是4。

7. 答案：ABC

解析：前三种情况，挂扐数之和为5，包含一个4，所以为奇；后一种情况，挂扐数之和为9，包含两个4，所以为偶。

8. 答案：D

解析：三奇是老阳之爻；三偶是老阴之爻；一奇二偶为少阳；二奇一偶为少阴。

9. 答案：BD

解析：对于大衍筮法中每一轮演算的挂扐数之和，均以其中包含几个4来判定其奇偶。4和5包含一个4，所以为奇；8和9包含两个4，所以为偶。

10. 答案：D

解析：阳卦多阴，震卦☳、坎卦☵、艮卦☶均一阳二阴，是少阳卦，巽卦☴是少阴卦。

11. 答案：C

解析：在八卦中，除了乾☰、坤☷两卦因为是纯阳、纯阴的卦，所以分别被称为老阳卦和老阴卦外，由一根阳爻和两根阴爻构成的三个卦，也就是震卦☳、坎卦☵和艮卦☶，被称为少阳卦；而由一根阴爻和两根阳爻构成的三个卦，也就是巽卦☴、离卦☲和兑卦☱，则被称为少阴卦。

12. 答案：A

解析：只有一爻变，整体上趋向于不变，因此要看本卦变爻爻辞。

13. 答案：D

解析：四爻变的情况，应查看的是之卦中两根不变爻的爻辞；一爻变，应查看的是本卦那根变爻的爻辞；六爻皆变，应查看的是之卦的卦辞。

14. 答案：B

参考答案

解析：震卦、坎卦、艮卦象征着长男、中男和少男；巽卦、离卦和兑卦分别象征着长女、中女和少女。

15. 答案：A

解析：一爻变，查看本卦变爻爻辞，也就是《大有》卦九三爻。

16. 答案：A

解析：《大有》卦的内卦乾卦象征上天，指的就是天子，也就是周襄王；而太阳指的是晋文公。天子从高高在上的天上落到了水泽之中，正是天子屈尊，以迎接诸侯的意思。

第三章

1. 答案：ABCD

解析：《系辞传》曰："易有圣人之道四焉：以言者尚其辞，以动者尚其变，以制器者尚其象，以卜筮者尚其占，是以君子将以有为也。"圣人之道包括四个方面，分别是：辞、象、变、占。

2. 答案：C

解析：乾、坤、震、巽、坎、离、艮、兑八卦，分别对应天、地、雷、风、水、火、山、泽八象。

3. 答案：C

解析：震卦、坎卦和艮卦三个少阳之卦，象征着儿子们，按照阳爻从下往上的顺序，震卦为长子，坎卦为中子，艮卦为少子。同理，巽卦、离卦和兑卦三个少阴之卦，象征着女儿们，巽卦为长女，离卦为中女，兑卦为少女。

4. 答案：B

解析：根据天、地、人在地理空间上的分布，在六爻中，初爻与二爻在下，往往象征着地道；五爻和上爻在上，往往可以象征天道。三爻和四爻居中，因此象征人道。

5. 答案：A

解析：在《左传》中，被拆解出来的内卦，被称为"贞"，被拆解出来

397

的外卦，则被称为"悔"。

6. 答案：A

解析：初爻、三爻、五爻这三个奇数的爻位，为"阳位"；二爻、四爻、上爻这三个偶数的爻位，为"阴位"。

7. 答案：C

解析：初九、九三、九五是阳爻居于阳位，当位；六二、六四、上六是阴爻居于阴位，当位。

8. 答案：A

解析："承"指的是在下面托着上面，而落实到爻象上，指的也是在下面的阴爻承接着上面的阳爻；"应"指的是初爻与四爻、二爻与五爻、三爻与上爻间符合一阴一阳的对应关系；"乘"指的是阴爻在阳爻之上；"比"指的也是相邻两爻之间的关系。比如说初爻与二爻、二爻与三爻、三爻与四爻、四爻与五爻、五爻与上爻之间，都可以形成比的关系。

9. 答案：A

解析：位置最为靠下的初爻，对应于"元士"，也就是在职官系统中最低等级的官员；二爻位置稍高，对应于"大夫"，也就是高级官员；三爻更高，对应于"公"，可以说是最高等级的贵族官员了；四爻则对应于"诸侯"，这已经是一方诸侯国的国君了；五爻处于至尊的位置，对应的当然是"天子"；至于位置最靠上的上爻，虽然位置更高，但并无实权，因此对应于"宗庙"，只保留象征意义。

10. 答案：C

解析：《既济》卦卦形如下：䷾。

11. 答案：A

解析：承，一般为阴爻在下，上承阳爻。这句爻辞的意思是说，六五爻能够承接父辈，也就是上九爻的力量，从而获得有力的帮助。因此，六五虽然是一根阴爻，但也能够在父辈的支持下，建功立业，获得成绩和荣誉。

12. 答案：C

解析："应"的发生，必须是初爻和四爻、二爻和五爻、三爻和上爻之间。处在相应位置上的两根爻，必须是一根阴爻和一根阳爻。

13. 答案：B

解析：利用二、三、四爻和三、四、五爻拆出三画卦的方法，是最基本的"互体"理论。拆解出来的两个三画卦，被叫作"互卦"。靠内的由二、三、四爻组成的卦，称为"内互卦"，靠外的三、四、五爻组成的卦，被称为"外互卦"。

14. 答案：C

解析：在这次卦变中，唯一一根变爻，是从《观》卦的六四爻，变为《否》卦的九四爻。而否卦的九四爻和六二、六三两爻一起，可以形成一个艮卦，这个艮卦，根据互体的原理，就属于一个内互卦。在八卦之象中，艮卦的象征是高山。

15. 答案：D

解析：《噬嗑》卦的卦象，在一些古人看来，初爻和上爻的两根阳爻，就象征着人的上下嘴唇，中间四爻位置上的阳爻，象征着被咬住的东西。二、三、五爻位置上的三根阴爻就是人的牙齿。

16. 答案：C

解析：根据《说卦传》的记载，位于东、西、南、北四个方位的卦，分别是震卦、兑卦、离卦和坎卦。这四个卦被称为四正卦。

17. 答案：C

解析：宋代朱熹等人调整了八卦方位图，将乾、坤、坎、离四个卦作为四正卦。

第四章

1. 答案：A

解析：《周易》一共有六十四卦，每卦有一条卦辞和六条爻辞，外加《乾》《坤》两卦中的"用九"和"用六"，总共有四百五十条卦爻辞。

2. 答案：C

解析：元，象征着万事万物的开端，也包含有"至""大"或者"善良"

的意思；亨，象征着亨通、通畅，能让事物顺利发展；利可以解释为"和"，有和谐的意思；贞可以解释为"正"，象征着正直、正义的品行。

3. 答案：A

解析：初爻是事物的发端，位卑力弱，须养精蓄锐，其目的在于进一步发展。

4. 答案：B

解析：九三爻爻辞为"君子终日乾乾，夕惕若厉，无咎"。三爻和四爻在三才之道中象征人道，需要讲人事，所以没有用龙来做比喻，而是直接以"君子"作为主角。

5. 答案：B

解析：旁通卦是指两个卦在每个爻位上都阴阳相反的卦，比如《乾》☰、《坤》☷。

6. 答案：BD

解析：覆卦是指把一个卦倒过来，旋转一百八十度，让初爻变成六爻，二爻变成五爻，三爻变成四爻，四爻变成三爻，五爻变成二爻，上爻变成初爻。六十四卦中有八个卦没有覆卦，除了《乾》《坤》外，为《坎》卦☵、《离》卦☲、《颐》卦䷚、《大过》卦䷛、《中孚》卦䷼和《小过》卦䷽。

7. 答案：A

解析：后天八卦方位：离南、坎北、震东、兑西、坤西南、乾西北、巽东南、艮东北。

8. 答案：ABC

解析："自强不息"是《象传》中对《乾》卦的形容。《坤》卦六二爻所表达的是只要做到了正直、端正、宽宏，那么即便没有受过系统的教育，没有学过文化知识，那么也会是一个好人，无论是对于自己、家人还是社会，都是有益无害的。

9. 答案：A

解析："含章"的意思，是要把美丽给藏起来。六三是阴爻在阳位，得小心翼翼。既要"含章"，收敛自己的锋芒，又要行为端正，才能抵抗风险。

10. 答案：C

参考答案

解析：按照《说文解字》的解释，"屯"的意思是："难也。象草木之初生。屯然而难。"意思是说，事物刚刚开始发展的时候，力量很弱小，因此想要成长是很困难的。

11. 答案：B

解析：《屯》卦的内卦是一个震卦☳，外卦是一个坎卦☵。

12. 答案：BCD

解析：在《周易》的卦爻辞里，贞和往是一对相反的概念，贞指待在原地不动，往指出发，向外运动。

13. 答案：BD

解析：由于《蒙》卦讲的是启蒙和教育，因此在这一卦中，存在老师和学生两种角色，阳爻扮演老师，阴爻扮演学生。所以，在《蒙》卦的六爻中，九二爻和上九爻两根阳爻就是老师，其余的几根阴爻是学生。

14. 答案：A

解析：把小孩子从蒙昧的状态中启发出来具体的方法是"利用刑人"，这里的刑，并不是刑罚的意思，而是指的要给小孩子树立规矩，从而逐渐走向正道。这样一来，就可以"用说桎梏"，也就是将来不会因为不守规矩，而受到法律的惩治，戴上枷锁。

15. 答案：C

解析：除了六三爻相对特殊外，从初爻到上爻的主题依次是"发蒙""包蒙""困蒙""童蒙""击蒙"，行进非常明确。

16. 答案：B

解析：《讼》卦内坎外乾，《讼》卦的覆卦将六画颠倒过来，为《需》卦。

17. 答案：B

解析：在古人看来，打官司并不是一件好事情，只要是沾上了，就意味着一身的麻烦，所以最好的办法，就是离诉讼越远越好。孔子就认为，最好的情况，就是"无讼"，让诉讼事件根本不要发生。

18. 答案：B

解析：九二爻是全卦唯一一个阳爻，寓意着军队的统帅。

19. 答案：A

解析：初六爻点明行军打仗必须令行禁止、纪律严明，否则一定会打败仗。六四爻表明处在危险中时要及时撤退，躲避对手的锋芒。六五爻说明要进行正义的战争和选拔德才兼备的人作为军队的统帅的问题。上六爻强调军队要起到稳定社会的作用。

20. 答案：C

解析：比卦是一个一阳五阴之卦，唯一的一根阳爻，就是既当位，又在中位，身居至尊之位的九五爻。这根九五爻，也就自然而然地在比卦中承担了卦主的职责。

21. 答案：CD

解析：六三爻既不当位，又不在中位，而且处在本身就风雨飘摇的三爻爻位上，因此没有办法与九五爻相比。上六爻也不适合与九五建立亲比关系，因为上六爻爻位高过九五爻，两爻关系倒置，无法建立亲比关系。

22. 答案：D

解析：无论是纯阳的《乾》卦，还是象征安泰的《泰》卦，都是既有吉、利，也有悔、吝、凶、咎。在《周易》的六十四卦中唯一一卦六爻都是吉利的是《谦》卦䷎。

23. 答案：B

解析：六二爻能做到发自内心的谦虚，始终坚持对自己的严格要求，所以既能够获得赞誉，又能够吉祥顺意。九三爻作为《谦》卦中的唯一一根阳爻，甘愿待在三爻这样一个既靠下，又危险的位置上，任劳任怨，勤奋苦干。六四爻当位，能够发扬谦逊的品格，无论是对上还是对下，都能把关系处理得很好，无所不利。六五虽然不富裕，却能以谦逊的品格对待臣子，对待百姓，因此是民心所向。

24. 答案：C

解析：《周易》的宗旨，是为君子谋，而不为小人谋。所以，《蛊》卦的主旨用《象传》的话说，就是"止蛊"，也就是去挽救已经被蛊害、蛊惑的局面。

25. 答案：C

解析：不是所有事情都是可以靠着一腔热情解决的，有些曲曲折折、弯弯绕绕的事情，就得抽丝剥茧，循序渐进，而不能操之过急。如果固执己见，一意孤行，那么多半要吃亏。只有因时因地制宜，恰当应对，才能有好的效果。

26. 答案：AB

解析：摆脱险境的第一前提，就是有孚，也就是有信义。由于《习坎》卦的二、五两个中位是阳爻，所以，只要内心忠义诚信，那么即便身处险境，也还是可以亨通顺利的，面对危险所做出的努力行动，也能够获得成功。行动成功有两个前提的，其一，是中正诚信；其二，是一定要有所努力，不能坐以待毙。

27. 答案：AD

解析：初六爻："习坎，入于坎窞，凶。"初六爻处在双重危险的最深处，既不当位，又不处在中位，跟处在相应位置的六四爻双双是阴爻，两不相应。既深陷绝境，又孤立无援，是最为凶险的处境了。上六爻："系用徽纆，寘于丛棘，三岁不得，凶。"上六的处境跟初六类似，是在双重危险的边缘，因此就像是被绳索束缚，并被扔在了荆棘之中，过了很多年，都没有办法逃脱。所以跟初六一样，也寓意着大凶。

28. 答案：B

解析：在先天八卦中，乾、坤、坎、离是四正卦；在后天八卦中，坎、离、震、兑是四正卦。

29. 答案：C

解析：六二爻辞"黄离，元吉"跟《坤》卦六二爻辞"黄裳，元吉"非常相似。黄在五色之中居于中间，象征中正，身处下卦中位，又有附丽的品性，因此，占据中道的六二爻，最是吉祥。

● 第五章 ●

1. 答案：B

解析：在八卦之象中，乾坤代表父母；震卦、巽卦分别代表长子、长女；坎卦、离卦分别代表中子、中女；兑卦、艮卦分别代表少子、少女。

2. 答案：A

解析：初六爻以阴爻居始，卑顺太过，进退犹豫。九三爻因为过于刚猛，没办法跟别人建立起有成效的合作关系。六四爻因奉行君命获得功勋。上九爻极尽卑微，不但受到了人格的屈辱，还会损失所有的钱财。

3. 答案：D

解析：坤为地，震为雷，坎为水，艮为山。

4. 答案：BC

解析：六二爻所说的腓是小腿，九三要所说的限是腰，这两个位置，是人体中既活动频繁，又承上启下的位置，如果贸然停止，可能会对整体造成伤害。

5. 答案：B

解析：☶为《剥》卦；☴为《姤》卦；☱为《夬》卦。

6. 答案：C

解析：六三爻既不当位，也不处在中位，处在凶险多的三爻位置上，因为可以与《剥》卦中唯一一根阳爻上九相应，因此无咎。

7. 答案：A

解析：旁通卦为六爻阴阳都相反，因此《夬》卦的旁通卦为《剥》卦。

8. 答案：A

解析：初九爻"壮于前趾，往不胜为咎"说的是脚趾的前部很强壮，但是却不能取胜，反而导致了危害。说的是在实力不够的情况下，躁动冒进，是不太可能获胜的。九三爻讲述了在面临危险的情况下，君子也应"夬夬独行"，果决地与小人做抗争的道理。同样的，九五爻也强调，"苋陆夬夬，中行无咎"，字面意思说的是，要坚决地把杂草清理干净。上六的爻辞是"无号，终有凶"。虽然最终要被处决的结局是避免不了的。但这种惩处，毕竟是在合理合法的裁决和公开宣判之后才会执行的。因此，并不会有任何冤情在里面，所以，不必叹息号啕。

9. 答案：BC

解析：内卦象征少子的艮☶，与外卦象征少女的兑☱，也寓意着青年男女，两相感应，走入婚姻殿堂。

参考答案

10. 答案：C

解析：六五以阴柔居中，"妇人吉，夫子凶"，对于阴柔属性的妇道人家，是可以获得吉祥的。但对男人们来说，则是凶多吉少的。

11. 答案：BC

解析：六二爻辞说"己日乃革之，征吉，无咎"，就是到了卦辞中所说的合适的己日，可以发动改革，不会有咎害。而九五爻更是说"大人虎变，未占有孚"，有中正之德，又处在至尊之位，此时发动改革，无疑是最为恰当的时机。

12. 答案：D

解析：六五爻"鼎黄耳金铉"，说的是鼎器上配着黄色的鼎耳，六五阴爻居阳位，并不当位。

13. 答案：C

解析：初九、九二、九三这几根阳爻爻位紧邻，志同道合，能够做到团结一心，共同进退。

14. 答案：B

解析：从爻象上来看，六五与九二虽然都不当位，但都处在中位上，两根爻又阴阳相应，有着六五下嫁九二之象，是能够幸福美满的。

15. 答案：BD

解析：《否》卦和《泰》卦的卦辞、《象传》、《大象传》有很多针锋相对的语句。《泰》卦卦辞说"小往大来"，《否》卦卦辞就说"大往小来"；《泰》卦《象传》说"君子道长，小人道消"，《否》卦《象传》就说"小人道长，君子道消"。

16. 答案：C

解析：《否》卦初六爻的爻辞与《泰》卦初九爻的爻辞相似，《泰》卦为"征吉"，说内卦的三根阳爻能团结在一起，一起向外进发，跟外卦的三根阴爻相互交通。《否》卦为"贞吉亨"，《否》卦处在一个闭塞的时代，不能向外进发，应该守在自己的本位，等待时局的变化。

17. 答案：C

解析：虽然《大过》与《小过》都在阐述"过"，但在卦象的背后，《周

405

易》仍然以不偏不倚的"中道",作为为人处世的正确方向。

18. 答案：C

解析：《小过》卦初六爻的爻辞是"飞鸟以凶"。按照卦辞中所说的飞鸟"不宜上，宜下"，鸟儿此时处在初六的位置上，正是能让人们都听到它鸣叫的时候，此时鸟儿所处的位置虽然低，却呈现出一副要向上高飞的状态，与它应当前往的方向正好相反，所以其实是朝着凶险前进。

19. 答案：A

解析：九二爻以白鹤为喻，白鹤在二爻这一阴位上鸣叫，它的同伴声声相和，这里的同伴，是指同样阳刚的九五爻。二五两爻虽然同为阳爻，并不会阴阳相应，但做到了以诚相待，犹如君子共饮美酒的快乐和友谊。

20. 答案：C

解析：《颐》卦内卦三爻，皆不得颐养的要领，因此分别被断为"凶""征凶""贞凶"。六四爻专心诚意地向初九爻寻求颐养，有连续不断的需求产生，结果也称得上是无咎。六五爻以阴爻居于君位，自身并没有供养天下的能力，因此，只能上承阳刚的上九爻，以获得颐养。上九爻以阳刚居于最上位，颇有颐养天下的气势和能力。

21. 答案：AC

解析：《损》卦与《益》卦是一对覆卦，分别阐述减损与增益的道理。需要注意的是，《损》卦与《益》卦对损和益的阐发，并不是各自独立的。具体来说，《损》卦所讲的，是"损下益上"的道理，《益》卦所讲的，则是"损上益下"的道理。

22. 答案：CD

解析：《益》卦所讲的是"损上益下"，变卦前的本卦为《否》卦，外乾内坤，把六四爻的阳爻拿出来，去增补内卦的初爻，变为初九，再把初六爻填补到四爻上去，减损上卦。所以，叫作"损上益下"。以《泰》卦为本卦，下乾上坤，从内卦中取出九三爻，挪动到上爻的位置上，相应地，再把上六爻挪动到三爻的位置上。这样，下卦的阳爻被减损了，并且增加到了上卦中去，因此，《损》卦是"损下益上"。

23. 答案：B

参考答案

解析:《周易》认为,万事万物随时都是在发展变化的,没有终止,永不穷尽。因此,《周易》并不以象征着事业完成的《既济》卦作为结束,而以象征着尚未完成、需要继续发展变化的《未济》卦作为六十四卦中的最后一卦。

24. 答案:A

解析:《既济》卦与《未济》卦是六十四卦中的最后两卦。《既济》卦六爻全都当位,寓意已经渡过了大河,象征着事业已经完成。《未济》卦六爻皆不当位,寓意尚未渡河,象征着事业尚未完成。

25. 答案:B

解析:《震》卦的各爻主要是在引导人们敬畏雷震,培养忧患的意识和"恐惧修省"的君子气度。

26. 答案:B

解析:夫妻关系的确立,是家庭得以建立的核心要素,而《咸》卦所讲的交感,也正是要通过男女之间的感应,来引导夫妻和家庭的建立。

27. 答案:B

解析:《中孚》卦与《颐》卦的卦形分别为:☲、☲。

第六章

1. 答案:C

解析:孟喜是汉代象数易学的代表人物。

2. 答案:D

解析:孟喜来源于《易家候阴阳灾变书》的学说,被同门师兄弟认为是异端邪说,并非易学正宗。为了名分,师兄弟之间展开了一轮又一轮的唇枪舌剑。受此影响,在汉武帝在位的时候,孟喜的易学也是没能列为学官的,直到汉宣帝的时候,才被列为博士,与施雠和梁丘贺并列。

3. 答案:B

解析:四正卦所选取的,是文王八卦方位中位于正北、正南、正东、正西方位的坎、离、震、兑四个卦。

407

4. 答案：C

解析：坎、离、震、兑四正卦，一共有二十四爻。这二十四爻，每一爻分主一年中的一个节气。具体的排列次序，则从坎卦的初爻和冬至开始。在坎卦的卦象中，阳爻被阴爻包围，没有办法发挥任何作用，象征着阴气极盛的时刻。因此，坎卦的初六爻所主的节气，就是一年中黑夜最长的冬至。

5. 答案：A

解析：阳爻逐渐生长为息卦，阴爻逐渐生长为消卦。

6. 答案：C

解析：即便给辟、公、侯、卿、大夫这五档、六十卦，每卦分配一候，也只能分配六十个候，还有十二个候是空缺的。汉代学者所采取的办法是，给十二个侯加码，让他们每个卦值两次班，每卦轮值两候。这样一来，就实现了六十卦与七十二候的一一对应。

7. 答案：B

解析：由六十卦去对应三百六十五又四分之一的基本方法，是把每一天划分为八十分，这样，每年就有了两万九千二百二十分。平均到每卦即六日零七分。

8. 答案：CD

解析：翟牧和白光身为五经博士的孟喜的亲炙弟子，坚决否认孟喜还有焦延寿这么一位散落在民间的弟子。撰写《汉书》的班固认为，搞不清楚焦延寿的易学究竟是从哪里学来的，可能是传自不知名的隐士。在班固看来，孟喜的易学和焦延寿的易学，并不是一回事，两者之间没有师承关系。

9. 答案：C

解析：焦氏值日法比起六日七分法来的改变，是让四正卦也参与到值日中来。不过，四正卦不用值那么多天，只要在一年之中，分别在春分、秋分、夏至、冬至的当天，各自象征性值一天就可以了。

10. 答案：D

解析：《乾》《坤》《震》《巽》《坎》《离》《艮》《兑》八个卦，各自领衔一宫，这八个卦，也就被叫作本宫卦。

11. 答案：D

参考答案

解析：游魂卦每一宫的第七个卦，是在五世卦的基础上，将第四爻进行阴阳转变。

12. 答案：C

解析：一世卦的世爻是初爻，二世卦的世爻是二爻，三世卦、四世卦、五世卦的世爻则分别是三爻、四爻、五爻。游魂卦和归魂卦的世爻，分别是四爻和三爻，而本宫卦的世爻，则是上爻。

13. 答案：AB

解析：《乾》卦和《坤》卦由于地位超然，所以承担的任务比较重，各自纳两个天干。《乾》卦内卦纳甲，外卦纳壬；《坤》卦内卦纳乙，外卦纳癸。

14. 答案：B

解析：在八卦方位中，坎卦位居北方。按照《通卦验》的记载，坎卦对应的节气是冬至，所发挥作用的时间是"夜半"，也就是子时，而坎卦对应的颜色，则是黑色。

15. 答案：A

解析：易纬距我们太过久远，以至于我们已经看不到这些篇目的全貌了。不过，通过残缺的原文，以及东汉大学者郑玄的注释，我们还是可以了解到易纬的主要内容。

16. 答案：A

解析：东晋时期，文学家王嘉就曾在他所编写的志怪小说集《拾遗记》中提到："京师谓康成为经神。"康成是郑玄的字。也就是说，"经神"这个绰号，并不是哪一两个人封给郑玄的，而是学者们的公认。

17. 答案：C

解析：凡是阳爻所纳之辰，均同于《乾》卦各爻所纳之辰之例，凡是阴爻所纳之辰，都同于《坤》卦各爻所纳之辰之例。

18. 答案：BD

解析：《乾》卦的九二爻，应当上升到坤卦六五爻的位置上。相应的，《坤》卦的六五爻，则应当配合着下降，来到《乾》卦的二爻位上。通过这一升一降，两根爻就都当位了。其他的卦，则可以以此类推，凡是二爻位上的阳爻，都参照《乾》卦九二爻，凡是五爻位上的阴爻，都参照《坤》卦

409

六五爻。

19. 答案：B

解析：旁通卦各爻阴阳相反。

20. 答案：B

解析：在七十二候与卦的对应中，四正卦《坎》《离》《震》《兑》作为单独一档的四个卦，不必参与轮流值班，而是全部由其余六十卦来完成，故A选项错误。其余选项的正确搭配为：《中孚》，公，蚯蚓结；《节》，大夫，白露降。

21. 答案：D

解析：虞翻最为关注的易学问题是卦变。在他看来，六十四卦的卦形卦象之间，存在一定的规律，十二消息卦就是规律的源头，在六十四卦中，所有由两阳四阴构成的卦，可以看作由十二消息卦中的《临》卦䷒和《观》卦䷓变化而成的；所有二阴四阳的卦，都可以看作由十二消息卦中的《遁》卦䷠或《大壮》卦䷡变化而成的；所有三阴三阳的卦，就都可以看作由《泰》卦䷊或《否》卦䷋变化而成的。

第七章

1. 答案：D

解析：《老子》《庄子》《周易》并称"三玄"。玄学试图通过思辨的方法，去讨论宇宙存在的原因、天地万物存在的根据。

2. 答案：B

解析：竹林七贤有阮籍、嵇康、山涛、向秀、刘伶、王戎、阮咸。

3. 答案：A

解析：尽管有些人认为郑玄也曾经试图把《彖传》和《象传》合于经文，但郑玄《周易注》的原本已经失传，就目前我们所能看到的历史文献来看，王弼版的《周易注》是现存最早的经传合编本。

4. 答案：A

参考答案

解析：王弼对于"卦主"这一概念，也非常重视。但不同于京房"世爻"学说的是，王弼认为，在一卦中，哪一爻是卦主，要由每一爻的意义来决定，而不能死板地依照它在八宫图中的位置来确定。

5. 答案：D

解析：王弼的《周易略例》由七篇短文组成，分别是《明象》《明爻通变》《明卦适变通爻》《明象》《辩位》《卦略》《略例下》。

6. 答案：B

解析：直至王弼去世前，他所留下的《周易注》，只注释了卦爻辞和《彖传》《象传》《文言传》。到了西晋时期，一位名叫韩康伯的学者，遵照王弼易学的宗旨，又补充注释了《系辞传》《说卦传》《序卦传》和《杂卦传》，终于完成了融合卦爻辞与"十翼"的注本。

7. 答案：A

解析：关于佛教传入中国的时间，学术界有一些争议，按照目前公认的说法，是在东汉的时候。

8. 答案：D

解析：胡瑗、孙复、石介被称为"宋初三先生"。

9. 答案：A

解析：北宋五子，指的是北宋时期的五位著名思想家：湖南人周敦颐、陕西人张载，以及河南人邵雍、程颢和程颐。

10. 答案：C

解析：在对《周易》的阐发中，邵雍旨在研究"数"，张载最为看重"气"，程颐主要关注"理"。

11. 答案：C

解析：朱熹与十一位孔子的嫡传弟子共同位列从祀孔庙的"十二哲"之中，也是"四配"和"十二哲"之中，唯一一位春秋战国时期以后的人物。在战国以后的儒学史上，享有首屈一指的重要地位。

12. 答案：D

解析：朱子往《周易》中塞入了包括《河图》、《洛书》、先天图、后天图、《卦变图》在内的九幅图像。从《周易本义》开始，易图也开始成为《周

411

易》的一个组成部分了。又把《彖传》《象传》《文言传》给摘了出来，放在了所有卦爻辞的后面，重新排定了《周易》的顺序。朱熹还认为在《系辞传》的文本中，有些文句的次序是颠倒的，于是就按照自己的理解，重新排了一个新的版本。

13. 答案：B

解析：人们通常把居住在洛阳的邵雍和二程的学问，称为"洛学"，而把关中人张载的学问，称为"关学"，因朱熹多在福建讲学，弟子也多为福建人，形成的学派为"闽学"，周敦颐则是"湖湘学派"的开山鼻祖。

14. 答案：C

解析：《伊川易传》是程颐、程颢的易学著作，《筮卦考误》《周易本义》《参同契考异》均为朱熹的著作，但只有《周易本义》收录了其《筮仪》。

15. 答案：D

解析：在朱熹《周易本义》前所载九幅易图，分别是《先天图》四幅，即《伏羲八卦次序图》《伏羲八卦方位图》《伏羲六十四卦次序图》《伏羲六十四卦方位图》；后天图两幅，即《文王八卦次序图》《文王八卦方位图》；以及《河图》《洛书》与《卦变图》。

第八章

1. 答案：C

解析：在《系辞传》中，一、三、五、七、九是天数，二、四、六、八、十是地数。

2. 答案：A

解析：天一生水，位居北方，而地数六与之相配，共同居于正北方；地二生火，位居正南，天数七与它相配，同居正南；同理，天三生木，与地八共居正东；地四生金，与天九共居正西；天五则生土，与地十一起居于正中。

3. 答案：B

解析：在《洛书》中，引入了九宫的形式。坐镇中央的是五，位居正

参考答案

东、正西、正南、正北的，分别是三、七、九、一，位居东南、东北、西南、西北的，则依次是四、八、二、六。《洛书》最为巧妙的地方就在于，不论是横着、竖着、斜着，只要把任意三个数连成一条直线，这三个数的和，一定是十五。

4. 答案：A

解析：在"乾坤生六子"说中，乾为父，坤为母，震、坎、艮分别为长子、中子、少子，巽、离、兑分别为长女、中女、少女，八个卦按照先长后幼、先男后女的规则，排出了乾、坤、震、巽、坎、离、艮、兑的次序。

5. 答案：D

解析：从正东的震卦开始，八卦按照顺时针的次序，依次坐落在八个方位上，震在正东，巽在东南，离在正南，坤在西南，兑在正西，乾在西北，坎在正北，艮在东北。

6. 答案：D

解析：在历史上比较有影响的《太极图》，有"阴阳鱼太极图"和周敦颐《太极图》两种。其中，周敦颐《太极图》创作于北宋时期，而"阴阳鱼太极图"开始产生影响，要晚至明代以后。

7. 答案：B

解析：从中国哲学史发展的历程来看，最为重要的一幅《太极图》，不是"阴阳鱼太极图"，而是位居"北宋五子"之首的濂溪先生周敦颐所画出的一幅《太极图》。

8. 答案：A

解析：刘牧在《易数钩隐图》中绘制出了四十五点的《河图》，以及五十五点的《洛书》，而朱熹在《周易本义》中，则对调了刘牧版《河图》与《洛书》的内容，以五十五点图为《河图》，四十五点图为《洛书》，形成了在历史上影响最大的《河图》《洛书》版本。

9. 答案：C

解析：依据《说卦传》的记载，从正东的震卦开始，八卦按照顺时针的次序，依次坐落在八个方位上，震在正东，巽在东南，离在正南，坤在西南，兑在正西，乾在西北，坎在正北，艮在东北。

10. 答案：B

解析：周敦颐认为，太极有一动一静两种状态，两种状态是相互交替、相互转化的。通过动和静的交替，就能够分化出阴阳两仪来了。落到图中，就是一半坎卦、一半离卦的圆圈。

第九章

1. 答案：B

解析：在大衍筮法中，要得出一根老阳之爻，过揲数为36，而要得出一个《乾》卦，需要六根老阳，因此其策数为36乘以6，也就是216；同理，要得出一根老阴之爻，过揲数为24，要得出《坤》卦的六根老阴，则需要用24乘以6，能得出《坤》卦的策数，也就是144了。

2. 答案：AB

解析：天坛多用3、6、9之类的天数，地坛多用4、6、8之类的地数。

3. 答案：C

解析：曾经写出过《甘泉赋》《羽猎赋》《长杨赋》等汉赋中脍炙人口的作品的大文学家扬雄，曾经仿照《周易》的体例，写出了一本名为《太玄》的书。

4. 答案：B

解析：《周易》的基本结构，是太极生两仪，两仪生四象，四象生八卦，八卦再演化为六十四卦。也就是一生二，二生四，四生八，八生六十四的结构。而在《太玄》的创作中，则以一玄生三方，三方生九州，九州生二十七部，二十七部生八十一家，八十一家又生七百二十九赞。也就是说，《周易》的发展变化，是以二为基数，而《太玄》的发展变化，则以三为基数完成的。

5. 答案：ABCD

解析：以上器物中都出现过《周易》的八卦图像。

6. 答案：AB

解析：伊藤仁斋是日本易学家代表；黎贵惇是越南易学家代表。

参考答案

7. 答案：B

解析：最早尝试着将《周易》进行全本翻译的是英国人麦丽芝，由他翻译并加以了注释的英文全译本《周易》，从1876年开始，相继在上海和伦敦出版。

8. 答案：C

解析：麦丽芝的译本出版最早，但由于他做了很多的个人发挥和演绎，因此，其译文并不太可靠，招来的批评也很多。相比之下，理雅各的译本，就可以称得上是英译本中具有典范意义的权威版本了。理雅各的翻译，大量参考了像李光地《周易折中》这样的清代学者的易学著作，并且得到了王韬等中国学者的帮助。

9. 答案：C

解析：大诗人陶渊明在《庚子岁五月中从都还阻风于规林·其二》中写道："山川一何旷，巽坎难与期。"其中借用了《巽》卦和《习坎》卦所分别象征的顺利、坎坷，以及刮风、下雨之意，来表达前路漫漫，不可预期的意思。

10. 答案：D

解析：李退溪在精研朱熹易学的基础上，撰写了《周易疑义》《启蒙传疑》《圣学十图》等著作；《周易四笺》则是丁茶山的著作。